＊在米心理カウンセラーが教える＊

# 留学サクセスマニュアル

角谷紀誉子
アメリカ・ワシントン州認定臨床ソーシャル・ワーカー

# はじめに

私は1988年にニューヨークに留学しました。きっかけは失恋でした。日本で食品会社の研究室に勤めていた頃、遠距離恋愛をしていた相手から「別の人と結婚することになった」と言われたのです。寿退社をして結婚、子どもを産んで……という私の夢は無残に壊れてしまいました。どうしようもない気持ちを友達にぶつけても納得がいきません。映画に救いを求め、1年に何百本の映画を見ました。映画に出てくるセリフや生き方でずいぶん助けられましたが、それほど簡単に乗り切れるものではありません。アメリカ映画にはカウンセラーやセラピストがよく出てきました。その頃の日本ではカウンセラーという職業はまだ一般的ではなく、「こんな人がいてくれたらいいなあ」とスクリーンを見ながら心底思ったものです。そこから「アメリカに留学してカウンセラーになる」という冒険が始まりました。

仕事のほかに夜は家庭教師、週末は旅行会社で電話番のバイトをしてお金をため、英語を一から勉強し直し、失恋から2年後の春、晴れてニューヨークに旅立った私は、成田からの飛行機の中で「自分の将来は自分次第なんだ」としみじみ感じました。日本を出てしまった以上、これからの自分の行動次第で将来はなんとでもなるわけです。しかし、初めは私も日本人留学生なら誰でも感じる「時間の焦り」を感じていました。とにかく早く卒業し、早くプロフェッショナルになりたい、英語も大学院も「頑張ればできる」と信じていたのです。しかし、英語学校に3カ月行っただけで大学院の授業に突入した私には、英語の壁はとても高いものでした。ハンターカレッジ・ソーシャルワーク学科では週に3日のインターンシップのプログラムがあり、病院、学校、刑務所、老人ホームなどの施設で、学生がアメリカ人のクライアントを相手に実際にカウンセリングをするのです。私の1年目のインターンシップは、ニューヨークのクイーンズ区にあるユダヤ系老人のためのセンターで、カウンセリングやケースマネジメントをすることでした。そこに派遣されてすぐ、私にもスーパーバイザーにも、私の英語力では英語でカウンセリングをするのは無理だという事実が明らかになりました。センターの自分の机で和英辞典、英和辞典、英英辞典の3つを駆使して四苦八苦しながらレポートを書く私の姿は、どう見ても異常な状態だったのです。学校では私の処置をめぐりミーティングが行われ、「1年間で英語でカウンセリングができるようになること。学科のクラスは取ってもよいが、正式なインターンシップを始めるのは来年から」という結論が出されました。本来なら2年で終わるコースが3年かかることになったのです。あの時、同期の学生の中に留学生は私ひとりで、アジア人はほかにいませんでした。大多数の学生はユダヤ系アメリカ人で、ヒスパニック系と黒人がちらほらという感じで、英語もおぼつかない日本人の学生に学校側は頭を抱えたことでしょう。

1年も留学が延びるのはまったくの予定外でしたが、自分の英語力は自分がいちばんよくわかっています。それまでもっていた焦りも無駄な抵抗であることがわかり、「まあ、その分英語を勉強すればいいか」と変に納得し、ある意味、気が楽になったのを覚えています。単位はもらえずとも、1年目のユダヤ系老人センターでのインターンシップは続けていきました。「フレンドリー訪問という形で話し相手になる」という、ひとり暮らしの老人を訪ねる仕事を渡され、週に3日、地下鉄やバスに乗っていろいろなユダヤ人の老人たちに会いに行きました。ホロコーストの経験がある人は、「ナチに入れられた囚人番号だよ」と腕の入れ墨を見せて、どうやって救われたかを話してくれました。家族を全員戦争で亡くしたおばあさんは、ロシアから持ってきたというボロボロの写真を見せてくれました。よく、外国人の見ず知らずの私を受け入れ、嫌な顔もせず話してくれたなと思います。

2年目のインターンシップはマンハッタンにある病院の老人精神科で、プエルトリコ系、ユダヤ系、アフリカ系、中国系老人が多く、デイケアのお手伝いや、うつや不安を抱える老人のカウンセリングをしました。3年目には、同じくマンハッタンの身体障害者用カウンセリングセンターで、銃で撃たれて半身不随になった人、糖尿病で足を切断した人、病気で失明した人、また移民でアメリカに来てから身体障害者になった人たちのカウンセリングや、ホームレスの人たちをケアするバスにも同乗させてもらうようになりました。アメリカ人の学生は卒業後の就職を考えてか、あの病院、この学校というふうに、インターンシップ先を選りすぐっていましたが、留学生の私には選べる知識も余裕もなく、すべて学校任せでした。今思うと、それがかえってよかったと思っています。なぜなら、あの3年間で会ったクライアントで日本人はたったひとり、それ以外は、今までまったく会ったことのない、別世界の人たちだったからです。カウンセリングは人生の話をする場です。人種のるつぼのニューヨークで、ありとあらゆる人種や立場の人たちの話を聞き、いろいろな精神病の症状を実地に見ることができたことは、私にとってかけがえのない留学の経験であり、カウンセラーとしての土台になったと思っています。

3年ちょっとの留学中には、日本での10年分以上とも思われるほどの出来事がありました。多くの出会いがあり、恋愛があり別れがあり、泣いたり落ち込んだり笑ったり、自信を全く失ったり、やればできると思ったりの連続でした。あまりつらくて、大学の図書館で何時間もただ自分の思いをノートに書き殴ったこともありました。インターン先のスーパーバイザーに紹介されてカウンセリングにも行きました。そこで、私の人生が変わったと感じるくらいの体験となった、日本人女性カウンセラーとの出会いがありました。彼女は私にとっての恩師でもあります。無事卒業式を迎えた日は、「何度も転びながらもマラソンのゴールにたどり着いた」という感じで、式の最後に、音楽とともにホールの天井からたくさんの真っ赤な風船が頭上に落ちてきた時は、本当に感動したものです。

あれから16年がたちました。卒業後は、「山がきれい」という理由でシアトルに引っ越しました。どこにでも住めるなら「住みたい所に住もう」と思ったからです。シアトルでの初めての仕事はアメリカ人青少年のカウンセリングセンターで、思春期の子どもとその家族にカウンセリングを提供するものでした。また、ふたつ目の仕事はアジア系メンタルヘルス・エージェンシーで、アジア系移民、アジア系アメリカ人を対象にケースマネジメントとカウンセリングをするものでした。この仕事で5年かかってグリーンカードを取得、その間に、結婚もしました。その後、老人用ケア付き住宅で、ソーシャルワークの仕事もしました。いずれはカウンセリングで開業したいという思いで、土曜日にオフィスを借りてカウンセリングを始めたのが1998年、2001年には勤めを辞めカウンセリングで独立を果たしました。

毎日、私のオフィスには、日本人留学生、駐在員やその家族、国際結婚のカップル、研究者、留学後アメリカで社会人となった人など、アメリカで暮らす日本人、日系人のクライアントがやってきます。それぞれの立場によって、アメリカ生活の目的、期間、直面する課題は違います。しかし、共通して言えるのは、日本人特有の感じ方やとらえ方があることで、アメリカで日本人が成功するためには、どんなことに気をつけ、どんなふうに考えれば乗り越えられるか、というのが次第に見えてきました。

留学には、孤独、プレッシャー、焦り、自己嫌悪、自信喪失、うつ、不安などがつきものです。そういった試練に「自分はダメだ」「自分は弱い」と思い込みカウンセリングに来た多くの学生が、日本の文化や考え方、自分の過去が今の自分にどう影響しているかを知るうちに、元気を取り戻して留学を成功させています。学生たちとのカウンセリングで私が学んだことに加え、現役留学生、留学経験者でアメリカで活躍している人たち、日本に帰国して活躍している人たちへのインタビューを参考に、「少しでも留学生の手助けになれば」とこの本を書きました。

本の構成は、留学前、留学直後、留学中と順を追って、留学生が直面するストレスや問題を挙げ、それにどう対処すればいいかを「サバイバル心理学」としてまとめています。すべての留学生がここに書かれているすべての問題を抱えるのでもなく、留学すればすべての問題が待っているわけでもありません。「自分に当てはまる部分」を参考にしていただければいいと思います。また、この本はアメリカ留学について書かれていますが、カルチャーショックや英語のストレス、適応障害など、英語圏への留学ならば応用できる部分が多いと思います。

これからアメリカに留学しようと考えている人たち、今アメリカに留学している人たち、そして、その家族が、留学にまつわる精神的な問題や壁についての知識を得て、どう考えれば乗り越えられるのかの参考にしてもらえれば光栄です。これまでの先輩留学生たちの成功や失敗から学び、ひとりでも多くの人が、自分の夢をかなえることができるよう心から応援しています。

角谷紀誉子

CONTENTS

## 参考文献

*The Addicted Brain.* (July 2004 Harvard Mental Health Letter)

*Breaking Through Culture Shock.* Marx, Elisabeth. (1999 Nicholas Brealey Publishing Ltd.)

*Census 2000.* U.S. Census Bureau (2000)

*Club Drugs Aren't "Fun Drugs".* Leshner, Alan I. (June 14, 2005 www.drugabuse.gov)

*The Dana Guide to Brain Health.* Bloom, Floyd E., Beal, M. Flint., and Kupfer, David J., (Eds.) (2003 The Free Press)

*Dear Mr. Fantasy.* Harris, Mark. (Sept 24, 2004 Entertainment Weekly)

*Diagnostic and Statistical Manual of Mental Disorders Fourth Edition Text Revision.* (2000 American Psychiatric Association)

*Divided Destiny, A History of Japanese Americans in Seattle.* Takami, David A. (1998 Univserity of Washington Press)

*Drug and Alcohol Information — Nicotine Addiction.* (2006 eGetgoing.com)

*Eating Disorders and Obesity Second Edition.* Fairburn, Christopher G. and Brownell, Kelly D. (Eds.) (2002 The Guilford Press)

*The Effect of Age on Acquisition of a Second Language for School.* Collier, Virginia P. (Winter 1987/1988 www.ncela.gwu.edu/pubs/classics/focus)

*Foreign Students Enrollment Decline for First Time in Generation.* Lobe, Jim. (November 16, 2004 http://us.oneworld.net/article)

*Hyperventilation Syndrome.* Newton, Edward. (September 26, 2005 www.emedicine.com)

*NIDA InfoFacts: Club Drugs.* (March 2005 www. nida.nih.gov)

*Pulmonary Hypertension and Fen-Phen.* (November 13, 1997 A Newsletter from the Lieff Cabraser Heimann & Berns)

*Rapid deep breathing.* Owens, Thomas A. (October 20, 2004 www.nlm.njh.gov/medlineplus)

*Seattle Municipal Code* (2006)

*Sexually Transmitted Disease.* (2005 Epigee Woman's Health. www.epigee.org/guide/stds.html)

*What's Up With Club Drugs.* (2003 Channing Bete Company)

*World Population Day: US to hit demographic milestone at 300 million.* Deen, Thalif. (July 11, 2006 www.ipsnews.net)

『アメリカ留学ガイド』 栄陽子（編・著）（2003るるぶ社)

# 留学前の心理

01　留学目的の設定
02　心配・迷い

# 01 留学目的の設定

この本を書くにあたって、日米で活躍する留学経験者にインタビューを行いました。その際、留学成功の秘けつとして彼らが一番に挙げたのが「しっかりとした目的をもつこと」でした。毎年５万人に近い日本人がアメリカで勉強していますが、既にほとんどの留学生が、英語・学位・異文化体験といった目的をもっています。しかし、留学してきたものの挫折して帰国していく学生や、学校を修了できず退学になり、アメリカ中を転々としている学生がいるのも事実です。なぜ、留学に失敗してしまうのでしょうか。なぜ、「留学しているのに、やりたいことが見つからない」のでしょうか。なぜ、留学したいのにどうしても決心がつかない人がいるのでしょうか。それは「不十分な目的設定の問題」だといえます。

「これだ！」という目的を見つけるのは簡単ではありません。特に、経験や情報の少ない10代、20代前半の若い人たちには難しいことです。興味のもてるものはあっても、それを明確な目的にするには数々の障害がある人もいるでしょうし、既に留学している人たちは「今さら目的設定なんて言われてももう遅い」と思うかもしれません。でも心配は無用です。この章で紹介するいろいろな練習を通して、何をすればいいかわからないと悩んでいた学生が、「ゴールが見えたらやる気が出た。こんなに勉強したのは生まれて初めてで気持ちがいい」と言ったり、日本の仕事を辞めて留学をしたけれど将来に不安をもっていた人が「人生をリセットがすることができ、日本に帰っても自分らしく生きていく勇気が出た」と話してくれたり、また、やりたい専攻はわかっていたけれど今ひとつ踏み切れなかった人が「自分にかかっていたブレーキがはっきりわかったので、それらをふっきることができた」と言ったりしています。人生は長い旅で、留学はその旅の一部にしか過ぎません。留学を今後の人生のために意義あるものにすべく、今から留学する人にも、もう留学している人にも、これから説明する練習をしていただきたいと思います。すると、「留学を乗り越えたから、なんでもできる」というところまでたどり着けるはずです。

# 目的設定に関するサバイバル心理学

## 1. 留学したい理由から目的を考える

なぜアメリカに留学してみたいと思うのでしょうか？　なぜ留学したのでしょうか？　以下にいくつか例を挙げますので、あなたの留学の理由やきっかけはなんなのかを考えてみてください。おそらく、いくつものカテゴリーに答えが散らばっていると思います。

**カテゴリー①**

- 海外生活を経験したい（異文化経験、いろいろな国の友達をつくる、など）
- 英語をマスターしたい
- 専門分野の知識や技術を身につけたい
- 学位や認定書を取得したい

**カテゴリー②**

- 自分を変えたい（強くなりたい、自信をつけたい、何かできることを証明したい）
- 人生を変えたい・人生をリセットしたい
- 目的を見つけたい
- 自分をいじめた人たちを見返してやりたい
- 日本であったつらいことを乗り越えたい（いじめ、誰かの死、失恋、離婚、レイオフ［一時解雇］、リストラなど）

**カテゴリー③**

- 日本脱出（今いる環境から抜け出したい、会社を辞めたい、学校をやめたい）
- 親から距離を置きたい（家族から離れたい）
- 日本の学校に入れなかったから
- 日本の学校には行きたくないから

**カテゴリー④**

- なんとなく
- 彼・彼女がアメリカにいるから
- 友達が行くと言ったから
- 親や親せきに勧められたから

上でグループ別に分けたのは、それぞれのカテゴリーによって、次に考えてもらいたい質問が異なるためです。以下に挙げる質問に答えて、留学しようと思った理由やきっかけを、もう一歩突っ込んで考えてみてください。

**カテゴリー①への質問：（海外生活を経験したい、英語をマスターしたい、専門分野の知識や技術を身につけたい、学位や認定書を取得したい）**

「海外生活を経験して何をしたいのですか」
「なんのために海外生活をしたいのですか」
「英語を学んでどうしたいのですか」
「どのレベルまでの英語を身につけたいのですか」
（例：英語学校を卒業する、アメリカの大学に進む、専門英語を習得する、など）

**「その専門で本当にいいのですか」**
**「その学位・認定書で本当にいいのですか」**
**「その学位・認定書を取ってから、どうしたいのですか」**

これらの質問をするのは、ほとんどの留学生には時間やお金に制限があるため、手っ取り早くできるものを選んでしまう人が多いからです。例えば「6カ月しか留学できないと親に言われたからその間だけ英語学校に来ました」という学生が、6カ月後に「この程度の英語力では日本に帰っても就職には役に立ちません」と帰国を嫌がったり、「日本で貿易の仕事をしていたので、今さらキャリアを変えるのは時間がかかるので」とインターナショナルビジネスを専攻した結果「勉強してみて自分にはやっぱりこの仕事は向いてないとわかりました」と話したりします。こんなことでは、せっかくの留学が有効的ではなくなってしまいます。留学に焦りは禁物です。留学は時間とお金を自分に投資することです。誰でも大金を投資するときは慎重になるはずです。これらの質問に「やっぱり自分は焦っている」「これでいいのかわからない」と思う人たちは、もう一度留学で手に入れたいものを考え直すことです。この後に紹介する練習を通じて別の観点から考えてみてください。

**カテゴリー②への質問：（自分を変えたい、人生を変えたい・人生のリセットがしたい、目的を見つけたい、自分をいじめた人たちを見返してやりたい、日本であったことつらいことを乗り越えたい）**

**「自分を変えるとは、具体的にはどういうことですか」**
**「自信を得る、強くなるとは、どういう状態だと思いますか」**
**「どんなふうに人生を変えたいのですか」**
**「目的が見つかったらあなたはどんな状態になると思いますか」**

**「あなたがどうなればいじめた人を見返すことになりますか」**
**「つらいことを乗り越えたら、あなたはどうなっていますか」**

自分を変える、強くなる、自信が欲しいといった目的は「観念」であり、具体的なものではありません。ですから、どんな具体的な状態が自分を変えることなのか、強くなることなのかを言葉にしなければならないのです。人によって「強い」「自信」の意味は違います。例としては「人といるときに自分の意見が堂々と言えるようになったら自信がある証拠」「卒業式に出たら自信を得たことになる」「クラスにいて不安で汗をかかなくなったら自分が変わったと思える」などの回答がありました。

**カテゴリー③への質問：（日本脱出、親から距離を置きたい、日本の学校に入れなかったから、日本の学校に行きたくないから）**

**「日本を出た後、何をしたいですか」**
**「新しい環境で何をしたいですか」**

「日本脱出」が当面の目的の場合、アメリカに行った後の目的を考える必要があります。アメリカに行くだけでは人生の本質は変わらないからです。「やる気が出ない」とカウンセリングにやって来る学生にその科目を選んだ理由を尋ねると「友達が取ると言ったし、アドバイザーにも勧められました」と答え、留学した理由を聞くと「実は日本から逃げたくて来たんです。だからこれが勉強したいとか特になかったんです。結局どこへ行っても逃げているんです」と言う人がいます。「日本から逃げる」のは悪いことではありません。逃げたいような環境にいるのに、そこから出ずに不幸な人生を続けるのは正しい生き方とは言えません。誰でも泥沼に落ちたらすぐに出ようとするし、出なければどんどん沈んで命が危なくなってしまいます。しかし、日本人には「つらい状況から逃げるのは弱虫」と思う人が多く、せっかく勇気を持って「泥沼」から脱出してきたのに、出た後で「泥沼に残ってなんとかすべきだった」「逃げた自分は情けない」と考えるのです。まるで泥沼にどんどん足を取られていっても、そこから脱出しないほうが美徳であるかのようです。「悪い環境から自分を救った」のですから、「逃げた」と自分を責めるような言葉を使わず、自分自身を救った事実をそのまま受け止めましょう。そして「新しい環境で、自分は何をしたいか」を考えてほしいのです。

**カテゴリー④への質問：（なんとなく、彼・彼女がアメリカにいるから、友達が行くと言ったから、親や親せきに勧められたから）**

**「あなたは、留学をどう思っていますか」**
**「彼・彼女がいなくても留学しますか」**
**「友達が行かなくても留学しますか」**
**「親・親せきが勧めなくても留学しますか」**

「なんとなく」「勧められて」といった理由の人たちは、自分以外の人に押されている場合が多いようです。まず「自分は」なぜ留学するのかを考えてください。留学してアメリカに行ったら何かが見えるだろう、何かが起きるだろう、とぶっつけ本番で行くのもいいかもしれませんが、自分が何を求めているかぐらいは考えておかないと、アメリカに行っても自分の人生を周りの人に決めてもらうことになってしまいます。留学をきっかけに「自分で選んで決められる人間」になる練習をしていくと、これからの人生にも役立ちます。彼・彼女がアメリカにいるという人も、「彼・彼女とうまく行かなかったら日本に帰ればいい」のではなく「自分はアメリカで何がしたいのか」と考えることで、アメリカ生活が意義あるものになります。

## 2．心の重石をとって、自由な発想から目的を見つける

「大きくなったら何になりたい？」と聞かれて、「Ｊリーガー」「獣医」「パイロット」「先生」と元気よく答えるのは幼稚園か小学校の１～２年生までです。それ以降は、「そんな程度のサッカーの技術じゃＪリーガーなんて無理」「そんな成績では医者は難しいね」というように、成績、性別、学校のレベル、ピアノやスポーツの腕前、容姿などから「君にはできないよ」と言われるようになるものです。小さな頃は「可能性は無限」だったのに、成長するにつれ「他人からの評価」によって可能性は小さくなり、進路まで制限されていくのです。さらに、可能性にかかるおもりは、成績や学校のレベル、先生や親の意見といった「他人の評価」だけではありません。失敗したらどうしよう、本当にできるのかしらというような恐怖や不安、年齢、お金、病気やけが、自信のなさ、性別、家庭内の役割、能力、世間体、常識など、ありとあらゆるものが重石となるのです。このように、いくつもの重石、制限がかかってしまっている脳みそでは「留学の目的を設定しよう」と問いかけても、英語力や学位など、ありきたりのものしか出てこないのです。

そこで、「奇跡が起こり、自分を押さえつけているものもマイナス条件も何もない、これからはなんでもできる状態になった」と想像してみてください。可能性は無限で何も心配することがなくなったら、あなたは何がしたいでしょうか、どんな人になりたいでしょうか。マイナス条件が全くない状態を想像するのは難しいかもしれませんが、自由な発想をするためには、押さえつけている重石をいったん外す必要があります。想像力をたくましくして、世界を征服したい、社長になりたい、自分のブティックを全世界にもちたい、画廊を開きたい、火星に行きたい、カフェを経営したい、国際弁護士になりたい、研究をして大発見をしたいなど、なんでもい

いから「こんなことができたら超すごい」と思うことを考えてみましょう。それがぶっとんだ発想であればあるほど、あなたの頭は柔軟に自由になったといえます。

留学は大きな人生の節目です。やり方次第であなたの人生を大きく変えることができるのです。そんな機会を得たのですから、小さく考えず、他人からの評価で決めてもらうのではなく、自分で考え、自分で選んで欲しいのです。だからこそ、あなたの中にある自分を制限しているものすべてを取り除いて、本当の自分は何を求めていて何をしたいのかを考えてください。

## 3．5年後、10年後、20年後、30年後、40年後、50年後、60年後、70年後の、自分の理想像を想像する

続けて頭の体操です。上記の条件のようになんでもできるとして、あなたが30歳のとき、40歳のとき、50歳のとき、どんな人生を送っていたいかを「具体的に」想像してみてください。例えば、80歳の自分を想像したとき、単に「幸せでいたい」「健康でいたい」では具体的とはいえません。「足腰がしっかりしていてゴルフをしている、友達と温泉旅行に行く、カルチャーセンターに通い何かを学び毎日が楽しい」というのが具体的な姿です。どこから始めるかは自由ですが、人生のプライムタイム30歳から50歳でどんな生活をしていたいか、もしくは想像しやすい年代から始めて、最後に今から10年後、５年後を考えるといいでしょう。このふたつの年代を最後に考えるのは、「学校を卒業する」「就職する」といった目的は「短期的な節目」でしかなく、そこに焦点を当てると視野が狭くなってしまうからです。現代は大企業に就職すれば一生を保証される時代ではありません。学校を終え、仕事の経験を積み、自分らしい人生を送れるようになったとき、どんな状態でいたいかを考えてほしいのです。ここにある学生の例をふたつ挙げますのであなたの人生も想像してみてください。

**学生A君の例（現在25歳）**

5年後（30歳）：　留学関連会社に就職して留学生を援助する仕事をしていたい、仕事でアメリカに年に何回かは来る。

10年後（35歳）：　独立して留学あっせん系の会社を始める、日本とアメリカにオフィスがある、結婚して子どももいる。

20年後（45歳）：　会社が順調、貿易関係の仕事をしていたい、家庭もうまくいっている、自分たちの両親を海外旅行に連れて行く、ポルシェかフェラーリを買いたい。

30年後（55歳）：　会社がうまくいっている、コンサルタントとして世界中を回っている。

40年後（65歳）：　ボランティア活動でアジアの国に行く、テニスかゴルフを週に3日はする。

50年後（75歳）：　妻と日本中を旅行して気に入った所があればそこに住む、何かの本を書きたい、登山やゴルフをしていたい。

60年後（85歳）：　若い人たちになんらかの貢献をし彼らとの交流がある、ゲートボールか何かしていたい、本が出版されている。

70年後（95歳）：　何か新しいことを学んでいたい、いい人生だったと思っていたい。

**学生Bさんの例（現在33歳）**

5年後（38歳）：　博士号を取ってアフリカで研究職を見つける。同じような価値観を持つ彼がいればいいな。

10年後（43歳）：　アフリカか南米で面白い研究を続けている。日本にも年に何カ月か帰って学校で教えている。両親に家を買ってあげたい。結婚している。子どもはひとり欲しい。

20年後（53歳）：　日本で教授をしているが、いろいろな国に研究や学会で行く。両親がまだ健在で一緒に温泉旅行に行く。

30年後（63歳）：　まだまだ一線で仕事をしていたい。趣味も見つけたい。

40年後（73歳）：　若々しく女性らしくありたい。そろそろ引退かな。

50年後（83歳）：　温泉にしょっちゅう行きたい。ちゃんと美容院に行ってきれいなおばあさんでいたい。

60年後（93歳）：　そこまで生きていなくてもいいや。ぽっくり死にたい。

次に、カテゴリー別に分類します

- **物理的に手に入れたいもの：卒業証書、資格、就職、家、車、給料、友達、自分のビジネス、旅行、結婚、趣味など**
- **能力として手に入れたいもの：語学力、専門技術・専門知識、経験など**
- **精神的に手に入れたいもの：自信、幸福感、強さ、社会への貢献、満足感、平和、ゆとりなど**

カテゴリーに分けるのは、「目的」を別の面から考えてもらうためです。欲深いとか、わがままとかいう言葉は少し横において、この時点では欲しいものはすべて言葉にすることが大切です。

## 4．逆算の発想をする

これはゴールから逆算して、今何をすべきかを考えるやり方です。例えば35歳で自分の店を持つのが夢なら、そこから逆算して30歳のときは何をすべきで、25歳で何をすべきかというように考えるのです。

普通、人は「今」から「先」を考えて行動します。先に説明したように、学校の成績で進学校が決まったり、学歴で就職先も決まるというような社会のシステムに慣らされているので、「自分はこの程度の頭なので、医学部は無理」「就職難の中で自分にできそうな仕事はこれくらいだ」というのは「今から先」を考える決断の仕方です。しかし、偉業を成した人は「先から今」を考えて行動しています。F-1ドライバーの佐藤琢磨は「もしF-1ドライバーになれなかったらどうしていましたか」という質問に「どうやればF-1ドライバーになれるかだけを考えてきたので、そんなふうに考えたことはないし、そういう思考回路はありません」と言っています。ホテルをいくつも建ててきた実業家は「新しいホテルのロビーに自分が一歩踏み入れる姿を想像してから計画を進める」、オリンピックで金メダルを取った人は「この瞬間を何度も頭に描いていた」など、彼らの頭には、成功への地図がちゃんとあり、それに従って着々と歩んできた結果が成功だったのです。

もちろん人生には失敗もあり挫折もあります。普通の人は「失敗したくないから」挑戦を恐れます。しかし成功した人たちは「一時的失敗、一時的挫折、一時的敗北」と考え、失敗したらそこから学べばいい、やり方を変えればいい、失敗したらどうするかあらかじめ考えておけばいいと考え、失敗や挫折もチャンスにしていくのです。「今から先」の考え方では、障害物や失敗に遭遇すると「しまったこれからどうしよう」と焦り、自分がどこへ向かうのかよりも、障害物を避けたり安全な道を選んだりしてしまうため、ずっと後で「実はあっちに行きたかったんだけれど、仕方なくこっちに来た」という結果になってしまいます。「先から今」で考えると、障害物や失敗に当たっても、目的地はわかっているため、そこへの行き方を変えたり、遠回りになったりしても、結果的には「困難を乗り越えて達成できた」状態になるのです。

**3.** の練習で10年ごとの自分の姿を想像したなら、「こういう自分になりたい」と強く思える状態をいくつか選んでください。学校を卒業する、就職する、結婚するという「一時的な状態」もあれば、暮らしぶりという「長期的な状態」も含まれます。そしてもっと詳しくその状態を想像してみてください。「留学が成功したら」卒業式はこんな感じで、どんなふうにうれしいんだろう、「就職して経験が積めたら」年収はこれくらいで、こういう所に住み、友達はこういう人たちで、精神的にはこういう感じかなというふうに、あなたが「そうなれば最高！」という具体的な姿を描くのです。そして、そこから逆算して、もう一度現在からそこまでの時間を考えましょう。留学はしたいが何を勉強していいかわからないという人は「こんな職業に就けたらいいなあ」と少しでも思っている職種の求人広告をインターネットや新聞で探し、その職種にはどんな学位・資格・経験が必要なのかを調べ、そこから学科を選ぶのもひとつの方法です。「こういう分野を選べばいいらしい」ということを知るだけでも、あなたは成功の道を踏み出したことになるのです。今から5年後までの短期的展望と、10年ごとの長期的展望というふたつの見方を持つことで、留学とその後の人生を関連させて考えてほしいのです。

## 5. 障害物を考える

短期的目標と長期的目標を達成するうえで、今の時点で想像できる障害物はなんでしょうか。まず、考えつくすべての障害を書き出し、次にそれぞれの障害物を乗り越えるための対策を考えます。例えば、目的はアメリカの4年制大学を卒業することなのに、親は2年しか行かせてやれないというのが障害だとします。これを乗り越えるには、「誰かに借金をする」「日本でアルバイトして資金を稼ぐ」「2年だけ留学する」などの解決策が考えられます。次に考えてほしいのが「目的を達成するために、どれだけの覚悟があるか」です。借金をするなら、親や親せきに頼み、後に返済する覚悟があるか、アルバイトするなら、留学するまでに何年か余分にかける覚悟があるか、2年だけ留学するなら、短大卒業で社会に出る覚悟があるか、ということを考えるのです。目標を達成するには障害物は付き物です。それを越える覚悟があるかないかで、できるできないが決まります。「達成するためには、そんなことまでしなくてはならないのか」と思うなら、目的の設定を変えたほうがいいかも知れません。障害を乗り越えてでも達成する価値がある目的でなければ、障害物が現れるたびに意気消沈するでしょうし、無理矢理達成しても本当に欲しかったものでなければうれしくありません。障害を乗り越えても達成する価値があるなら、倒れてもまた起き上がって進んでいけるし、達成したときの満足感や幸福感はその後の人生に大きな自信を与えてくれるでしょう。

## 6. プライオリティー（優先順位）を決める

人によって大切なもの、欲しいものは違います。しかし「いい歳」だから就職するべき結婚するべき、給料もいいし失業もないからこの仕事をするべき、女の幸せは結婚など、社会から「年齢や性別に相応した一般的な生き方や選択」を押し付けられることがあります。例えば、20代前半の女性に多いのは「30歳までに留学して英語をマスターして、外資系に就職して海外旅行をして、結婚して子どもをふたり産む」という夢です。彼女たちに「では30歳以降は？」と聞くと「考えていません。それ以降は終わっているかも」というような答えが返ってきます。この夢には「30歳までは若いから冒険してもいいけれど、それ以降は家庭に入るべき」という女性に期待されている一般的価値観と、自分の夢がなんとか両方かなうようにという切ない思いが感じられます。しかし、30歳までにそれだけのことをするのはなかなか難しいことです。それに30歳という若さで「終わりかも」と思うのはおかしいと思いませんか？

よく大人は「若いからなんでもできる」と言いますが、現実的に考えると若い人たちへのアドバイスは「すべてできるわけはないから、よく選びなさい」ということだと思います。１日は24時間しかないし、人生の３分の１は寝ているのです。限られた時間の中で何をするか、何を選ぶのかはたいへん重要な選択です。プライオリティーは「優先順位」「優先権」という意味ですが、あれもこれもという選択の中から何が大切かを決めるという意味でもあります。先の学生の例を使うと、留学、英語、外資系への就職、海外旅行、結婚、出産という30歳までに達成したいことの中から大切な順を考えてみるのです。１）留学、２）結婚、３）出産という人もいれば、１）英語、２）外資系就職、３）留学、という人もいるでしょう。どれも手に入れたいけれど、選ぶとすると自分はこれかな、と優先順位を決めておくのは、この先迷ったとき、壁にぶち当たったときに「自分を見失わない」ための指針になるのです。また、プライオリティーを考えるのは「社会一般が期待している人生」と「自分が選ぶ人生」を区別する練習にもなります。社会一般にとっていいとされていることでも、あなたにとってはプライオリティーのずっと下にあるものだとすると、それを手に入れて社会には認められても、あなた自身にはさほど満足感はないでしょうし、いちばん欲しかったかったものが手に入らなければ、どう感じるかは想像できると思います。

１.から４.の練習をした人は、たくさんの夢の中から大切なものを５.から10個選び、大切な順から番号をつけてください。もちろん「今」のあなたにとって大切なものでいいのです。仕事、結婚、子ども、住む場所、生活スタイル、趣味、といった項目で大切なものから順に番号をつけてみてもいいでしょう。

プライオリティーを選んだら、選ばなかったものを捨てる勇気も必要です。「親は結婚してもらいたいんだろうが、結婚は自分のプライオリティーではない」という場合、親が失望するかも知れないという事実に対応するのが「勇気」だといえます。

また、プライオリティーは時間とともに変わっていきます。定期的に、見直したり組み直すと、大切なものを失うことなく、自分も見失うことなく、人生を進んでいくことができるのです。

## 7. なんでも見る、なんでも読む、なんでも聞く、なんでもやる

世の中には星の数ほどの仕事、科目、分野があります。だからこそ、時間をかけて選ぶべきです。今、練習をしてもいまいち目的がわからないという人も焦らずに、いろいろなものを見て、いろいろな人の人生を知り、知らなかった世界をのぞいてみてください。日本にいても、映画、テレビ、本、インターネット、人に会うなど、知る機会はいくらでもあります。留学してきた人も、ボランティアをしてみたり、サークルに入ったり、パー

ティーで人の仕事を聞いてみたり、自分から探す努力をしてください。少しでもキラっと光るものがあったり、少しでも面白そうだなと思うものがあったら、心に留めておきましょう。今はそれが特に具体的なものにつながらなくても、あなたの頭の片隅にはちゃんとそれらは記録され、いつか留学を通して学んでいくうちにピンときたり、専攻となって結びついたりするものです。

語学学校やコミュニティーカレッジ時代は、そういう意味では、いちばんあなたがアンテナを張り巡らせなければならない時期です。必須科目として取らなければならないさまざまなクラスや、学校のアクティビティーなどで、世界は広がり、いろいろな考え方や分野があなたの中に入ってきます。その間、ピクっとあなたのアンテナが反応したら、あれ？　こんな分野が自分は好きだったんだ、へえこれは面白いな、という証拠なので注意して自分を観察してください。そして、ピピッときた科目の授業をもっと取ってみたり、その科目の先生と話したりして探求してみましょう。

## 8.「夢」のリストを人生の地図にする

留学で人生を変えるのは、それまでの路線から離れて違う所へ向かう列車と似ています。線路を切り替え、目的の方面に線路を作りながら進んでいくのは、既に引かれた線路を走っていく列車と比べると、距離的にも時間的にも差が出ていきます。途中、山や川などの障害物はあるし、遠回りをしたりトンネルを掘ったりする作業もしなければならず、日本でそのままの線路を進んでいる友達はどんどん先に行ってしまっているように見えます。その遅れは、留学した以上は当然のものなのに、日本の友達と自分の位置を比べて、「遅れている」と焦ったり、途中で留学の意味を見失ってしまったりする学生が意外に多いです。留学してきたら、全く新しい地図を用意しなければならないのに、日本の友達と比べる学生は、新しい人生地図がないか、もしくは新しい人生地図が読めていないのです。「あいつはもう大学を卒業したのに、おれはまだ英語学校だ」「友達はみんな就職して自立しているのに、私はまだ親のすねかじりだ」と焦るのは地図を見ていない証拠ですし、「アメリカに来ていいことはひとつもない」と学校に行かなくなってしまうのは、明らかに地図を持っていないといえます。

アメリカ留学は「新しい目的地へ向けて、線路を切り替えた」ことにしかすぎません。線路を切り替えただけでは目的地には到着しません。その先の線路は自分で作っていかなければならないからです。この章の「サバイバル心理学」で徐々にはっきりしてきたあなたの夢こそが、ずっと先の目的地であり、そこへ到達する第１の通過点が留学です。留学を成功させるためには１～５年後の目的地（短期的展望）と、もっと先の10～30年後の目的地（長期的展望）という２種類の地図を作成し、所々で立ち止まり、現在地を見直したり、軌道修正する作業が必要なのです。

渡米前に調べて決めたことでも、実際にアメリカに来てみると思っていたのと違っていたり、しっくりこなかったり、別のものに興味が出たりすることはあります。いったんこのゴールと決めたからといって、それに固執する必要はありません。それが「軌道修正」です。目的地には行きたいけれど障害物があってそれを乗り越える苦しさと、行きたい所が違う場所にあるのに嫌々ながら目的地に向かう苦しさとは違います。つらくなったり、やる気がなくなったりしたときは、どちらの苦しさで自分が悩んでいるのかを考えましょう。前者の場合は、休む、ゆっくり進む、回り道をするなどして行き先を見失うことなく進むことです。後者の場合は新しい目的地に切り替える決断、行動力が必要です。過去の留学生たちは、住む場所、学校、専攻などを臨機応変に変えていっています。例えば、英語学校時代は日本に近いハワイや西海岸、大学に進む際は自分の勉強したい科目が強い学校、就職時にはバイリンガルの職が多い所へ移る、という具合です。外国で暮らして勉強するのですから、柔軟性と臨機応変な考え方はとても大切です。

「若いときは自分にもこんな夢があった……」という大人はあなたのまわりにもいると思います。「夢なんて実現できないから夢なんだ」「夢ばっかり追っても仕方ない」「夢はしょせん夢」と言って慰めている大人たちのようになるのか、「大変だったけれど、自分は夢を実現して幸せだ」と言える人になるのか、それはあなた次第です。夢の実現には、情熱とそれにかける時間とエネルギーを必要とし、その時間とエネルギーは自分への投資です。まだどれくらいできるかわからないし、やってもいないのに、自分の可能性にブレーキをかけないことです。これまでの人生がどうであっても、これからの人生はあなたの考え方、生き方ひとつで変えることができるのです。

これから留学する人も、すでに留学している人も、必ず夢のリストを作り、留学・人生の目的を記録してください。留学後は、不安、迷い、自己不信、落ち込みなどの嵐が必ず襲ってきます。「自分はいったい何をしているんだろう」「こんなことをしていいのだろうか」と、先が遠過ぎて、目の前の山が高過ぎて、あなたの列車が立ち往生してしまうときはきっとやってきます。そんな時、夢のリストは「留学したいと思ったあの時の気持ち」を思い出させてくれるものであり、「自分の進むべき方向」を再確認できる指標になるのです。

# 02 心配・迷い

留学を決心した後、しなければならないのが、留学する意思を周りの人たちへ伝えることです。親や親せき、友達や先生、同僚や上司などがすぐに賛成してサポートしてくれる場合はいいのですが、反対されたり批判されたりすると心が揺らいでしまうものです。10代後半の若い人たちは本人にも周りにもそれほど迷いはないかもしれませんが、年齢を重ねると日本の社会から「年齢のプレッシャー」がかかるため、留学に関して迷いが大きくなるのは残念ながら事実です。「夢と希望にあふれて渡米しました」と100パーセント自信をもって言える人はごく少数で、大多数の人にとっては家庭や仕事との絡みで「複雑な思いを胸に渡米した」というのが素直なところでしょう。この章ではそういった迷いや反対意見をどう処理するかを説明していきます。まず「留学したい」という意思表示への3種類のリアクションを紹介しましょう。

# 留学したい気持ちへの3種類のリアクション

## ポジティブなリアクション

「いい勉強になるから頑張れ」
「人間として成長できるよ」
「自分も留学してみたかった、夢を実現して偉い」
「視野と世界が広がる」
「国際人になれ」
「初心を忘れずに」
「若いうちに日本を出て苦労するのはいいことだ」
「君ならきっと成功するよ」
「人生に冒険は必要だ」

## ネガティブなリアクション

「今どき、留学してどうするの？　英語なんて日本でも勉強できるんじゃない？」
「帰ってきたら仕事ないよ」
「いい歳して、やめておけば」
「親不孝ね、病気がちの親を置いて……」
「子どもと家族はどうするの？」
「○○さんはもう結婚して赤ちゃんもいるのに……」
「長男のくせにふらふらして」
「いいわね、そんなお金があって」
「そんな遠いところに行って、家族に何かあったらどうするの？」

**「日本でダメな人はどこへ行ってもダメよ」**
**「日本を捨てるの？」**
**「失敗したらどうするの？」**
**「アメリカの時代じゃないよ」**
**「今さらもう遅いよ」**
**「ひとり娘は出せない」**

## どちらともとれるリアクション

**「頑張ってね、でも親御さんが心配でしょうね」**
**「夢に向かって行くなんて素晴らしい、でも夢ばかり見ていてもダメ、現実を見ないと」**
**「英語ができたらいいわね、でも自分の年齢も考えなさいよ」**

次にあなた自身の迷いを探ってみましょう。あなたを迷わせるものは、おそらく次の3つのうちのどれかに当てはまると思います。

1. 恐怖や不安（失敗したら、犯罪に巻き込まれたら、就職先がなかったら、など）
2. 自己不信や自信のなさ（自分には無理かもしれない、途中で挫折するのでは、など）
3. 罪悪感（親不孝、自分勝手、逃げ、ぜいたく、など）

これらの気持ちは普通の人なら感じることで、ネガティブ思考ではありません。これまでの留学生たちも複雑な気持ちを胸に留学し成功しているのです。ではどうしたらネガティブな感情を処理できるのでしょうか、この章で見ていきましょう。

# 反対・迷いに対処するサバイバル心理学

## 1．客観性をもつ

| ネガティブなコメント（迷い・不安） | 誰の意見？ | それに対して何を感じたか（主観的見方） | 第三者のことだったらどう思うか（客観的見方） |
|---|---|---|---|
| 英語なんて日本でも勉強できる | 友達 | 確かにそうかも | 実際に現地でないと学べないことだってあるはず |
| 家族に何かあったらどうするの？ | 親、親せき、友達 | 親不孝、無責任だと思われる | 今、何かあるわけではないし、何かあったらそのときなんとかできる |
| 帰ってきても仕事はないよ | 上司 | 今より悪い仕事しかなくて、給料も地位も下がったらどうしよう | 新しい知識や技術が身についているから仕事はあるはず |
| ひとり娘だから出せない | 親、親せき | ひとり娘は留学できないの？ | 留学がどう親不孝なのだろう。成功すれば親だって喜ぶはず |

上のような図を作り、ネガティブなコメントを左に、誰が言ったかを次に、３つ目のコラムにあなたが何を感じたか、いちばん右には、第三者のことだったらどう思うかを書いていきます。あなたが感じたことは「主観」で、自分以外の人のことだったらと考えたことが「客観」です。友達の相談にはいいアドバイスができるのに、自分の悩みになると混乱することがあるように、第三者のこととして考えると解決法が見えてくるものです。

「主観」の恐ろしさは、自分の中の不安や疑いが他人からの不安や疑いに後押しされて、雪だるま式にどんどん膨らんでしまうことです。例えば、第１章の中で紹介した「留学は線路を切り替え、列車で新しい目的地に向かうようなもの」という考え方を例に取ってみましょう。確かに「この先は道は険しそうだし怖いよ、やめておけば」と言われ、「やっぱりそうかな」と冒険しようとしていた本人にも恐怖や不安が募り、結果的に冒険をやめてしまう。これが「主観」に基づいた考え方です。人生の地図をしっかりと持っている人は、現在地と目的地を把握し、その間にある障害物を覚悟してその回避の仕方や対処法を考えています。そういった事実の裏付けに基づく考え方が「客観性をもつ」ということなのです。客観性もつということは留学していく中で特に大切なスキルです。あなたの中にあるネガティブな気持ちを全て書き出して前ページのような練習をしてみてください。

「でも、自分のことを子どもの頃から知っている親の言うことなら、客観的な意見ではないでしょうか」「先生の言うことだから正しいのでは」と思う人には、「あなたの親が言うこと、先生が言うこと、それらは全て正しいのですか？」という質問をしたいと思います。いくら彼らが立派で良識のある人たちでも100パーセント当たる超能力者ではないし、彼らにも「主観」はあります。なぜその人はそういうことを言うのか、どういう意味なのかをあなたなりにまず考えてみましょう。そしてどうしてもわからないときは直接本人に聞いてみましょう。お互いの気持ちを素直に話し合うことで、主観的意見が客観的に見えてきます。

## 2. 先輩留学生の対処法

あなたと同じように反対されたり、批判されたり、迷ったりしても、留学を実現した人たちはどう考えたのでしょうか。彼らのコメントをいくつか紹介しましょう。

**「今しかないと思った」**
**「留学をあきらめて後悔したくなかった」**

**「失敗したとしても、若いうちに海外生活を経験するのは価値があることだと思った」**
**「長い人生、1～2年同級生に遅れるくらい大したことないと思った」**
**「結婚資金があるのなら、留学に使うほうが自分のためになるからと親を説得した」**
**「こんなにたくさんの日本人が留学しているから、自分にもなんとかなるだろうと思った」**
**「家族とはインターネットで連絡できるし、いざとなったら帰ればいい」**

このように、もし失敗したらどう思えばいいか、もし家族に何かがあったらどうすればいいか、今留学しなかったらどうなるか、などの質問に対してのポジティブな答えが留学を決定させたのです。あなたも、不安や心配に思っていることが実際に起きた場合どうするかと自分に問い掛けると、違った見方ができるようになるでしょう。

## 3. 勢いに乗る

留学を実現してきた人たち全てに当てはまることは、留学を決定したときの「精神的勢い」です。どんなに心配性の人も、引っ込み思案の人も、引きこもりだった人も、いじめられていた人も、留学を実現できたのは、この精神的勢いがあったからにほかなりません。彼らは、「なぜかあのときは、留学のためにすごいエネルギーが出ました」と言っています。だから、面倒くさい細々とした留学手続き（留学あっせん会社を探す、資料を集める、アメリカの学校を選ぶ、パスポートを取る、銀行の残高証明や日本の卒業証明などを取り寄せる、学校に入学願書を提出する、ビザを受け取る、日本の学校・会社・バイト先などに留学の意志を伝える、飛行機のチケットを取るなど）や、ほかにも山ほどある留学のための作業を終え無事に渡米することができたのです。

人生の中で、「やるぞ」と自分を突き動かしてくれる大きなエネルギーは、そう何回もわき起こるものではありません。留学しようと心から思うなら、その勢いに任せて動いてみることも大切です。

## 4. 留学の期間だけ「自分勝手になること」

家族、学校、就職、仕事、お金、年齢、責任、立場など、もろもろの事柄を考えると、なかなか留学に踏ん切りがつかない人も多いことでしょう。留学中は日本での生活を断ち切らなければならず、周囲の人や状況が気掛かりな人は、留学することが自分勝手で人に迷惑を掛けてしまうと考えがちです。

自分を変える、成長させる、磨く、という作業には、自分のことに集中する期間が絶対に必要です。例えば「英語を勉強するなら留学しなくてもできる」という考えにしても、学校・仕事・家庭などでの役割を終えてから残った時間に勉強するのでは、英会話の先生と日常会話ができる程度にしか上達しません。英語をマスターし、将来仕事で使える程度まで英語力を伸ばしたいならば、それにふさわしい環境が必要なのです。

それでも「自分のことに集中したら、人の気持ちを考えられない、わがままで自分本位な人になってしまうのではない」と思う人には、「自分を幸せにできない人が、どうやって他人を幸せにできるのか」どうか考えてほしいと思います。例えば、発展途上国がほかの国の災害を助けることができないように、ほかの国に援助ができるのは自国の経済や政治がしっかりしている国だけです。自分自身が発展途上であるなら、周りの心配よりも、まず自分を磨き成長させるのが先決です。周りの人や状況のために自分を磨くことをあきらめれば、あなたも周りも中途半端な成長で止まってしまうことになります。また、あなた自身の恐怖や不安、自己不信、自信のなさ、罪悪感を、「家族のため」「周りのため」「人に迷惑を掛けないため」にすりかえて留学をあきらめないようにしましょう。

## 5．成功した自分の姿を思い浮かべる

想像力の練習です。留学を成功させて得られる数々の事柄を、もうすでに手に入れた状態を想像してみてください。実際に欲しかった自信と幸福感、学位、技術を手にしたらどんな感じなんだろう、どんな気持ちがするだろう、と目を閉じて詳しくイメージしてみてください。例えば、英語と日本語を自由に操ってアメリカ人と一緒に勉強したり仕事をしたりしている姿、字幕なしに映画を見て楽しんでいる自分、黒いガウンと四角の帽子を身につけて晴れ晴れと卒業式に出席している姿、いろいろな国の人たちと対等に話している自分、国際的な会議に出席している姿……、この瞬間だけはネガティブな感情にはお休みしてもらって、思いっきりカッコイイ自分の将来を思い描いてみるのです。脳は、本人が失望しないように、ショックを受けないように、そんなにいいことが起きるわけがないと思い込ませようとします。しかし、このビジュアライゼーション（映画の画面のように想像すること）を定期的に続けることで、初めは「こんなことできっこない」と反発した脳も、何回もイメージされることで「できたらいいなあ」と成功のおいしさがわかるようになり、「実現したい。そのためにはどうすればいいのか」と考え始め、「もしかしたらできるかも」、さらには「これは実現可能な目標だ」と脳の細胞はあなたが成功することを「事実」として受け入れるようになるのです。こうした理由で、心理学の世界では「想像」が成功への第一歩だとされています。

## 6．冒険です！

留学は冒険で、冒険には勇気と決断力が必要です。留学によって手に入るものが、あなたの本当に欲しいものならやってみる価値は大いにあります。そして冒険は孤独です。みんなが行かない道を進んで行くからです。だから反対する人もいれば、脅す人もいるでしょう。もうひとつ。冒険には失敗や困難はつきものです。しかし冒険には、冒険した人、チャレンジ

精神をもっている人にしか得られない、素晴らしい何かがあるのです。

# 留学直後の心理

# 03 カルチャーショック

「カルチャーショック」は1960年、人類学者のObergによって紹介された概念で、異文化に適応していく過程における心理的ストレスの総称です。カルチャーショックは、希望にあふれた初期段階から、精神的に不安定な時期を越え、適応し、自立するといういくつかの段階があります。異国に一定期間住む人なら必ずいつかは経験するもので、不安定な時期にはイライラ、不安、落ち込み、自信喪失などの症状が起こりますが、だからといってその人が弱いとかその国に合っていないというのではありません。かえってカルチャーショックを感じない人のほうが、後々心理的な問題を抱えることが知られているくらいです。肝心なのは、カルチャーショックの存在と症状を知り、無視せずに対処することです。

# カルチャーショックの4つの段階

### 旅行気分期

誰でも外国に着いてまもない時期に感じるのは興奮です。外国人が普通に歩いていて、生の英語が聞こえてきて、見るもの聞くものすべてが刺激的です。「よし、これから留学頑張るぞ」「これからすごいことが待っているんじゃないか」「どんなことでもできるんじゃないか」とやる気にあふれ夢が膨らんできます。新しい環境の中、喜び、興奮、やる気、驚き、元気で一杯になっているのがカルチャーショックの第１段階です。

この頃は心がとても寛大で、「アメリカだから」と少々のことは気になりません。例えば、ホームステイ先では家の中で靴をはいたままでも平気だし、大ざっぱなアメリカ人の対応も「おおらかでいいな」と問題なく受け入れられます。それは、アメリカの家は大きいとか、アメリカ人と一緒に暮らせるなんて夢のようだ、というように、いい所や新しいことに気を引かれるため、ほかのことが気にならないからです。新しい環境に慣れるというストレスはあっても、いい刺激に感じ、あまり苦にはなりません。

### カルチャーショック期

しかし、しばらくすると状況は変わってきます。学校の手続きに手間取る、ホストファミリーやルームメイトとうまくコミュニケーションができないなど、うまくいかないことが増えてきます。これが海外旅行なら、あと少しで日本に帰るからいいか、と我慢できるのですが、留学で来ているのでそういうわけにはいきません。「とんでもない所に来てしまった」「こんな英語で大丈夫なのだろうか、ここでは自分は赤ん坊と同じだ」と気分が不安定になってくるのがカルチャーショック期の始まりです。人によって違いますが、渡米後1カ月以内に始まり、2～3カ月ほど続くのが普通です。

英語の壁だけではありません。イギリスやオーストラリアに住む英語を母国語とする人たちでもアメリカに来ると、「ジョークがわからない」「会話に入れない」とカルチャーショックを感じるそうです。同じ言葉を話す人種でさえそうなのですから、日本人のハンディははるかに大きいのです。「日本ならこういうあいさつをして、こんな話題を話せばいい」という場でも、アメリカではどうすべきかわからないのでおかしな行動になってしまい、外国人である自分を思い知らされます。

もうひとつ、この時期には、日本で抱えていた問題や持っていた性質が拡大されることもあります。例えば、日本で人見知りだった人がアメリカでは人と会うのが怖くなったり、日本で社交的だった人はアメリカに来て攻撃的になったりするのです。

こうして次第に異文化が「珍しく新鮮なもの」から「受け入れられないもの」に変化していきます。家の中で靴のまま生活するなんて不潔だ、アメリカ人はいいかげんで時間にルーズだなど、旅行気分のときは気にならなかったことが気に障るようになってきます。英語なんて聞きたくも話したくもない、アメリカ人も嫌い、アメリカの社会も嫌い、アメリカの食べ物も嫌いというように、アメリカのすべてが嫌になる留学生は多くいます。逆に、せっかくアメリカに来たのだから、日本人とは一切付き合わない、日本語は話さない、日本食も食べないし、日本の本なんて絶対に見ない、と日本の全てを否定してしまう人もいます。どちらにしても、ふたつの文化を同時には受け入れられないのがカルチャーショック期の特徴です。

**適応期**

学習能力が働いて、学校や家でのアメリカ人の行動や話し方を学び、真似るうちに、それなりにコツがつかめてきてアメリカに慣れてくるのが適応期です。カルチャーショック期にはふたつの文化が同時には受け入れられなかったのが、「これがアメリカ式で、これは日本式」というように共存できるようになるのです。「初対面の人に会ったときは、日本人にはおじぎでアメリカ人には握手で」「アメリカ人と話すときは相手の目を見て話すほうが受け入れられるらしい」という感じで、アメリカのやり方を拒絶することがなくなってきます。

## 自立期

適応期がアメリカに慣れる時期だとすると、自立期はアメリカに居場所を見つけ成功する日本人になっていく時期です。日本文化が「当たり前のもの」から「ひとつの文化」として客観的にとらえられるようになり、アメリカに関しても「いい所はここ、悪い所はここ」というように、適応期よりももっと距離を置いてとらえることができるようになっていきます。人種のるつぼのアメリカでは常識はひとつではないし、価値判断基準もひとつではありません。そんな社会で成功するには、個人として精神的に自立している必要があります。体裁や世間体を重んじる日本では「みんながこうするから」的に行動する人が多いのですが、相手によって自分を変える日和見的な態度では国際社会では信頼を得られません。自分の置かれた状況で「自立して確かな判断ができる人になること」が成功の秘けつです。

# カルチャーショックに対応するサバイバル心理学

## 1. カルチャーショックの症状を知る

以下に挙げる症状は、「正常な」カルチャーショックへの反応で、全て経験する人もいれば、いくつかだけという人もいます。強調したいのはこれらは「自然の反応」であることで、病気ではないし、あなたに問題があるからでも、弱いからでもありません。「自分はおかしい」「ダメな人間だ」と自分を責めるのではなく、「海外で生活するのはこんなに孤独で、人間性にもこんなに影響するものなんだな」と、留学の一部として認識してほしいと思います。

**不安**
**イライラ・焦り**
**怒り**
**落ち込み**
**悲しい**
**孤独・寂しい・ホームシック**
**誰とも会いたくない・外に出たくない**
**自信喪失**
**集中できない・ボーっとしてしまう**
**落ち着かない・ソワソワする**
**疲れる**
**記憶力が落ちる**
**勉強のペースが落ちる・やる気がなくなる**

**いつも眠い・眠れない**
**食べ過ぎる・食欲がない**
**ハイパーになる・行動が鈍る**
**体調を崩す（胃腸障害、頭痛、風邪をひきやすくなるなど）**
**何をすべきかわからなくなる**
**精神不安定になる**
**異常な行動をする**
**アメリカが嫌いになる・アメリカを拒絶する**
**日本が嫌いになる・日本を拒絶する**
**英語が嫌いになる・話したくない**
**日本で抱えていた問題が拡大される**
**日本での癖がひどくなる**
**自分のことがわからなくなる・自分を見失う**

## 2. ホームシック・寂しさについて

学校からのキャンプや修学旅行の夜、夏休みに泊まりに行った親せき宅の夜、ふと寂しくなって家が恋しくなった経験は誰にもあるでしょう。留学で感じるホームシックは、日本で感じたものと比べると何倍、時には何十倍もつらいものです。以前、同じアメリカで短期のホームステイを経験し、そのときは楽しくて全く寂しくなかったという人でも、半年、１年、それ以上のアメリカ滞在になるとホームシックになる人がほとんどです。「初めてこんな気持ちになった」「寂しさで押しつぶされるようだ」「孤独というものがこういうことだとわかった」「ひとりになるのが怖い」「この寂しさは冷たい」など、表現は違っても、どれも学生たちのホームシックの激しさを表しています。

日本でひとり暮らしだった人も、親離れしていた人も、ひとりでいるのが好きだった人も、留学先では「なぜか人恋しい」気持ちになります。それは、日本には家族、友達、同僚などがどこかにいて、ひとりに見えても実はいろいろな場所に属しているため、多くの人との関係があったのです。それをすべて断ち切ってアメリカに来たのですから人恋しくなるのは当然です。

## 3. アイデンティティークライシスについて

アイデンティティーとは自分がどんな人間であるかの自己確信（自己同一性）です。人種、国籍、性別、言葉、文化はアイデンティティーを形作る大きな要素で、学歴、職歴なども後天的な要素です。アメリカに来て「有色人種」として扱われたり、どこへ行っても「どこから来たの？」と聞かれ、「外国人である自分」「日本人の自分」を初めて意識する人も多いでしょう。英語の国で英語がまともに話せないことで「第２市民」のような感覚をもつかも知れません。長く日本で暮らしてきた人にしてみれば、アメリカに何世代と住んでいる日系人や何年も暮らしている日本人と出会えば日本人の定義も変わるでしょう。「アメリカ人は白人と黒人」と思っていた人は、ロサンゼルスやニューヨークなどの都会に行くと「アメリカ人って何？」という疑問をもつかもしれません。また、ホモセクシュアル、バイセクシュアルといった性の選択に関しても、アメリカではオープンです。「なぜ君はホモじゃないの？」と聞かれて「そんなことは考えたことがなかったのでびっくりしました」という学生もいます。今まで「自分はこうだ」と確信していたことをあらためて「なぜ？」と聞かれると答えられないこともあるのです。

このような人種・文化・世代・ライフスタイルの多様性を目にすると「自分って何者？」と考えさせられてしまいます。「なぜ自分は日本人なんだろう」「英語ができてアメリカに住んだら日本人ではなくなるのだろうか」「自分はアメリカの考え方に近いのでアメリカ人？」「国際結婚したらアメリカ人になるの？」といった疑問をもったり、自分のことがわからなくなったりすることを、アイデンティティークライシスといいます。これもカルチャーショックの一部であり「異常」なことではありません。

また、アメリカでの役割が「学生」だけになってしまうのも、大きなアイデンティティーの変化です。日本では仕事やバイト、祖母の話し相手、家事手伝いなどの役割があり、それらを通してなんらかの見返りがあったのです。しかし、留学するとそのような役割がすべてなくなり「言葉のできないマイノリティーの学生」となり、勉強するだけの身となってしまいます。

誰からも必要とされない、誰からも感謝されない、誰も自分をあてにしてくれないという状況では、自分の存在価値がないような気分になるものです。

## 4. カルチャーショックは1回だけではありません

カルチャーショックの過程は1回で終わるものではありません。アメリカを初めて訪れた時、英語学校に行き始めた時、学位課程のクラスを取り始めた時、ホームステイからシェアハウスに移った時など、環境が変わるたびにそこで新しいカルチャーショックが待っています。カルチャーショックに対応していく段階は、この図にあるように変動があり、全体として徐々に良い方向へ上がっていくと考えてください。

**異文化への適応の図**

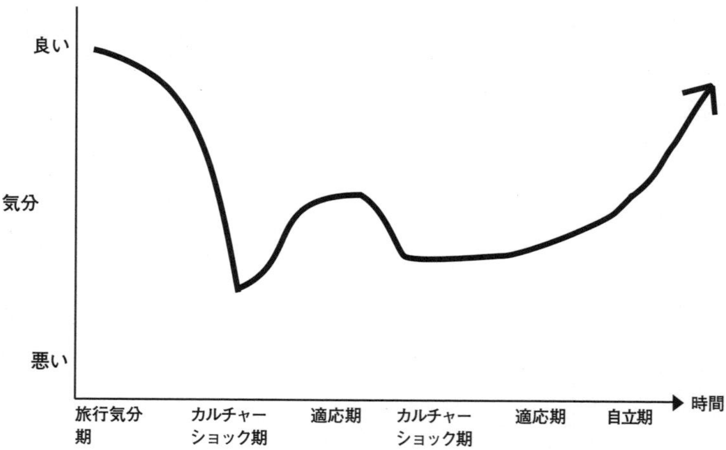


参考：*Breaking Through Culture Shock* by Elisabeth Marx

## 5. カルチャーショック時期の注意点

この時期、気をつけてほしいことがふたつあります。ひとつ目は、自分がカルチャーショックによって様々な症状をもっていることに気付かず、表面的な解決策に頼ってしまうことです。お酒を飲んで紛らわす、たばこの量が増える、ドラッグに手を出す、日本から持ってきた安定剤や睡眠薬を必要以上に飲んでしまう、暴飲暴食をする、アメリカにいるにもかかわらず、あくまでも日本のやり方を押し通す、好きでもない人と恋愛関係になるなどはその例です。もし、あなたがそういう状況にあるなら、この後で説明するような方法でカルチャーショック自体に対処してください。日本人だけでなくアジア人の学生は、お酒を飲んで嫌な気分を吹き飛ばそうとすることが多いようですが、自分の気持ちを外に表さずに酔ってわれを忘れようとするのはアメリカではあまり感心されない行動です。

ふたつ目は、「アメリカが嫌い」と、日本人の友達とだけ付き合うことです。「アメリカって嫌なところもあるけど、留学してきたのだから頑張ろう」と愚痴を言ったり応援し合ったりするのはいい関係ですが、「やっぱりそうだ、アメリカは間違ってる、日本が正しい」という考え方だけに固執してしまうのは問題です。「日本第一主義」の仲間たちと過ごし、ずっとアメリカを嫌ったままでいると、カルチャーショックは解決されずアメリカに適応することもなく留学生活が終わっていきます。これではアメリカに留学した意味がありません。

## 6. 日本人の友達と話す・気持ちを書き留める・日本語の本やビデオを利用する

同じ留学生の日本人の友達に、「最近ブルーなんだけど、そんな時ある？」「アメリカってどう思う？」と聞いてみましょう。お互いの話をするうちに「なんだ、こんなふうに感じていたのは自分だけじゃないんだ」「日本語で文句を言ったらすっきりした」と気が楽になることがあります。「日本人と日本語で話す時間があるなら勉強するべきだ」などと思わないことです。モヤモヤとした気持ちを英語でアメリカ人に話すのはそれだけで余計ストレスになるし、日本語で思いっきりぶちまけたほうがストレス発散になり、後はすっきりして勉強がはかどるのです。無理に日本人や日本語を断ち切るのではなく、「留学を成功させること」が目的ですから、カルチャーショックの時期に、それを共有できる日本人と話すのは非常に有効な対応法だと考えましょう。身近に話せそうな日本人学生がいない場合は、日本の友達や家族に電話するのもいいでしょう。「だから留学なんてするなって言ったでしょう」とか「だったら帰ってきなさい」と言われそうでつらいときは「ただ聞いてくれるだけでいいから」と前置きしてから愚痴をこぼしましょう。

人と話すのが苦手だったり、話し相手がいなかったりする人は、書くことで話すのと同じ効果を得ることができます。思っていることを文章にするのは「自分との対話」です。頭の中に詰まっているうっぷんを書くことで、何にイライラしているのか、何がつらいのかがはっきりしていきます。

また、英語の中で生活していると言葉の理解度が低いことで、自分を幼児のように感じてしまいがちなので、たまには日本語の本を読んだりビデオを見て「言葉を100パーセント理解できる大人の自分」を再認識するのもいい気分転換になります。

## 7. 自分の得意なことをする

英語学校からコミュニティーカレッジに上がり、アメリカ人と一緒の授業を取り始めて「ディスカッションについていけない」と落ち込んでいた学生が、数学の授業を取ったとき「自分がばかではないことを思い出しました」とうれしそうな顔で報告してきたことがあります。彼は数学の問題が簡単に解けた時、「日本では普通に勉強できていた自分」を思い出したのです。その後、いい成績を取ったり、アメリカ人のクラスメイトから「教えてほしい」と頼まれたりすることで、彼は徐々に自信を取り戻し、落ち込んでいた状態から無事抜け出せたのでした。このほかにも、音楽のクラスでピアノを弾いたらクラスメイトに尊敬された、サッカーを通じて友達が増えたなど、日本でしていた得意なことや好きなことをやってみると、言葉以外の部分で人とのつながりができたり自信を取り戻せたりします。

スポーツや音楽、芸術などは言葉や文化が違っても共通のものがあるので、得意なものや好きなものがあるならアメリカでもやってみてはどうでしょうか。

## 8．ほかの国の留学生と話す

ほかの国から来た人たちにとってもアメリカは外国です。彼らは日本でもない、アメリカでもない、別の価値観でものを見て考えています。彼らがアメリカでどんな感じ方をしているのかを知ることで、新しい観点を得たり別の見方ができたりするかもしれません。それに、たくさんの外国人が英語やアメリカ文化で苦労しているのを知ると「自分だけじゃないんだ」と心強くなるものです。

## 9．アメリカ人と話す

アメリカの文化はアメリカ人がいちばんよく知っています。大抵のアメリカ人は、アドバイスを求められると喜んで助けてくれるので、「どうしてこうなんですか」「なぜこうなるんですか」と、どんどん質問してその理由を教えてもらいましょう。しかし、アメリカは、移民の国で多民族で成り立っているので、ひとりのアメリカ人の意見だけをうのみにするのではなく、何人ものアメリカ人に同じ質問をしてみることです。より多くのアメリカ人と接することで、実際のアメリカ文化・アメリカ人の考え方が見えてきます。学校のアドバイザーやカウンセラーなどに相談するのもひとつの手です。学校内のサービスは学生のために設けられているので、少しでも気分が楽になるのなら活用しましょう。

## 10．アメリカ文化を経験する

学校で授業を取ってカフェテリアで食事をして家に帰るという、型にはまった生活から離れて、学校内でアルバイトをしてみたり、学校外でボランティア活動をしたり、スポーツや趣味のサークルに入ったりしてアメリカ文化を経験してみましょう。まだそんな勇気はないという人は、映画やテレビでアメリカ文化を勉強しましょう。大学生が主人公のもの、恋愛もの、自分が住んでいる都市が舞台になっているものなど、実際にあなたにも起こり得る話や場面があるものを選び、登場人物がどんな考え方をして、どんな言い方をして、どういうふうに問題を解決しているかを観察するのです。クローズドキャプション（字幕）がついているDVDやビデオは何度も繰り返して見られるので、実用的な英語を勉強するのによいと思います。

## 11.「適応」とは何かを理解する

適応とは「アメリカ人になる」ことではありません。留学生の中には、「ネイティブのアメリカ人と同じように英語が話せ、振る舞うことができる」ことを目標にしている人が驚くほど多くいます。第２外国語を習得する上で、どの年齢で始めると発音が完ぺきになるかという研究結果では、12～14歳以下で始め、しかも数年続けなければ何かしらのアクセントが残ると言われています。たいていの日本人留学生はそれ以降の年齢でアメリカに来るわけですから、どんなに頑張ってもネイティブと同じようには話せないのです。文化的にも、小中学校・高校という人格形成に重要な学生時代を日本で過ごした人が、アメリカで過ごした人と同じように振る舞い考えられるようになるはずがありません。発音にしても文化や習慣から考えても「アメリカ人になる」ことは不可能です。それよりも「アメリカで成功する日本人になる」ほうが現実的であり、本当の意味での適応といえるでしょう。

## 12. ストレス解消法を実践する

第15章のストレス解消法リストの中から、あなたに合ったものをなんでもいいので試してネガティブな気持ちを紛らわしましょう。

## 13．セルフケア

セルフケアは直訳すると自分の世話ですが、「自分を大切にすること」という意味でもある、日本人にはあまり馴染みのない観念です。多くの日本人は、疲れていようと睡眠不足だろうと、大きな悩み事があろうと「根性・気合い・精神力」でなんでもできると考えています。テスト前なら徹夜で勉強するとか、怪我をしていても試合に出場するのは1回限りならばアドレナリンが分泌されるかもしれません。しかし、留学は長期戦、しかもそのストレスは非常に大きいのです。疲れがたまったり、落ち込んだ状態が続いたり、体調が悪かったりすると、どんなに根性がある人でも長続きはしません。休む、食べる、遊ぶ、不必要なストレスを避ける、といった「心と体の休憩」が必要になってきます。その中のどれが欠けていても、情緒不安定になったり体調を崩したりして悪循環になってしまうのです。

日本では6時間の睡眠で大丈夫だった人は、留学すると8時間は必要になります。日本ではそれほど食べなくてもからだが機能していた人も、3食きちんと食べなければ、長い留学生活の中で体調を崩してしまうでしょう。勉強の合い間や学期の終わりには気分転換をすること、2～4年留学する人は、3学期フルタイムで行ったら1学期は休むというように休憩を入れることも考えてください。

あまりにも激しい寂しさや孤独を感じたら、ちゃんとセルフケアしているか自分に問い掛けてみてください。もしかしたら、しっかり寝てたくさんおいしいものを食べたら気分がよくなるかもしれません。

## 14．日本に一時帰国する

寂しいから帰国したり、誰かにアメリカに来てもらったりするのは、弱いとか情けないと思う気持ちもわかります。しかし、留学生としての本分は留学を成功させることであり、寂しいのに強がって助けを求めず、結果的に留学を途中で断念してしまっては意味がありません。あまりにもつらかったら我慢せず一時帰国することも考えましょう。学期の途中なら次の休みに帰るチケットを取ってはどうでしょうか。帰国する日が決まれば不思議と現在の状況に耐えられるものです。最短距離で留学を終えることばかり考えず、夏の学期は取らずに日本で過ごしたり。一度帰国してまた出直したりするのも一案です。近所の人や親せきの手前帰れないという人は、家族にアメリカに来てもらったり友達に遊びに来てもらったりして楽しみをつくりましょう。

## 15. カルチャーショックのメリット

「留学から帰ってから、息子や娘が『ありがとう』と言ってくれるようになりました」とおっしゃる親御さんたちがいます。日本に一時帰国して友達ともっと深い話ができるようになった人もいます。母国を離れて初めて知る日本文化の良さ、日本では当たり前に受けていた愛情、思いやり、優しさ、友情などは留学してやっとわかるものかもしれません。ドライなアメリカ人のホストマザーに日本の母親の深い思いやりを重ねたり、マナーが違う語学学校の友達に日本の親友を懐かしく思ったり、海外でつらい生活をしたりしたからこそ、大切なものに気付き感謝できるようになるのはとてもすてきなことではないでしょうか。

# 04 アメリカ文化入門

私たちは日本にいながら、テレビや映画、音楽を通して、アメリカの文化を身近に経験することができます。そのために、「アメリカのことはわかっている」と思いがちです。しかしホームステイ、寮、学校など、日常生活の中で触れる文化となると話は別です。この章では、留学生が知っておくと便利なアメリカ文化を、日本と比較しながら紹介したいと思います。

# アメリカ文化に対処するサバイバル心理学

## 1．自分のコンピューターの整理

新しい文化の中で、外国語で勉強したり生活をしたりすることは、脳にとっても、また精神的にも、とてつもないエネルギーが必要です。人間には許容量があって、どんなに必死でやっても１日に覚えられる単語量や集中できる時間に限りがあり、ストレスに関しても「これ以上耐えるのは無理」という限界線があるのです。許容量という点で、人間はコンピューターのメモリーに似ています。「大きな容量の新しい情報」をコンピューターに入れる時、ハードディスクの容量を増やすか、不必要なデータをCD-Rなどに移して容量を空けると思います。しかし、人間の場合はメモリー容量を増やすことはできないので、不必要な情報を整理して新しい情報が入る場所をつくるしかありません。第２章で「留学の期間だけ自分勝手になること」という話をしました。留学中は、ある程度日本を切り離しておく必要があります。具体的にいうと、「日本でのこと」「日本的な考え方の中にある留学中は必要のないもの」といった情報を整理するのです。アメリカでは心配しなくてもいいこと、気にしなくてもいいことがわかれば、不要なことで悩むことはないし、逆に取るべき行動がわかると、変な行動を取って誤解されることも少なくなるのです。

以下に価値観の比較を挙げました。留学中は、必要のないものを心のCD-Rに移しておきましょう。「そんなことをしたら日本人でなくなってしまうのでは？」などと心配しなくても大丈夫です。そのCD-Rは日本に里帰りする時や、留学後帰国する時に取り出してきてあなたのコンピューターに入れればいいのですから。留学中は「空きメモリー」があればあるほど、勉強したことが頭に入り、身に付くのです。

## 2. 価値観の比較

**褒める教育**

**けなす教育**

「この程度で喜ぶな」「できて当たり前」「褒めるとつけあがる」「くだらない質問はするな」……。このような考え方による教育は日本的といえるでしょう。アメリカでも、中国系や韓国系の家庭では同じように子どもをしつけるので、これはアジア文化の特徴かも知れません。それに対し、アメリカの先生は生徒をよく褒めます。質問するとGood question.（いい質問だ）、レポートにはGood job.（よくできている）と先生がコメントをしてくれるので、うれしく感じる日本人もいれば「このくらいで褒められるなんて」と戸惑う日本人もいます。ホストファミリーでも親が子どもをとにかく褒めるので、自分の親との違いにびっくりする人もいるようです。

**ディスカッション・プレゼンテーション**

**黙って先生の話を聞く・板書きを写す**

アメリカでは「授業への参加」が大きく評価されます。アメリカ人は小学校の低学年の頃から、クラスの前で発表したり、他の生徒と議論することを奨励されるので、大学生ともなるとディスカッションやプレゼンテーションはお手の物です。そのため授業の中身も、先生の話はほとんどなく、討論ばかりということがあります。アメリカの学校生活で、日本人留学生がいちばん苦手とするのがディスカッションやプレゼンテーションです。

**イニシアチブ・自主性**

**協調性・和を重んじる**

日本では協調性をもち、集団で和を保つことが美徳とされますが、アメリカでは「自分で考えて何かを始める」「ひとりでできること」がよしとされます。学校でも、独創性や人と違う意見をもっていることが評価されます。

**字のきれい・汚いはその人とは関係なし**

**字は人を表す**

アメリカ人には字の汚い人が多くいます。「字」は人を表すと考える日本からすると信じられませんが、小さい子にも日本のようにきれいな字を書く練習はあまりさせません。学校のエッセーでも、先生は「読める字を書いてください（Legible, please.）」と言うことはあっても、字の汚さが成績に関わることはまずありません。

**年齢差別なし**

**年齢相応の行動を期待される**

アメリカの大学には、十代の若者から仕事をリタイアした老人までさまざまな人がいます。日本なら「いい歳をして学校なんて」というところかも知れませんが、就職先を探す際も、履歴書に生年月日は記入しませんし、写真も添付しません。雇用主側も面接で年齢を聞いてはいけないことになっています。いつでも誰でもなんでもできる、というのがアメリカのよさといえます。

**接触文化（握手、ハグ）・アイコンタクト**

**接触しない（おじぎ、会釈）・アイコンタクトなし**

アメリカでは初めて会った人と握手をし、家族同士でハグをします。話す時は相手の目を見て話します。そうしないと、失礼だったり自信がない人のように思われたりするのです。

### パーソナルスペースは大
### パーソナルスペースは小

パーソナルスペース（人との距離）に関しては、日本のほうがはるかに近いといえます。ぎゅうぎゅう詰めの通勤電車、女の子同士が手をつないでトイレに行く、職場の同僚と毎晩飲みに行くというような光景はアメリカでは見られません。接触文化のアメリカ人は、あいさつ以外では他人との距離を保ちたがります。地下鉄でも、込んだ車両から降りる時に人にぶつかるととても嫌がられます。アメリカでは、人に当たらなければ降りられない、通れないという場合、Excuse me. と言い、自分の行く先をあけてもらうのです。この場合の Excuse me. は「すみません」ではなく、「私がそこを通りたいのでどいてください」という感じで、明らかに日本人とは違うパーソナルスペースを表しています。

### 「私はこれができる」と言わないと評価されない・自信ある態度を取る
### 先生はちゃんと見てくれているはず・能ある鷹は爪を隠す・謙そん

日本人学生が損をする場合、その多くの原因は「謙そん」です。わかっているのにクラスで発表しなかったり、ディスカッションでほかの生徒が話しているところに割り込んで自分の意見を言えなかったりすると、先生に「ただおとなしいだけで授業に参加しない生徒」と判断されてしまいます。アメリカ人はわかっていなくても発表しますし、大した意見でなくてもどんどん発言します。彼らの自信ありげな態度は「言わなければ理解されない」文化の反映です。日本のように先生や上司がどこかでちゃんと見ていて、相応の評価をしてくれるという文化ではないのです。

**自己主張（意見や不満はそのつど言うべきで、改善されなければならない）**

**我慢・察してくれるはず**

「自分の立場になればわかるはず」「みんな我慢している」というのもアメリカでは通用しません。不満や不公平なことがあったら、我慢せず早いうちに言うことです。どんなに明らかなことでも、あなたが黙っていれば「あの人はあれで満足している」と思われてしまいます。多くの日本人はこれ以上耐えられないという状態まで我慢して、そこでやっと文句を言うか不満を表します。するとアメリカ人は「なんで今まで我慢していたの、それでどうしてほしいの？」と言います。日本人は「自分がこれだけつらい立場で我慢していたことくらい誰でもわかるはずだ」とまずがっかりし、「そのうえ、こちらの立場も考えようとせず、どうすればいいか聞くなんて信じられない」と腹を立てるのです。アメリカでは「問題があったらすぐに言う。その際は文句だけではなく解決法も添えて言う」というのがルールだと覚えておくといいでしょう。

**失敗を恐れると成功しない、失敗は一時的なもの、やってみることに意義あり**

**失敗は恥、失敗したら終わり、やると決めたらならきちんとやる**

アメリカ人は「やることに意義がある」、日本人は「しっかりやることに意義があり、できないのならやらないほうがましだ」と考えます。だから本当はアート方面に進みたいとしても、「才能がない、うまくできない」と無難な専攻にしてしまうことが多いのです。アメリカ人は「とにかくやってみる。うまくいかなかったらその時対処する」という考え方なので、好きな道に進まない日本人を見ると、「せっかくやりたいことがあるのになぜやらないの？」と不思議がります。日本人は失敗することを「汚点」だと思っている人が多く、失敗を恐れて挑戦せず、安全で確実な方向を選びがちです。失敗しない人は一生懸命やっていない人です。アメリカに来たら「失敗」の定義を考え直してチャレンジすることです。

### 自分がやりたいから手助けする
### 思いやりで手助けする

こんなケースがあります。ある学生が、ホストマザーが忙しそうだったので子守りを買って出たところ、If you want. と言われました。その後も何度か子守りをすると、いつの間にか当然のようになり、宿題で忙しい時にも子守りを頼まれて困ったというのです。学生は、お手伝いのつもりで、親切で子守りをしてあげたのに、相手にはそういうふうには思われていません。If you want. は文字通り「あなたがやりたければ」という意味で、「あなた（ホストマザー）が忙しそうだから手伝う」という説明をつけない限り、「私は頼んでいないのに、あなた（学生）が自主的にやりたいと言った」という解釈をされます。だからホストマザーは「この学生は子ども好きだ」と子守りを期待するようになったのです。この場合、子どもと遊びたい時は遊ぶ、できない時は「今日は疲れているし、宿題もあるので子どものベビーシットはできません」とはっきりと言うことです。

### 理論的に話す（私はこういう理由でこう思うのでこうしてくれ）
### 行間の意味をくむ（こちらもあれですので、よろしくお願いします）

日本人の会話は主語や目的語をはっきりさせずに進んでいきます。はっきりと言わなくても話しているうちに相手が何を言わんとしているかわかってくるからです。もちろん、英語でもニュアンスを含んだ会話はありますが、留学生の英語ではそれは無理です。主語、述語、目的語などすべて明確にしなければ通じないので、はっきりとは言いたくないことでも言わなければなりません。また日本語で便利な「よろしくお願いします」という概念もアメリカにはありません。何かしてほしいならはっきりと言わなければわかってもらえません。

### めったに謝らない
### すぐに謝る

日本では、1日に「すみません」を何度も使うため、アメリカでもついI'm sorry. と言ってしまう人が多いようです。アメリカ人は小さい頃から「自分の立場をいかに守るか」という教育を受けてきているようで、めったに謝りません。明らかにその人が悪いという時でさえさまざまな言い訳をしてきます。日本人からすると卑怯なのですが、そんな文化をもつ人を相手にして潔く謝ってしまうと、こっちが不利な立場になることがあります。アメリカ人と付き合う時は、彼らのルールを知り、そのルールに沿ってものごとに対処しなければ公平な結果にはなりません。謝る前に、状況を把握し、相手の言っていることをうのみにせず、こちらの立場を守ることを考えましょう。

### 性差別なし
### 性別相応の行動を期待される

ホームステイ先で、ホストマザーがお皿を洗っていてもなんとも思わないのに、ホストファーザーがお皿を洗っていると「私がやります」と言ってしまう女子学生がいます。「女の自分がどっかりとソファに座って、ホストファーザーがお皿を洗うのを見るのは耐えられません」というのが彼女たちの意見ですが、アメリカ式に考えれば、これは彼女たちがもっている「性差別」です。日本なら「女性らしく」「男性だから」と性別に応じた行動を期待されますが、アメリカではそういった自分の中の性差別を見直すことになるかも知れません。

**干渉しない**
**干渉する**

「干渉されない」ことは、多くの日本人にとってはありがたいのですが、難しいのは「相手に干渉しないこと」です。相手の立場になって考えなさいと教育されている日本人は、アメリカ人のルームメイトが風邪をひいたらスープを作ったり、薬を買ってきてあげたりします。それは「思いやり」です。しかしせっかくスープを作ってもアメリカ人はNo, thank you.と断ったり、風邪薬を買ってきても「その薬は自分には合わない」と言ったりします。このような対応に日本人は「失礼だ、人の親切がわからない」などと腹を立てがちですが、アメリカ人にとってこんな思いやりは「干渉」なのです。ではどうすればいいかというと「病気みたいだけど、何か私にできることある？」と聞くのです。病気の人にどうしてほしいか聞くなんてと思うかも知れませんが、アメリカ人は「その人」が欲しいもの、やってほしいことをするのが優しさだと考えています。「フライドチキンが食べたい」というなら「風邪の時に脂っこいものなんて」と思ったとしても、それを買ってきてあげるほうが喜ばれます。「スープを作ってあげようか」と聞いてNo, thank you.と言われても、相手は遠慮しているのではないので放っておくことです。それでも「風邪の人にはスープを作ってあげたい」と思うなら、相手に感謝してもらうことを期待しないで「スープ、冷蔵庫にあるから食べていいよ」とだけ言って好きにさせることです。

**人生に問題はつきもの、私生活で問題があると勉強に支障が出る**
**問題は恥、問題があるのは弱い証拠、公私混同しない**

家庭、自分自身、人間関係など、人生にはさまざまな問題がつきものです。アメリカと日本の違いはそれらの問題を「当然あるべきもの」と見るか、「恥」と見るかです。日本では「公私混同」は避けるべきで、私生活で問題があっても勉強や仕事に支障を来すのはいけないとされます。アメリカでは、学校の先生は「私生活で問題があると勉強に影響するので、何かあったら相談に来るように」と言うし、職場でも上司は部下の仕事ぶりに変化があると、休暇を取ったりカウンセリングに行ったりするように勧めます。日本人学生が悩みがあって勉強できない状態になっているのに、それを先生やアドバイザーに言えず、欠席が重なって退学になってしまうのは、問題への対処方法における文化の違いが悪い結果を導いた一例といえます。

### 自分で解決できない問題は人に助けを求める、自分で問題を解決した人は尊重される
### 他人に自分の問題は言わない、問題や失敗のない人が尊重される

人生の問題をどう解決するかも日米両国ではずいぶん違います。アメリカでは「うつでカウンセリングに行き、薬を飲んでいます」「昔アル中でしたが、もう3年間お酒を飲んでいません」「レイプされたけどやっと立ち直りました」など、日本なら隠しておくようなことが普通に会話の中に出てきます。彼らは「問題を乗り越えたこと」に誇りをもっており、アメリカでは問題を認めてそれを解決するために努力することが美徳とされます。日本人は問題をもっていること自体を隠し、それを解決するにも隠れて行うので、根本的に解決されないまま、ずるずると問題を引きずってしまう人が多いような気がします。

### のんびり・ルーズ
### せっかち・時間厳守

アメリカに来て日本人がいちばんイライラするのが「なんでも時間がかかり過ぎる」ことでしょう。病気になって病院に予約を取ろうと電話すると「2カ月先までいっぱいです」と言われ、学校の事務所に質問に行くと、アドバイザーが暇そうにしているにもかかわらず「今は時間がないか

らあさってまた来て」という調子です。バスや地下鉄などの公共の交通機関にしても、時刻表はないか、あってもそのとおりには運行していません。7時からのパーティに誘われたから7時きっかりに行っても、時間通りに来たのは自分だけで、結局みんながそろい始めたのは7時半か8時だった、というのもよく ある話です。

### 自分の時間やプライバシーが大切
### 人との関係が大切

アメリカ人との友達関係で日本人が驚くのは、彼らが、自分の時間やプライバシーを何よりも大切にし、そのため人間関係がドライなことです。例えば、音楽の授業でバンドを組み、1学期間ずっとそのメンバーで練習、期末テストにコンサートを行ったとします。日本ならコンサートの後どうするでしょうか。「コンサートが終わった時はメンバー全員興奮していて、お互いによくできたって喜び合っていたから、僕はてっきりみんなでどこかに打ち上げに行くと思っていました。でも10分もしないうちに楽器を片づけ始め、バイトがあるとか彼女が待っているとか言って、みんなサーっと帰ってしまいました。なんだかあっさりし過ぎていて悲しかった」という学生の話は、アメリカの人間関係をよく表しています。

### いやなら変える
### 与えられた環境の中で前向きに生きる

アメリカ人はよく環境を変えます。住む所、職業以外にも、趣味などを、2～3年おきに変えるのは当たり前という人もたくさんいます。日本は「石の上にも3年」「与えられた環境の中で前向きに」と、長く続けることをよしとします。日本人からするとアメリカ人は「忍耐がない、根性がない」ように見えるかも知れません。どちらにもメリット・デメリットはありますが、留学でアメリカに来たら、「自分に合わない環境は自分で変える」ことも学ぶといいと思います。

**あなたには関係ない、放っておいて**
**あなたのためを思って、おせっかい**

It's none of your business. はアメリカ人がよく使うきつい言い回しで、「私の問題だから口出ししないで」「あなたには関係ないでしょう」「あなたの言うことは聞きたくない」という時に使います。my business は自分に関係していること、your business はあなたに関係していることで、アメリカ人は自分と他人をはっきりと分けて考えます。困っている人を放っておけないタイプの人は、アメリカに来たら「これは私の問題か、相手の問題か」を自分に問い掛けてから行動に移しましょう。よかれと思ってしても、こんな言い方をされると傷ついてしまうからです。それでも何か言いたい時は It's none of my business, but ...（自分が口出しするようなことじゃないんだけど……）と前置きしてから言うと受け入れられやすいでしょう。

# 留学中の心理

# 05 英語のストレス

留学中のストレスの中で、いちばん大きいのがコミュニケーションツールとしての英語に関するものです。言葉が通じない、わからないと頭も心も疲れ果て、記憶力、集中力、判断力、方向感覚などすべての機能が低下してしまいます。この章では、「現実的な英語力の上達レベル」を説明してから、「書く」「聞く」「読む」「話す」の4つに分けて具体的な対処法を紹介したいと思います。

# 英語のストレス一般に対処するサバイバル心理学

## 現実的な英語力上達レベルを知っておく

留学生が抱える「英語」のストレスは、「留学すればこのくらいは話せるようになるだろう」という期待と現実とのギャップから生じます。そのような期待は「留学すれば英語はペラペラになる」という神話に基づいているのでしょう。「留学期間を考えると、これくらい上達できたら上出来」というラインを知っておくことで、非現実的な思い込みとのギャップで落ち込んだり失望したりするのを防ぐことができます。では英語力のレベル別に「期待できる上達度」を説明しましょう。

**語学学校入学時：**

このレベルでは、「英語で英語を勉強する」のに慣れることが第一の挑戦なので、学校で与えられた宿題をこなし、授業についていければ上出来です。アジア系のクラスメイトとは、対等に会話はできますが、同じレベルでも、ヨーロッパ系や南米系の人たちとは、彼らが文法や読み書きよりも会話が得意なこともあり、少し気後れするかも知れません。アメリカ人で会話ができるのは、あなたが外国人であることを理解し、簡単な単語で話してくれる語学学校の先生とホストファミリーくらいでしょう。しかし、ホストファミリーでも子どもの言っていることはチンプンカンプン、普通のアメリカ人の話やテレビのニュースなどはまず速すぎて理解できません。

**語学学校卒業時：**

次はコミュニティーカレッジ（コミカレ）や大学に進む段階です。コミカレや大学付属の語学学校の中には、決められた課題を修了するとTOEFLなどの英語のテストを受けなくても大学に進めるシステムをもつ所もあります。しかし、この段階でアメリカ人と同等レベルの英語を操れるわけではなく、大学の授業を受けられる英語力がついたという程度です。実際の「聞く・話す」はこの時点でも「相手の言っていることは70パーセントわかる。自分の言いたいことは60パーセントくらい言える」ことができればいいほうでしょう。人付き合いの中では「聞く」ほうが「話す」より楽なので、どうしても聞き役に回ることが多くなります。

**コミュニティーカレッジ・大学レベル：**

語学学校でレベルが上がるのに比例して深まっていた英語の自信は、大学の授業を取り始めると、崖から転がり落ちるようにしぼんでしまいます。宿題をこなす、教科書を読む、ディスカッションに付いていくなど、チャレンジの連続です。初めの頃は「とにかくパスすること」を目的にしましょう。初めはつらくても、学期を一つひとつ過ぎるうちに学校生活は楽になっていくし、1対1ならばアメリカ人生徒とも、教授とも普通に会話ができるようになっていきます。ただし、ディスカッションやプレゼンテーションは緊張ものです。このレベルでは、「授業の中身を100パーセント理解していない」「単位は取れていても、本当は身に付いていない」というように、ちゃんとできないことにストレスを感じますが、単位が取れたら上出来だと思うことにしましょう。

**上級レベル：**

さらに英語が上達し、アメリカ式コミュニケーションが身に付いてくると、数人のアメリカ人と話していても、自分の意見をちゃんと述べてそれについて説明する、ジョークや面白い話を交ぜる、反論するなど、高度なコミュニケーションができるようになります。学校でも、大学院レベルになると専門用語が多くなるので、その分野ではアメリカ人と同等に議論や説明ができるようになります。それでも、英語が母語ではない人には、単語、言い回し、スラング、ことわざなど覚えることは山ほどあるので、英語の勉強に終わりはありません。

# 書くストレス（レポートやエッセー）に対処するサバイバル心理学

## 1．宿題やレポートの課題の意図を確認する

課題文の一つひとつの単語の意味はわかっても、文章全体となるといったい何を求めているのかわからないことがあります。日本では「宿題の意味がわかりません」と聞くのは恥ずかしいことかも知れませんが、質問するのが恥ずかしいからといって「たぶんこういうことを聞いているのだろう」と推測するのはたいへん危険です。いくらいいものが書けていても、先生が問うているものと違う時は減点されたり書き直しを求められたりするからです。先生は何を求めているのかを、きちんと確認してから作業に取り組みましょう。アメリカ人が読んでもわかりにくい文章はあるし、人種が雑多なため解釈の仕方もひとつではないので、アメリカ人でも内容を明確にするために質問することはよくあります。「第 4 章　アメリカ文化入門」でも説明したように、アメリカでは「くだらない質問」というのはなく、かえって質問をすることで先生とのコミュニケーションが取れて一石二鳥にもなります。質問をせずに的外れなものを提出し、後から先生に「なぜ問題の意味を確認しなかったのだ」と聞かれるほうがよっぽど恥ずかしいことです。

ここで、もうひとつ大切なことは聞く相手を選ぶことです。先生には、必ず学期の初めにコンタクトを取り、「日本から来たばかりで英語がそれほど得意ではないので、わからないことがあったら質問に来てもいいですか」と伝えておきましょう。もし、先生が外国人に理解がなさそうだった

り、いつも忙しそうにしていたりする場合は、同じクラスの学生の中で親切そうな人を探しましょう。留学生には、授業でわからないことを教えてくれる人が絶対に必要です。いくつか質問の例文を挙げますので、その場に応じて使ってみてください。

| | |
|---|---|
| Can I ask you to clarify the assignment? | この課題についてはっきりさせるために質問してもいいですか？ |
| I need to write about _______, right? I just wanted to make sure. | 私は_____について書けばいいんですよね、ちょっと確認したくて。 |
| Can I come to you when I have trouble understanding the assignment? | 課題がわからない時、あなたのところに来てもいいですか？ |
| Do you have time a little bit right now? I did not understand what the teacher said about the assignment, because my English is not that good. Could you help me? | 今、ちょっと時間がありますか？　英語はそれほど得意でないので、先生が言った課題のことがわからなかったんです。助けてもらえますか？ |

## 2. まず日本語で内容を考えまとめる

作文のクラスでこんな経験をした人がいます。

「私は70点だったのに、友達は95点でびっくりしました。彼女の英語はひどいし、見せてもらっても同じような表現しか使っていないのに、なぜか私のレポートには『内容が薄い』と書かれていてさっぱり理解できません」。

この学生は英語に自信があり、レポートを書く時は「英語で考え、英語で書き始めます」とのこと。実は、彼女の成績が悪かったのは、これが原因だったのです。

レポートやエッセーを書く際、英語で考えて英語で書き始めるとどうなるか。文法や言いまわしなどが気になり、適切な単語を調べたりしているうちに、何を書いているのか次はどう進んでいくのかわからなくなってしまいます。語学の学習(単語や文法)に使う脳と、思考(記憶や理論)に使う脳の領域は違うのです。主に側頭葉が前者、前頭葉が後者を支配しています。日本語を第１言語としている人が英語でものごとを考えようとすると、語学の脳を通してから思考の脳に働き掛けるために、時間もかかるし、脳が混乱してしまいます。だから、この学生の作文は、文法、イディオム、言い回しなどが秀でていても内容は薄かったのです。

エッセーや論文は、語学の脳を通していてはいいアイディアは出てきません。思考の脳だけを使って日本語で考えたほうが、脳が余計な寄り道をしないのでいいアイディアが早い段階で出てくるのです。「英語で夢を見る」「英語でモノを考える」までには何年もかかります。ですから、留学生なら、まず日本語で問題の意図を理解し、レポートの中身を考え、アウトラインも日本語で書くことです。その後で、語学の脳を使って英語に直す作業をすると内容がしっかりしたものが書けます。

もうひとつ大切なのは、とにかく書き終えること、その後で手直しをすることです。映画『スター・ウォーズ』の制作・脚本・監督を手がけたジョージ・ルーカスは、１作目の脚本を書く際、いちばんためになったのはフランシス・コッポラ監督の助言だったと言っています。コッポラ監督は「脚本の下書き段階では、できるだけ早く最後まで書き上げることだ。そして書いている途中で絶対に前のページを見ないこと。もし前に戻って書き直しなんて始めたら、完ぺきな数ページはできても次に進まなくなる。それに、初めの数ページのシーンは、映画がどう終わるかがわからない限り完ぺきには書けない」とアドバイスしてくれたそうです。

## 3. 自由発想（brain storming）する

これは既成概念にとらわれず自由に発想するという意味で、アメリカでは学校だけでなく、仕事の会議の場でも用いられる方法です。「それはおかしい」「そんなの無理だ」「前例がない」「それは間違っている」といった、制限、常識、習慣、流行、一般論などをすべて取り外し、ひとつの課題に関して何でもいいからアイディアを出していくのです。例えば「言論の自由についてどう思うか」という課題だとすると、「いいことだ」「民主主義には必要」というのが常識的な意見です。しかし、だからといって何を言ってもよいのでしょうか。もし、あなたが日本で「醜い」だとか「汚い」と言われていじめられた場合、それらは「言論の自由」では済まされません。そのような中傷はあなたの人権を侵害しているのです。言論の自由の被害者、悪用などについて考えると当たり前ではない意見が出てくる、それが brain storming です。違う観点や、反対側から見たり、過去の経験に当てはめてみたりして、枠にとらわれずに考えてみてください。そうするとユニークな意見が出てきて「独創性あり」と先生にほめられるでしょう。

## 4. ライティングセンター（writing center）、チューター（tutor）を利用する

多くのコミュニティーカレッジや大学には「ライティングセンター」「ライティングラボ」と呼ばれる、無料でエッセーやレポートの添削をしてくれるサービスがあります。意外なことにライティングセンターは外国人学生だけではなく、アメリカ人学生も多く利用しています。彼らは文章に説得力があるか、構成はどうかなどをチェックしてもらっています。それだけレポート、エッセーには、学生も先生も真剣に取り組むのです。

留学生には、このライティングセンターをぜひ利用してほしいと思います。語学学校でライティングを勉強しても、進学先の学校でレポートやエッセー作成に要する作文力が自動的に備わるわけではありません。文法・構成・表現力などの作文力は添削してもらうことで向上します。外国人にとって英語は一生の勉強です。現に、留学を経てアメリカの大学で教授をしている人でさえ、「今でも、英語の文献を書く時は必ずフリーの編集者に文章を校正してもらいます」と話しています。このサービスの利点は書

く能力だけではありません。「英語の専門家とレポートの内容や構成について話し合うので、スピーキングとリスニングの練習にもなります。１時間、みっちり自分のために時間を取ってくれるのもありがたかったです」という学生の話もあります。

チューター制度は各科目を教えてもらう個人レッスンのようなものです。コンピューターや生物学といった重要分野になると、専門の人が内容をわかりやすく説明してくれたり宿題を手伝ってくれたりします。チューターサービスというオフィスがない場合は、その科目を教えている先生や学校のアドバイザーに尋ねてみましょう。時には、同じクラスを取っているほかの学生がチューターになることもあります。ここでも恥ずかしがらずに助けてもらう態度が大切です。

## 5．英語の文献の書き方・考え方（critical thinking）を学ぶ

英語は、主語、述語、目的語がはっきりしている言語です。日本語では、「一般的には」「……と言われているが」「……と思われる」といった言い回しをよく使いますが、それを英語のレポートで使うと、アメリカの先生は「これは誰の意見だ」と突っ込んできます。「常識じゃないんですか」と答えても「誰の常識だ」と聞いてきます。このような考え方を「クリティカル・シンキング（critical thinking）といいます。これを具体的に説明すると「見たり、聞いたり、読んだりしたことをうのみにせず、事実や証拠を確かめ、自分なりに判断して何を信じるか決めること」というような意味になります。英語で書かれた文献を見ると、当たり前のような事柄でも、細々とこの文章はどこの誰が何年にどこで発表した、これはこの研究結果から引用した、と記録されています。日本なら、常識や一般的な解釈で済まされることも、アメリカでは「引用や参照がないものは説得力がなく、信ぴょう性に欠ける」と思われるのです。あなたのレポートが

「これからのさらなる研究が必要である」という結論だとしても、そこまでたどり着く根拠がしっかり書かれていなければなりません。この研究でこういう結果があり、この学者はこう言っている、そこで自分はこう思う、という流れで進んでいくのです。留学して英語で文章を書くようになると、モノの考え方まで変わってきます。そしてこれは留学して得られる貴重なスキルといえます。

## 6.「大作を書こう」などと思わない

多くの留学生は、ディスカッションやプレゼンテーションではいい所を見せられないので、レポートやエッセーで名誉挽回を図ろうと、「大作を書くぞ」と意気込んでしまいます。しかし、「書く」ことにも英語が絡んでいることを忘れてはいけません。「いいもの、大作、すごいもの」を書こうとすると、それ自体がプレッシャーになって「自由な発想」ができなくなってしまいます。いいアイディアが浮かんでこないと焦り、いざ英語で書き始めるとつたない英語が気になり「ああ、これでも名誉挽回できない」と失望落胆してしまうのです。名誉挽回などという変なプレッシャーを自分にかけずに、「留学生に、短時間で大作が書けるわけない」と割り切る態度も必要です。とにかく書き終えること、提出することでクラスをパスし、次のレベルに上がっていくほうが、大作が書けないと立ち止まってしまうより、よっぽど留学の成功につながると思いませんか？

ライティングの課題でいい成績を取った留学生に、どうやって書いたかを聞くと、こんな答えが返ってきました。「面白い内容だったので、いろいろ調べているうちに書くことが多く出てきました」「この課題については言いたいことがあったので無心で書きました」「映画の批評のレポートで、見たまま思ったままを素直に書いたら、『本人の意見がふんだんに書かれている』とAをもらいました」。彼らは「面白さ」「自分の言いたいこと」に焦点を当てたから、結果的にいいものができたのです。大作を書こうと思って始めたのではないのです。要は内容です。あなたが書きたいことを書き、調べたいことを調べていくことがいい結果につながるのです。

# 聞くストレスに対処するサバイバル心理学

## 1．英語を聞くことができる時間にはリミットがある

1日中英語を聞きそれを理解するのは、よほど英語が上達しない限りたいへん苦痛です。「朝のクラスではまあまあ聞くことができるんですが、昼からのクラスは全く集中できません」「レギュラーのクラスで先生が話すことが、20分を過ぎるくらいからわからなくなってしまい、後はボーっとほかのことを考えています」「アメリカ人のパーティーに行くと、すぐに頭痛がしてきます」というのは普通の反応です。

外国語を処理する脳には限界があって、サーモスタットのようにストレスがある程度のレベルに達すると、スイッチが切れてそれ以上は処理できなくなります。そこから先はどんなに理解したくても、脳は「OFF」で英語を使えない状態になるのです。それが普通なのに、できない自分を責めたり落ち込んだりするのは無駄な悩みです。

自分のサーモスタットがどのあたりにあるのかを知っておくのは大切です。「この先生の英語はわかりにくい」「午後2時以降に頭痛が起きる」「週末のパーティーは大丈夫だけれど、平日の放課後のパーティーはきつい」というように、自分のパターンを見つけましょう。英語がわかりにくい先生ならほかの生徒に内容を聞く、なるべく朝のクラスだけを取る、週日のパーティーは行かない、というように自分のパターンがわかると解決策も出てくるのです。

## 2．質問上手になる

クラス、ホームステイ先、パーティーの場などで黙っているのは、アメ

リカでは喜ばれない行為です。クラスでディスカッションに参加しないと減点されたり、人が集まる場所で何も言わないでいると「何を考えているかわからない変な人」と誤解されたりします。かといって、英語に自信がない頃は聞き返されるのがつらいし、「あなたはどう思う？」と聞かれても英語ですぐには意見が出てこないので、つい黙ってしまうのが現実です。そこで、「質問上手になる」という手があります。クラスでもホームステイ先でもパーティーでも、質問することで会話に参加するのです。アメリカ人の話し好きという特性を利用して、質問をすることで相手に話してもらうのです。以下にいくつか簡単な質問の例文を挙げてみましょう。

| | |
|---|---|
| What do you mean by that? | それはどういう意味ですか？ |
| Why is it important? | どうしてそれが大切なんですか？ |
| Why is that? / How so? | それはなぜですか？ |
| Could you explain more? | もうちょっと説明してください。 |
| Then what happened? | それからどうなったの？ |

## 3. 返事上手になる

「質問上手」と同様に、自分の意見を言うことなく簡単な返事を駆使することで、会話やディスカッションに入るやり方です。あたりさわりのない返事文をいくつか知っておくと便利です。

| | |
|---|---|
| Is that right? | へえ、そうなんだ？ |
| That's interesting. | それはおもしろいね。 |
| I agree. / I think so, too. | 同感。 |
| Tell me more. | もっと教えて。 |
| I was thinking the same thing. | 私も同じことを考えていました。 |
| That's a good point. | いいポイントですね。 |

## 4. 重要なこと・自分の知りたいことに集中する

国際空港で、自分が乗らなければならないフライトの搭乗アナウンスが流れると、英語でも不思議に聞き取れるものです。それは、絶対にわからなければならないことは、脳が特別に集中してその情報を取り入れようとするからです。留学生活には英語があふれていても、1日中聞いて理解できるわけではなく、その時間には限界があります。だから、必要以外の英語の情報は、ある程度「重要でないので取り入れない」と割り切りましょう。例えば、クラスで宿題やテストの内容の説明は大切な情報ですが、ディスカッションでほかの生徒たちがしゃべっている内容の多くは不必要な情報といえます。だから、それらをすべて理解する必要はないし、「あ、またしゃべってるな」ぐらいで聞き流し、人がしゃべっている間は、自分の意見を考えるほうにエネルギーを使いましょう。

また、質問をするにしても、自分の知りたいことを話題にするほうが興味をもって聞けるし、会話が弾んでいきます。例えば、「どうして感謝祭には七面鳥を食べるんですか」「アメリカ人がパーティーでずっと立っていられるのはなぜ？」と普段不思議に思っていることを聞くと、相手の答えはあなたにとって興味あるものになるのです。

# 読むストレスに対処するサバイバル心理学

## 1. 教科書をすべて読むのは無理

アメリカの学校で課せられる宿題の量は膨大です。毎日読まなければならない教科書や文献の量は半端ではありません。コミュニティーカレッジや大学に進むと、その量はもっと増えます。アメリカ人の学生でもヒーヒー言いながらやっていることを、外国人の学生が完ぺきにできるわけはありません。しかし、日本人の生徒には、教科書は1ページ目からきちっと読まないと気が済まない人がたくさんいて、たとえひとつの教科の宿題分は全部読めたとしても、ほかの教科の宿題まで手が回らなくなってしまうことが多いのです。

外国人が外国語で勉強しているのだから、全部こなせなくても当然で、教科書や授業内容を100パーセント理解できないまま、授業が進んでいくのは仕方がない、と受け入れましょう。もっと知っておきたいことはその学期中には修得できなくても、夏休みなどの長期休暇の間に補充することもできるし、専門分野については、上のレベルの学校で勉強する機会があります。ひとまず今は、テストにパスすることと、課題を終えることに焦点を合わせましょう。この割り切りができないと、すべてできない自分にイライラし、留学がうまくいかなくなってしまいます。

## 2. 目次・見出し・グロサリー(用語集)・サマリー(まとめ)・結論から学ぶ

宿題やテストの出題範囲が提示されたら、まず、その範囲の目次や見出しから、理解しなければならない考えや項目を大まかに把握し、次にサマリーや結論を読み、大体の内容をつかみます。同じ単語でも、英和辞書に書いてある意味と、それぞれの専門分野で用いられる意味は違うことが多いので、専門分野に関する用語を身に付けるにはグロサリーが便利です。

「わからない単語があってもいちいち辞書で調べずに、知っている単語だけで推測するように」と語学学校の先生はよく言います。確かに、ヨーロッパ系や南米系の留学生は母国語の単語と似ている英単語が多いので、意味を推測できる単語を拾って読むことができます。それは、日本人が中国語の新聞を見ても漢字から内容が汲み取れることと似ています。アメリカ人が中国語の新聞を読んでもさっぱりわからないように、アジア系の留学生には単語力がない限り「知っている単語だけから全体を読み取る」などということはなかなかできません。そこでまず、サマリーと結論に書かれている単語はすべて辞書やグロサリーで意味を調べることです。次にテストに出されそうな部分のキーワードを調べ、時間があればほかの単語も調べるという順で単語対策をするといいと思います。

## 3. 助けてもらう

どうしても読まなければならないのに、読んでもわからない、読む時間がないという場合は、誰かに聞いて教えてもらうしかありません。ずいぶん情けないやり方だと思われるかも知れませんが、困った時は背に腹は代えられません。同じクラスのアメリカ人の生徒やチューターに頼んで、大体の内容を教えてもらいましょう。「わからない！」とパニックになってしまうと、いくら読んでも何も頭に入ってこないし、時間だけが無駄に過ぎて行ってしまいます。骨組みさえわかれば、後の細々した所は次第に見えてくるものです。留学中は助けてもらうことを恥ずかしく思わないことです。

# 話すストレスに対処するサバイバル心理学

英語に関するストレスで、日本人にとっていちばん大きいのが話すことです。自分の幼稚な英語を聞かれるのが恥ずかしい、聞き返されると頭が真っ白になってしまう、アメリカ人のペースではとても話に入っていけない、そういう体験は誰もがするものです。

ホームステイや寮などの生活の場で難しいのが、「何か焦げ臭くない？」「ボタンが外れてるよ」といった簡単な日常の会話です。ホームステイ先で、４歳の子どもに発音を直されたり、自分がどう言えばいいかわからないことを子どもに簡単に言われたりするのは情けないものです。ここで忘れてはならないのは、日常の言葉や言い回しは学校で学ぶものでなく、子どもが家庭で大人が話しているのを聞いて学ぶものだということです。そういう経験をしてこなかった人にとっては、簡単な会話ほど難しいのです。

## 1．プライドを保留し、「笑われてもいい」「誤解されても仕方ない」と腹をくくる

日本人留学生で、英語の会話力が伸びるのは「とにかく話す人」です。特に「ウケる」のが好きな人は、自分の英語を笑われてもウケたことがうれしくてもっと話そうとしますし、アメリカ人がその英語を直してくれる機会も多くなり、英語の上達が早くなるのです。「あいつは面白い」と友達が増えるメリットもあります。反対に、間違った英語で何かしゃべって人前で恥ずかしい思いをするくらいなら黙っていたほうがいいと考える人は、会話の練習の機会が少なく上達しないうえ、友達もできません。よく、「できれば、貝の中にこもって、英語が完ぺきになってから外に出た

い」と言う学生がいます。人目につかないところで英語をマスターして、それから学校に華々しくデビューできればどんなに素敵なことでしょう。しかし、そんな「貝」は留学生にはありません。「恥ずかしくて、惨めで、格好悪い英語を使う時期」を通らなければ、英語は伸びません。

また、限られた単語力や言い回ししか使えないと、「きつい表現」になり相手に誤解されることがあります。テレビや映画のセリフで耳に残っている表現を使うと、失礼な言い方だったらしく怖い顔をされたり、相手を怒らせたり悲しませたりすることは、留学生には避けられません。誤解されたなと思ったら、機会を見つけて説明できればいいのですが、文化や言語の壁を説明するのは、英語を勉強中の人には非常に困難です。誤解されたからといって、いつまでもそれを気にするのではなく、次に同じ誤解をされないように勉強することにエネルギーを使いましょう。

プライドは「恥」を嫌うし「格好の悪いこと」を避けようとするので、英語で話す際に明らかな妨害要素になります。「プライドの保留」とは、プライドを捨てるのではなく、留学期間中は箱に入れて心の中の棚に置いておくことです。「留学中はバカになろう」「笑われてもいいから話そう」「誤解されても仕方ない」と腹をくくり、文法が間違っていようと発音がおかしかろうと聞き返されようと、ひるまずに話しましょう。目標は「プライドを傷つけないこと」ではなく、「英語力をつけること」です。英語力がつけば自信もつくし、再びプライドを取り出してくればいいのです。

## 2. 発音 VS. 中身

「日本語なまりをなくしたい」「ネイティブのようなきれいな発音になりたい」と誰もが願いますが、あなたが、アメリカのテレビ局のアナウンサーになりたいのでない限り、発音にあまりとらわれないことです。アメリカに来たら、諸外国から来た移民がアクセントのある英語で話すのを聞く機会があると思います。中国人の医者、ブラジル人の教授、パキスタン人の弁護士など、外国から来てアメリカで尊敬される地位にいる人たちで、完ぺきな英語にはほど遠い人はいくらでもいます。英語は国際社会では「コミュニケーションの手段」であって、流ちょうにしゃべれるからその人が優秀だとか賢いというような指標ではありません。その人の話している「内容」や、その人のもっている「技術や知識」が肝心であり、それを相手に伝える手段が英語なのです。しかし、日本人にはきれいな英語を話すことが先決で、内容は二の次と考えている人が多いようです。

## 3. カンバセーション・パートナーを見つける

これは、会話の練習をしてくれるパートナーのことで、アメリカ人ボランティアがあなたの英会話の練習相手になってくれる場合もあれば、日本語の勉強をしているアメリカ人と、半分は英会話の練習、半分は日本語会話の練習をするという方法もあります。多くの場合、1週間に1～2回、学校のカフェテリアやキャンパス内で定期的に会って、1時間ほど会話の練習をします。ボランティアなので費用はかかりませんし、友達になれる確率も高く、英語で会話をする機会の少ない留学生にはもってこいのサービスです。

ここで気をつけなければならないのは、日本人の交際相手を探す目的でやっているアメリカ人がいることです。始める前に、きちんとインタビューして英語の会話がメインの目的であることをはっきりさせ、会ってみて相手を変だなと思ったら、別の人を見つけましょう。また、相手との相性によって、英語がスラスラ出てくることもあれば、出てこないこともあるので、話しやすい人、あなたの英語をひと言ひと言聞き返さないような人がいいでしょう。

## 4. ディスカッション・プレゼンテーション

「第6章　ディスカッション・プレゼンテーション」を参照してくださ

い。

## 5．テレビのクローズド・キャプションでセンテンスを丸ごと覚える

日本語の敬語と同じように、英語の丁寧語を使う留学生がいますが、実際にアメリカ人が使わないような言い回しを使ってもキョトンとされるだけです。アメリカのテレビのclosed caption（字幕）を利用して、使えそうな日常会話の場面の英語を書き取って覚えましょう。文句を言うシーン、頼み事をするシーン、けんかにならないように反論するシーンなどは、覚えておくと便利です。人気番組や映画を見ることで、アメリカ人と話が弾むというメリットもあります。

## 6．パーティー対策

日本の「招待」はお客さまが中心で、会話もお客さま中心で進んでいきます。それが「おもてなし」です。しかしアメリカのパーティー、特に若い人たちのパーティーは、「誰でもいつでも」という感じで、「ちょっと知っている」くらいでも招待されるし、そのうえ「あなたの友達を連れてきてもいいよ」と言われることも多いのです。彼らの「おもてなし」とは、場所と簡単な食べ物や飲み物を用意するくらいで、パーティーを楽しむかどうかはホストの責任ではなく、個人個人の仕事です。「パーティーに招待されて喜んで行ったら、招待してくれた人しか知らず、その人は自分が来たことは歓迎してくれたけれど、Enjoy! と言ったきりほかの人たちとの会話に忙しく、結局、誰も話し掛けてくれずにひとりでポツンと座っていました。来るんじゃなかったとすごく後悔しました」と言う留学生が何人もいます。パーティーのホストが気配りのできる人で、ひとりでつまらなそうにしている人に気を使ってくれるのは稀です。一応何時からという形はあっても、いろいろな時間にいろいろな人が出入りして、初対面の人も

多く、あちこちで「何やってるの？」「このホストとはどういう知り合い？」といった会話が聞こえてくるのが典型的な若いアメリカ人学生のパーティーです。

留学生にとって楽しいのは、いろいろな国の人がいて、日本に興味がある人がいる時などでしょう。自分だけが外国人でほかはすべてアメリカ人という状況では、なかなか輪に入れず孤独を感じることが多いと思います。そんなパーティーに呼ばれた時の対策を挙げてみます。

1. 自分で何かしなければ「ひとりでポツン」状態になることを覚悟する
2. 短い自己紹介を考えておく
3. ひとりでいる暇そうな人を見つけて話し掛ける
   - 自己紹介をした後、相手の職業（学生なら学科）を聞く
   - 相手が話したことに関して質問する（どんな仕事ですか、勉強は好きですか、など）
   - 英会話の練習だと思って、質問を続けることで会話を続ける
   - 自分の興味のある話題について話す
4. 子どもやペットと遊ぶ
5. その場所にある本や雑誌を見る
6. 適当に帰る

ホストに失礼だとパーティーの最後までいる必要はありません。つらかったら帰りましょう。

## 7. 堂々と話しましょう

日本人には英語に自信がないのを気にし過ぎる傾向があります。ひと言ずつ相手が理解したかどうか確かめるように語尾を上げたり、文を言い終わることなく途中で止めて相手の反応を見たりするのです。それでは相手は余計わからなくなってしまいます。とにかく最後まで話すこと、説明を加えること、同じことを繰り返して言うことです。外国人が外国で外国語

で話しているのだから、たどたどしくてもコミュニケートできるのはすごいと考えて堂々と話してください。

## 8. わからないことは聞きましょう

「聞くは一瞬の恥、知らぬは一生の恥」といいます。わからないことがあったらその場で聞きましょう。メモ帳を持ち歩き、聞いたら書き留める、スペルを教えてもらう、その時の説明も書き足しておくといった努力をすると使える英語が手に入ります。聞いたからといって、あなたがバカに思われたり、軽べつされることはまずないし、もしそれであなたをバカにしたり軽べつするような相手なら、いい友達とはいえません。

# 06 ディスカッション・プレゼンテーション

ディスカッションとプレゼンテーションの多さが、アメリカの教育システムの特徴です。アメリカでは、自分の意見をもつことと、それを人に伝える技術が重要視され、幼稚園や小学校でもそういった授業が組み込まれています。アメリカ人のディスカッション好きはテレビを見てもわかります。「トークショー」と呼ばれる一般人参加型の討論番組が各テレビ局に１日３本はあり、誰かが意見を言えば誰かが反論し、その人が話し終える前に別の人が発言を始め、反論されればまた反論するというように討論が進んでいきます。日本人が見ると「けんかしているようで怖い」「失礼だ」と感じる場面の連続です。学校でもそこまで激しくはなくとも、人の話が終わる前に話し始めたり、激しく反論したりというシーンはよく見られます。

人前で自分の意見を言うのが得意で、それが英語でも全然問題ないという学生もたまにはいますが、ほとんどの日本人留学生にとって、ディスカッションとプレゼンテーションはたいへん苦痛なものです。黙って先生の言うことを聞いてノートを取るのがいい生徒だと教えられてきた日本人にとって、アメリカのシステムは慣れないものであり、人前で発表するだけでも緊張するのに、まして英語でとなると、恐怖としか言いようがありません。アメリカ人にも、プレゼンテーションが苦手で、人前で話すのは緊張するという人はいます。彼らでさえそうなのに、英語に問題がある留学生が緊張しないほうがおかしいでしょう。

私自身の恥ずかしい経験を紹介しましょう。大学院での授業が始まってしばらくは、クラスのディスカッションには到底ついていけず、ノートを取ってただ人の話を聞いて終わるという毎日が続いていました。するとある日、クラスが終わってから教授に呼ばれてこう言われたのです。「あなたはクラスでは何も言わないわね。ディスカッションに参加するのは単位を得るうえで必要条件です。もしこれからも私のクラスに来てただ黙って座っているのなら、あなたには単位をあげられません」。これは大ショックでした。ちゃんと出席していたし、宿題も期日に提出していたし、教授の言うことをせっせとノートに取っていたのに、単位をくれないなんてどうすればいいというのでしょうか。

同じ教授に次の授業が終わってから「私の英語力ではすべて理解できないのでテープに録音してもいいですか。そうするとディスカッションに参加できるかもしれないので」と聞いたところ、今度はこういう返事です。「それは著作権にかかわるのでダメです」。この教授では話にならないので、親切そうな別の教授に相談しに行くと、「君が英語のハンディで発言できないのはわかる。意見を言わなくても、『私もその意見に同意します』とか、『それは面白い意見だ』と言うことでも参加していることになる。大きくうなずくのも君の意思表示になるよ」とアドバイスしてくれました。それでも納得できる回答ではありません。私からすると、外国から来た留学生にアメリカ人と同じことを期待することがおかしいのであって、出席や宿題など、ほかの部分を見てくれない教授が間違っているような気がしたのです。しかし単位はどうしても欲しいので、その後の授業ではアドバイスどおり、大きなジェスチャーでうなずいたり「私もそう思います」と言ったりしてなんとか単位をもらうことができました。

次のハードルはプレゼンテーション。アメリカの福祉政策のクラスで、15人の生徒の中、外国人は私ひとりで後は全員アメリカ人。ひとりずつ5分間の発表です。アメリカ人学生は流ちょうに話し、聴衆の目を見て語り掛けるように自分の意見を述べ、質問にもスラスラと答えています。そんな発表を何人も見るうち、自分がまったく場違いの所にいるような気がしてきました。それこそ穴があればその場で入ってしまいたいくらいです。しかし、私の番がついに来て、私が立ち上がると「この外国人、何を言うんだろう」と、好奇の目が私に寄せられるのを感じました。そんな目を見るのが恐ろしく、私は初めから最後まで原稿から一度も目を上げることなく棒読みで通しました。発音だけに焦点を当てて、まるで中学の英語の授業で教科書を読んでいるように読んだのです。やっと終えていすに座ると心臓は爆発しそうなくらいドキドキして、恥ずかしさで顔は真っ赤、手も震え「大学院生の中にいる場違いな子ども」という自分の声だけが聞こえ、その後の生徒の発表は何も耳には入りません。悪夢のような時間が終わりぼう然と座っていると、一度も話したことのない学生がふたりやってきて「よくできていたよ」と声を掛けてくれました。「内容はよかったし、わかりやすかったよ」とひとりは言い、「もし自分が日本に行って日本語でプレゼンテーションしろって言われたら、絶対、君みたいにできないと思うよ」ともうひとりが言ってくれたのです。

このふたつのエピソードは私にとっては、アメリカ教育の「洗礼」のようなものでした。恥ずかしくて、みっともなくて、めちゃくちゃだったけれど、「発言しなければ評価されない文化」を身をもって経験し、その後は変に度胸がついたのを覚えています。「プレゼンテーションをやった後って、必ず誰か声を掛けてくれるんですよね、私もそれだけが励みでした」とある学生が言ったように、悪戦苦闘しながらでも一生懸命やる人を認めてくれ、励ましてくれるのはアメリカ人のよいところです。

では本題に戻って、ディスカッションとプレゼンテーションを乗り越えるにはどうすればいいのかを説明していきましょう。

# ディスカッションに関するサバイバル心理学

## 1．クラスごとのディスカッションの重要度を知る

クラスによって採点の仕方や割合は違います。たいてい、学期の始めに出席、宿題提出、ディスカッション、プレゼンテーション、テストなどが全体の成績にどれだけの比重を占めるかがパーセンテージで知らされます。ディスカッションの比重が高ければ、そのクラスでは発言しなければならないし、低ければあまり発言しなくても単位が取れると考えていいでしょう。小人数のクラスでは、ディスカッションの比重が低くても発言するようにしたほうが先生への印象はいいでしょう。

## 2．日本人学生が同じクラスにいてもひるまない

アメリカ人や外国人には英語で話せても、自分以外にも日本人がクラスにいるとなぜか気恥ずかしいものです。「日本人学生がいなければ発言できるのに」という話をよく聞きます。「せっかくアメリカに来たのだから、ちゃんと発言しよう」と意気込んでいても、クラスに日本人がいると「出しゃばらないこと、恥をかかないことが美徳」という文化がフッと頭をもたげてしまうようです。クラスでよく発言する日本人を、「あの人よくやるよねー」とうわさする日本人学生がいる場合も発言しづらい原因になるでしょう。留学の重要な目的は英語の習得であり、有意義な留学生活を送ることです。同じクラスの日本人にどう見られるかはそれほど大切ではありません。多くの場合、彼らと日本に帰ってからも付き合うわけではないし、アメリカに残ったとしても転校などで移動していく人がほとんどなので、長い付き合いになる日本人はごく少数です。そのことを頭に置いて

「発言したかったらする、発言したい時にする」という姿勢を身に付けてください。

## 3. 発言以外の参加法を駆使する

私の経験のように、どうしてもクラスで発言できない、発言する内容を頭で英語に直す時間がない、緊張して声が裏返ってしまうという人は、うなずく、簡単な相づちを打つなどの動作で「自分は聞いているし、その意見に賛成です」という意思表示をしましょう。また「第５章　英語のストレス」の「聞くストレス」のところに挙げた質問例（*p.78*）を参考に、授業に参加してください。

## 4. 急に自分に振られたら

ディスカッションの流れで沈黙した時、「君はどう思う？」とおとなしく座っている学生に話題を振られることがあります。それまで話したい人がどんどん発言し、おとなしい人は口を挟めるような状態ではなかったのが、You've been quiet, what is your opinion?（今まで静かだったけれど、君の意見は？）と聞かれるとクラスはシーンとなり、黙っていた人に注目が集まるのです。振られた本人は、頭が真っ白になったり、モゴモゴと口ごもったりと、格好の悪い思いをしてしまいます。そこで、こんなシーンに対応するためのセンテンスをいくつか紹介しますので状況に応じて使ってみてください。

| | |
|---|---|
| I am thinking about what everyone said. | みんなが言ったことを考えているところです。 |
| Let me think for a minute. | ちょっと考えさせてください。 |
| It's hard for me to interrupt you guys. | みんなの話に割って入るのは難しいのです。 |
| Please don't put me on the spot. | 自分に質問を振って困らせないでください。<br>注：これは少しきつい言い方なので先生には使わないようにしてください。 |

| | |
|---|---|
| I will tell you later, because I have to translate sentences from Japanese to English in my head. | 私は頭の中で日本語から英語へ翻訳しなければならないので、後で発言します。 |
| Give me a few seconds. | ちょっと時間をください。 |
| What do you want to know? | 何が知りたいですか。 |
| Can you come back to me? | 自分の番は後にしてください。<br>注：先生が順に当てていくような場合、すぐに自分の番がまわってきて何を言っていいかわからない時。 |

## 5.「1日1回」か、「クラスで1回」は何か言う訓練をする

授業のたびに「1回は何か言う」練習をしていくと、そのたびに経験が積まれるので、発言するタイミングや、どういう質問をするとディスカッションが活性化するかなどがわかってきます。初めの頃は「1日1回どこかのクラスで何か言う」から始めて、何かクラスで言えたら「よくできた」と自分を褒めてあげることです。今までやったことのないことをするのですから練習が必要です。みっともなくていいから何か発言しましょう。その積み重ねが自信となるのです。

## 6．アメリカ人の発言内容や先生との質疑応答が理解できなくても気にしない

これまで無事留学を終えた学生で、「授業内容も、ディスカッションの内容も100パーセントわかりました」という人はひとりもいません。しかし、ほかの生徒たちが熱く討論しているのに、内容がわからず部外者のように座っているのは情けないものです。こういう時は、英語と文化の勉強だと思って、雄弁に話している生徒の言い回しをノートに書き写したり、質問に対する先生の対応の仕方や、ユーモアがある人の話し方などを観察したりしましょう。使える英語を学ぶチャンスです。

## 7.「日本では……」「自分の経験では」とユニークな意見を出す

アメリカ人が、アメリカの社会や歴史をよく知っているのは当たり前です。そこで日本人学生が彼らと太刀打ちするのは不利に決まっています。でも留学生はアメリカ人の知らないものをもっています。授業の流れで「あ、日本なら違うな」と感じたら、思い切って発言してみましょう。先生もクラスメイトも、ユニークな意見には耳を傾けるし、それが新たなディスカッションのトピックになることもあります。留学生で「日本のことを聞かれてもわかりません」と言う人がいますが、日本を知らないのではなく「日本の文化や政治を英語で説明できない」のではないでしょうか。文化や政治に関しては専門用語の知識が必要なので、日本のことを説明した英語の本を手に入れて勉強しましょう。少しでも自分の国のことが英語で説明できれば、クラスで「いいところ」を見せることができます。

## 8. 自分の意見をもつ練習をする

留学生なら１度は「どんなことに関しても自分の意見をスラスラ言えるアメリカ人は、ものすごく頭のいい人種だ」と思うでしょう。同じく「意見のない自分はバカだ」とも思うでしょう。しかし、これは教育システムの違いであって、日本人の学生が意見をもっていないとかバカであるということではないのです。その証拠に留学を終えて日本に帰国した学生で、「日本では、君は意見を持ち過ぎ、自己主張し過ぎと言われてびっくりした」と言う人が多いことです。アメリカに来たら「自分はどう思うか」と考える練習をしなければなりません。それは友達とレストランを選ぶ時、日本なら「なんでもいい」と言っていたであろう場面でも応用できます。「今日、自分は何が食べたいんだろう……中華かな」とまず考え、それを相手に伝えることから「意見をもつ」練習が始まるのです。自分も相手も食べたいものを言い、じゃあどうする？　と話し合いをしてレストランを決めるというのが「アメリカ式交渉」です。

## 9. 語尾を上げない、ブツ切れの発言をしない

「第５章　英語のストレス」の「話すストレス」でも述べましたが、日本人がよくするのは、ひと言ひと言相手が理解したかどうか確かめるために語尾を上げたり、極端に短い文で切って説明を加えなかったりすることです。それをすると、相手が「はぁ？」と眉間にしわを寄せたり、「あなたの言ったことがわからない」という返事が返ってきたりして、それにひるんでしまい委縮して余計発音がおかしくなってしまいます。テレビのニュースで、英語が母国語ではない政治家のスピーチを聞いたことはありませんか？　彼らは発音や文法がおかしくても、相手が自分の英語を理解しているかどうかも気にせずどんどん話します。それでも通じるのは一つひとつの単語の発音のわかりやすさではなく、文脈があるからです。言いたいことをすべて話すこと、同じことを別の言い方でもう一度説明したり例を挙げて補足したりすることで、初めはわかりにくかったことが、全体の流れから理解されるのです。語学学校でもこの現象は見られます。学生の英語がめちゃくちゃでも、先生が普通に返事をしたりクラスで討論になったりするのは、「よく話す」学生の場合です。自分が言いたいことを最後まで話し、途中で文を切らず話し進めるうちに、相手は「この人はこういうことが言いたいんだな」と文脈から話の意図をくみ取れるのです。

## 10. ディスカッションの入り方や話し方を学ぶ

アメリカ人同士のディスカッションに割り込んでいくのは大変難しいです。日本では、Ａさんが話し終えると司会者が「なるほど、ではＢさんはこの点についてはどうですか」とＢさんに聞き、Ｂさんが話すのをみんなが聞くという順で進んでいきます。アメリカ人にこの話をすると「日本のディスカッションは禅問答みたいだ」と言われたことがあります。アメリ

カは人が話している最中に自分の言いたいことを考え、人が話し終える前や少しでも間があいた時に話し始めます。ディスカッションで格好よく目立つ人は、「失礼ではない程度で割り込むタイミングを知っている」「話し方に威厳がある」「割り込ませる隙を与えない」という能力をもっています。「この人は口を挟むタイミングがうまい、この人の話はみんながよく聞く」という人がいたらよく観察してみましょう。

## 11．手を挙げる

自分で割り込むのは無理と思ったら手を挙げてみましょう。それなら誰に対しても失礼にならないし、先生があなたを指したら、その時点で自由参加のディスカッションではなくなり、あなたに注意が向けられるので話しやすくなると思います。

## 12．自分の話の途中で割り込まれたら

日本人がゆっくりと言葉を選びながら話すと間が空くので、ここぞとばかり他の学生が割り込んでくることがあります。まだすべて言い終わっていないのに、これをされると悔しいし腹も立ちます。そこで以下のようなセンテンスを使ってみましょう。

| | |
|---|---|
| I haven't finished yet. | まだ終わっていません。 |
| Please, let me finish. | すみません、終わらせてください。 |
| Wait, I am not done yet. | 待ってください、終わっていません。 |

## 13．自分がどう思われているか気にしない

「君には意見がない」「いつも黙っている」「何を考えているかわからない」「強いアクセント（訛り）があって言っていることがわからない」。留学生がこのように言われるのは日常茶飯事です。実際に言われてショック

を受ける学生は多いのですが、こんなことで落ち込んでいてはいけません。外国で外国語を使って勉強したり生活したりするほうは遥かに大変なのだから、何を言われても自分のやっていることに自信をもちましょう。「どうせ変人に見えているんだから、もういいや」と開き直るのも大切です。要は、試験にパスして単位が取れれば、留学の目的は果たせるのですから、ほかの学生や先生にどう思われているかという心配に心のエネルギーを使い果たすことのないようにしてください。格好が悪くても、不細工でも、何かを終えることができる人間は、格好を気にして終えられない人よりも、ずっと素晴らしいのです。

# プレゼンテーションに関するサバイバル心理学

## 1．トピックは興味のあるものにする

面白くない興味のないものをリサーチして発表するほど苦痛なものはありません。クラスで与えられたトピックの中から、少しでも興味のあるものを選び、インターネットや図書館でリサーチをして情報が増えると面白くなったり、もっと知りたくなったりするものです。自分が興味をもつとよく頭に入るし、人に話す時もわかりやすく話すことができます。プレゼンテーションのトピックは「簡単なもの」ではなく「面白いもの」を基準に選ぶようにしましょう。

## 2．ブレーンストーミング・クリティカルシンキングを使い、日本語で考えまとめる

「第５章　英語のストレス」の「書くストレス」でも解説したように、プレゼンテーションでも、初めにブレーンストーミングでいろいろな考えを出し、クリティカルシンキングで、既成概念や常識にとらわれず新しい観点でモノを考えてください。言いたいことがわかってきたら日本語でアウトラインを作りましょう。日本語で中身が頭に入っていることが大切です。少なくともアウトラインやポイントはメモして、それを見ながらプレゼンテーションの「流れ」から外れないようにしてください。

## 3．声に出して何度も練習する

誰かに聞かれたら恥ずかしいなどと言わずに、声を出してひとりで練習することです。言いにくい単語や言い回しは何度も読むことで口が慣れて

きます。もし、同じ授業を取っている友達がいるなら、一緒にプレゼンテーションの練習をすると場慣れします。プレゼンテーションの後には質疑応答があることが多いので、事前に練習として友達に質問してもらうといいでしょう。

## 4. 小道具を使う

黒板やホワイトボードに図や説明を書く、ハンドアウト（プリント）を配る、模型や地図を使うなど、ビジュアルを用いながらプレゼンテーションをするとわかりやすく、聞いている人たちも興味をもってくれます。ほかにも、演奏する、実技を見せる、ビデオで説明するなど、英語のハンディをカバーする方法を工夫しましょう。プレゼンテーションは目立ったり「ウケ」がよかったりすればいい評価がもらえるので、勇気をもってユニークなことをしてみましょう。

## 5.「カッコいい」自分になる

人前で上がるのは、失敗したらどうしよう、バカに見えたらどうしよう、と自意識過剰になり、発表すべき内容よりも、人が自分をどう思うかに神経がいってしまうからです。一方で、アクション映画やヒーロー・ヒロイン映画を見た後、自分も強くなったような気がして、胸を張って晴れ晴れと映画館を出たことがあるでしょう。これは「すごくカッコいい主人公」に自分を映し出しているからです。この現象を利用して、プレゼンテーションに立ち向かう方法があります。

人前で堂々と言うべきことを言う、カッコいい人を思い出してみてください。映画やテレビドラマの主人公でもいいし、実際に知っている人でも構いません。ただし、私情が入ってやりにくくなるので、友達や親など親しい人は避けたほうがいいでしょう。そして目を閉じて「カッコいい人」の姿を詳しく思い出してください。どんな状況で、どんな人たちの前で、どんなことを言っていて、その人はどんな表情をして、どんな話し方をして、どんなふうに体を動かしたか、心の中に映画のスクリーンを作り、そこにその姿を映し出して観察してみるのです。何度もその場面を繰り返し映し出し、その人が醸し出している雰囲気を感じてください。そして次に、その人をスクリーンから切り取って、そこにあなたをはめ込みます。実際に自分がその人になったらどんな感じがするのか、気持ちまでその人になりきってみましょう。人に批判されるのは心配ではないのか、失敗は怖くないのか、「カッコいいその人なら」心配や不安をどう処理しているのかを感じてみてください。

カウンセリングでこの練習をして、「あなたのヒーローはどうやって不安を処理していると思う？」と聞くと、ある学生はこう答えました。「彼は自分のやるべきことだけに集中していてほかのことは入ってこないんです。人に伝えたいことがあって、自分の考えを信じているから人がどう思うかは気にならないんです」。彼はプレゼンテーションの日、ヒーローの彼になりきって無事に終えることができました。また別の学生は「そう言えばあの時、私も同じような気持ちになったことがあります」と自身の経験の中で、周りを気にせず堂々とできた時のことを思い出したのです。「あの時の気持ちで臨めばいいんですね」と彼女も立派に終えることができました。

この「カッコいい人になる」練習は夜寝る前でもいいし、シャワーの時でもいいし、部屋の中で実際に動き回ってやっても構いません。プレゼンテーションの5分、10分間だけ周りを気にしない人になればいいのだから、練習すれば必ず身に付き、いいプレゼンテーションができるでしょう。

## 6. プレゼンテーションの際、人の目を見ない

アメリカ人は人の目を見て発言するように教育されていますが、日本では、直接人の目を見ると挑戦的とか失礼だと思われるので、伏し目がちに話したり下を見て話したりします。しかし、プレゼンテーションで私がし

たように、自分の書いたものから目を上げず、ただ読むのはいちばんよくないやり方です。かといって聴衆の顔を見ると上がってしまう人は、教室の後ろの壁、横壁、時計というように順に視点を変えていけば、聴衆に対して話しているように見えるのでいいと思います。どうしても人を見なければいけないのなら、その人の首のあたりや髪などを見るようにしましょう。

## 7. 逆に質問する

「授業への参加」がアメリカの教育システムでは奨励されるので、これを逆に使って、あなたがプレゼンテーションの中で聴衆に質問を投げ掛けて彼らに参加してもらうのも一案です。発表の流れで「結果としてこうなりました」と言う前に「さて、この結果、どうなったと思いますか？」と聞いたり、「日本ではこうですが、アメリカではこんな場合どう考えるのですか？」と質問したりすると、人のプレゼンテーションを聞くだけの授業よりもクラスが活気付きます。このやり方でbest speakerに選ばれた学生もいました。

## 8. グループプレゼンテーションについて

3～5人くらいのグループプレゼンテーションは、語学学校では同等のレベルの人と一緒なのでいいのですが、問題は大学の正規課程の授業でアメリカ人と組む時です。アメリカ人と一緒の作業は気を使うし、プレッシャーを感じるものです。たいてい、発表者や記録係など役割を決めるので「自分は外国人でプレゼンテーションは苦手なので、それ以外のことなら喜んでします」と初めに言っておくといいと思います。リサーチをする、何かを作る、インタビューをするなど裏方の仕事を率先してやると、グループにはちゃんと貢献できるし発表するのを避けることもできます。裏方にまわると、アメリカ人より多くの作業をして時間もかかるでしょうが、「自分の英語に自信がもてるまで」と開き直って乗り切りましょう。アメリカの授業に慣れてきたら、発表する、記録するなどの役割が少しずつできるようになります。目立つ作業をするのは自信につながります。もしグループ内で、アメリカ人の学生に無視されたり差別されたりした場合は「第7章　差別」を参照してください。

## 9. プレゼンテーションを終えることを考える

プレゼンテーションが怖くてクラスに行けなくなったり、それが原因でクラスをやめたりしてしまう学生がいます。ひとつのプレゼンテーションにかけられる時間には限りがあり、もっとリサーチをしていいものを作りたいと思ってもできないと苛立つ学生もいます。しかし、いいプレゼンテーションをすることではなく「終えること」が目的であることを忘れないようにしましょう。つっかえても、文法を間違えても、大汗をかいてみっともなくても、終わればいいのです。本当のプレゼンテーションは、ビジネスなど卒業後の人生で待っています。本領はその時に発揮すればいいのだから、学校時代は「滑り込みセーフくらいでいいや」と思ってください。

## 10. 終わったら忘れる

プレゼンテーションで詰まった、質疑応答で答えられなかった、どもったなど、格好悪い結果になっても、終わったらすぐに忘れましょう。「あの時、こう言っていれば」「なぜ、こうしなかったんだろう」と悩んでも済んだことは変えられないし、こだわっていると次の授業やプレゼンテーションに響いてしまいます。終わったら忘れて、次の課題にはフレッシュな気持ちで臨みましょう。

# 07 差別

1960年代までのアメリカには、明らかな人種差別がありました。南部の公立学校は白人用と有色人種用に分かれ、バスの席や公衆トイレにはWhites（白人）とColored（有色人種）というサインがあったのです。日系人たちも差別の対象で、1941年12月7日の第二次世界大戦開戦直後には「戦争敵国民」とされ、西海岸に住んでいた日系人たちはそれまで築き上げてきた家、商売、家財道具などをすべて捨てさせられ、手荷物のみでモンタナ、オレゴン、ワイオミング、ユタなどのへき地の強制収容所に入れられました。戦争が終わっても、彼らはジャップと呼ばれ、進学や就職、結婚する時などに差別されるのはもちろん、1世の日本人には土地や家を買う権利はないという法的差別までありました。1964年、公民権法（The Civil Rights Act of 1964）が制定され、公共設備、教育、就職での人種・肌の色・宗教・性別・国籍に基づく差別は違法となり、終戦から43年もたった1988年、アメリカ政府は初めて日系人に「強制収容は差別行為であった」と謝罪したのです。

2001年9月11日、アメリカで同時多発テロが発生した時、アラブ系アメリカ人、アラブ系移民、そしてイスラム教徒の人たちに、第二次世界大戦中日系人に向けられたのと同じ憎しみや疑いが向けられました。その時、日系人たちは「日系人が経験したことを2度と繰り返すな、アメリカに合法的に暮らすアラブ系やイスラム教徒の人たちを迫害するな」と運動しました。また、今度はそれに賛同するアメリカ人たちも多くいたのです。

このように、アメリカが移民の国である以上、差別はなくならないものと思われますが、差別をなくそうとする人たちが多いことも確かです。そして現代の差別は、昔のようなあからさまなものではなく、もっと曖昧なものです。では、日本人留学生が経験する差別にはどんなものがあるのでしょうか。

# 留学生の経験する差別例

- 授業で「グループアサインメント」があり、4〜5人のグループを作るように指示されると、アメリカ人生徒は自分たち同士でサッとグループを作って、自分は隣に座っていたのに無視された。
- 同じく「グループアサインメント」で先生がグループを作ってメンバーが集まるとアメリカ人が自分を見て嫌そうな顔をした。その後、リサーチの話し合いが始まるとアメリカ人ばかりで話を進めて自分を仲間に入れてくれない。
- 「君は英語にアクセント（なまり）があるので、このクラスは無理」と教授に拒否された。
- ほかの生徒たちに「オリエンタル」と呼ばれた（注：oriental は辞書では「東洋人」ですがアメリカでは oriental rug〈東洋じゅうたん〉のように「物」に使われ、人に使うと差別的とされます。人を指す時は Asian〈アジア人〉と言うほうが一般的です）。
- You look like an alien.（エイリアンに見える）と言われた。（注：alien は辞書では「外国人・在留外人・除外された人・異質のもの・宇宙人」という意味があります。移民局の書類では alien は「外国人・在留外人」の意味ですが、映画の『エイリアン』は宇宙人の話でした。だからアメリカに住む外国人は "alien" と呼ばれると違和感をもつのです）。
- キャンパスで白人生徒と立ち話をしているところに別の白人が来ると、彼は白人のほうばかり見て話し、自分を一度も見ることなくあいさつもせずに去って行った。
- 同じレストランに日本人同士で行った場合と、白人の友達と一緒に行った場合とでは、ウェイトレスのサービスが違う。

- スーパーマーケットのレジで、店員は自分の前のアメリカ人客には笑顔でいろいろと話し掛けるのに、自分の番になるとムスっとして、何も言わない。
- 道で通りすがりに「ジャップ」「チンク（軽蔑的に中国人を指す）」と言われた。
- バスの中で白人の老人に Remember Pearl Harbor. Go home!（真珠湾攻撃を忘れるな、国に帰れ）と言われた。

このような経験は、初めての時は「思い過ごし」「考え過ぎ」と軽く受け流せても、何度か続くとそう簡単には受け流せなくなってきます。多くの留学生にとって「有色人種である日本人の自分」を実感させられるのは生まれて初めてでしょう。第二市民として扱われたり人種だけで拒否されたりするのは、なんともいえず嫌なものです。

また場所によっても差別の度合いは違います。ニューヨークやロサンゼルスなどの大都市は人種のるつぼで、来たばかりのあなたに道を聞いてくる人もいるくらい他人種に許容性がありますが、ノースダコタやアイオワなど、白人の住民が大多数を占める地域では、あなたは注目の的になり、どこに行ってもジロジロ見られるかも知れません。南部に行くと差別はもっと深刻で「英語に訛りがある有色人種」というレッテルを張られて、白人とは明らかに別扱いする学校もあるようです。

# 差別に対処するサバイバル心理学

## 1．「移民の国アメリカ」を知る

2000年度アメリカ人口調査では人口の内訳は69パーセントが白人、12パーセントがヒスパニック系、12パーセントが黒人、3.6パーセントがアジア人、ネイティブアメリカンが0.9パーセント、残りがその他の民族です。数字の上では白人が大部分を占めているのですが、2004年時点での移民（アメリカ以外の国で生まれた人たち）人口は全人口の12パーセント近くを占め、近年における年ごとの人口増加の40パーセントは移民によるものだそうです。留学生に関しては、2004年の留学生数は57万2500人で、そのうち８万人はインドから、次に中国の６万2000人、韓国の５万2000人、日本の４万1000人、カナダの２万7000人、台湾の２万6000人と続き、留学生数の57パーセントはアジア圏からの学生です。

歴史的に移民たちは、アメリカ生まれのアメリカ人が嫌がるような3K（汚い、危険、格好悪い）の仕事に就きます。例えば、レストランの皿洗い、ビル掃除、病院や老人ホームの介護、工事現場などに、英語が流ちょうでない移民が多いのはよく見掛ける光景です。このように低賃金でも一生懸命働く移民が常にたくさんいるからこそ、この国は繁栄してきたといっても過言ではありません。言い換えると、アメリカは常に移民や外国人を受け入れて大きくなってきた国なのです。どんな人種のアメリカ人でも、彼らの先祖は過去に移民として来たわけで、「もともとのアメリカ人」は彼らではなく「ネイティブアメリカン」と呼ばれる人たちだけです。消費者文化のアメリカ的考え方をすると、アメリカ人よりもはるかに高い学費を払う留学生は、学校側から見ると「いいお客さま」です。だから卑屈にならず、堂々と留学生として暮らしてほしいと思います。

## 2.「日本人」としての自分を初めて意識する

いろいろな人種の人間がいるアメリカに来てから、「なんで自分は日本に生まれたのだろう」と疑問に感じる人は多いと思います。クラスの中でかっこよく発言している白人学生を見ると、自分の言語能力や肌の色が劣っているように感じる人もいます。「白人至上主義っていうんでしょうか。自分の中にそんなものがあることにアメリカに来て初めて気付きました」「ヨーロッパから来た人たちは、英語さえマスターすればその日からアメリカ人です。でも、自分はずっとアジア人にしか見られないんですね」「どうしても、白人の医者のほうが、有色人種の医者より優秀に見えてしまうんです。自分も白人じゃないのに、そんなふうに思う自分が嫌いです」など、自分が知らず知らずの間にもっていた、人種に関しての偏見や劣等感に気付いてびっくりすることもあります。日本人という人種の自分に気付き、そのショックを乗り越え、受け入れられるまでには時間がかかるのです。

## 3. 差別を覚悟する

留学生は大なり小なりなんらかの差別を経験します。日本人である限り、有色人種の仲間に入れられるし、英語が完ぺきでない限り「こいつわかっているのか」というような態度を示されるのは避けられません。「差別されるのは当たり前だから我慢しろ」と言っているのではありません。「覚悟してアメリカに来ること。そして不当なことをされたら闘う」という態度をもってほしいのです。覚悟の中に加えたいのは、差別された後のネガティブな感情の存在です。差別なんて平気と思っている人もいるかも知れませんが、実際に差別されると、言葉では表せないようなどんよりとした暗い気持ちになり、自分の非が原因ではないかと思ったり、これから先のアメリカ生活が急に不安になったり、落ち込んだり、悲しくなったり、やる気がなくなったりと、思いもよらなかった気分を経験します。そういったネガティブな感情が普通の感覚であることも覚えておいてください。差別された際の闘い方はこの後で説明します。

## 4. 自分の中の差別に気付く

社会福祉を勉強するためにテキサスの大学に留学してきた日本人男性で、学校でも寮でも差別を受けたという人に「なぜ、差別の多い南部を選んだのか」聞いてみました。「日本での学生時代、インドに旅行して大きなカルチャーショックを受けました。自分がいかに偏見をもっているかに気付き、福祉を勉強するなら自分がマイノリティーになってそれがどんなものか経験するべきだと考え、テキサスを選びました」と話す彼は、自分がマイノリティーになる場所を自ら進んで選び、そこで実際に差別に遭い自分の中の偏見と闘ったのです。公務員派遣で来ていた別の男性は、「アメリカで差別や人権感覚が養われ、帰国後、同和問題を扱う仕事をした際に経験が生かせました」と言っています。彼らは、自らが「マイノリティー」として扱われたことで、相手の気持ちや立場がわかるようになったのです。差別・偏見は誰もがもっている感覚です。自分はどんなものに偏見をもち、何を差別するのかを知ることも、留学で得られるもののひとつです。

## 5. 日本でいじめられた人への注意

日本でいじめを受けた経験のある人にとって、差別は「すでに知っている」感情です。先生に無視された、誤解された、ほかの日本人生徒がグループに入れてくれない、などということが起こると、「え、アメリカでも？」と昔のつらい思い出が一気によみがえり、せっかくアメリカに来たのに自分の居場所はここにもないと落ち込んでしまうかも知れません。まず、「ここはアメリカの学校で、クラスのみんなが集団でひとりをつるし上げ、陰でさまざまな嫌がらせをするような陰湿ないじめは起きない」と意識的に自分に言い聞かせることです。アメリカの学校には差別に対するルールがあります。もし差別がひどいのならアドバイザーに相談に行ったり、先生に話すなどして対処する道があるので、必ず誰かに話してひとりで悩まないようにしましょう。絶対にあなたの立場になってくれる人はいるし、闘う方法もあるのです。

## 6. 差別と「自分のせい」の違いを知る

明らかに差別なのに、留学生本人は「クラスで何も発言せずに黙っていた私が悪いんです」「誰が見てもおれは変に見えると思います」というふうに「自分のせい」と思い込んでいる場合があります。確かに、英語がちゃんと話せない、聞き取れないうちは、「差別されても仕方ないや」と思うのかも知れませんが、自分が悪いのか、それとも自分に非はないのに差別されているのかはよく考えなければなりません。もし、クラスで発言しない自分が悪いと思うなら発言してみることです。そして状況が改善されたならそれは差別ではなかったことになるし、それでも改善されなければ差別ということになります。差別されているのに何もせずにいると、頑張っても悪い成績をつけられる、思うように勉強できない、クラスに行きたくなくなるなど、悪い状態をずるずると続けることになってしまいます。もし、「これは差別かも」と思うなら、この後で説明する「差別とどう闘うか」を参考にして自分のために闘いましょう。

## 7. 日本人男性への注意

男女差別の根強い日本で育った女性の中には、アメリカでの人種差別は日本の性差別よりましですと言う人が多くいます。彼女たちはこう言います。「女性というだけで機会を与えてもらえなかった日本と比べると、アメリカは実力があれば機会を与えてくれるし、結果を出せば評価もしてくれるので、店やレストランで店員に無視されるくらいどうってことありません」と言うのです。

一方、日本人男性の中には、アメリカで初めて差別を受けて男としてのプライドを深く傷つけられ、人が変わったようにしょんぼりとしたり、口数が少なくなってしまったりする人がいます。「日本ならまともに自分を扱ってくれるから」と留学途中で帰国してしまう人もいます。差別のために、留学を途中であきらめたり勉強をやめたりしてしまうのは、人間として成長できるせっかくのチャンスを逃してしまうことになります。前出の男性留学生の話にもあったように、差別される側になってみると今まで見えなかったものが見え、わからなかった世界がわかってくるからです。人の痛みがわかる男性は、女性から見ても男性から見ても魅力的です。

もうひとつ注意しなければならないのは、肩を触る、会ってすぐに年齢を聞く、「太ってるね」と言う、同じ立場なのに「コーヒー買ってきて」と依頼するなど、日本では普通に女性にしていた行動は、アメリカでは失礼だったりセクハラになったりすることです。アメリカで不利な立場にならないように、日本で女性にしていたことの中には、アメリカでは差別の範ちゅうに入るものがあることを頭に入れておきましょう。

## 8．歴史的事実による差別をどう考えるか

この章の初めに紹介した差別例でもあったように、第二次世界大戦時のアメリカと日本の関係や、日本が中国や韓国に行ったことで、差別的なことを言われることがあります。過去に日本がほかの国にしたことは、今の学生には関係ありませんが、「人種間の恨み」というのは世代を超えて受け継がれるものです。「自分には関係ありません」「自分は歴史を知りません」と済ませるのではなく、この機会に世界史や日本史を勉強してみてはどうでしょうか。

## 9. 偏見・固定観念・差別をどう考えるか

偏見（prejudice、bias）、固定概念（stereotype）、差別（discrimination）は、人間のさがで、完全になくすことはできません。どこの国でも自分の国に入ってきた外国人を嫌う人はいるし、「日本人はこう、インド人はこう、アメリカ人はこう」という固定観念は誰でももっています。生まれた国から離れたことのない人の中には、「人間同士だし、自分は差別なんてしません」と、自分が偏見をもっていることにさえ気付いていない人もいます。母国を出て外国で暮らし外国人として差別されて初めて、相手の偏見だけでなく自分の偏見にも気付くのです。アメリカ人で留学生を差別する人たちは、自分たちの先祖も同じように外国から来たのにもかかわらず、「外国人のくせに入ってくるな」「アメリカで英語を勉強しているのに、なぜ訛りがあるのか」「英語がちゃんと話せないのは努力していないからだ」などと考えるようです。いまだに日本は中国の一部だとか、韓国と日本は同じ国などと言うアメリカ人はたくさんいます。アメリカ文化しか知らず、アメリカ文化がいちばんだと信じている人は、ほかの国には別の文化があり、独特の価値観があることがわかっていません。例えば、「不言実行」が美徳の日本文化では、人に「自分はこれだけできる」「自分はこれだけやった」などと言わずに、やるべきことを黙々とやります。「自己主張」が美徳であるアメリカ人は、「黙ってやったって、評価はもらえないのにバカみたい」と考え、日本人の行動が理解できないのです。

また、自分のストレスやイライラを、差別することで発散する人がいるのも事実です。こんな人は普段から差別できる場や相手を探していて、日本人学生がたまたまそこに居合わせると、ここぞとばかり小さなことや関係ないことで八つ当たりをするのです。彼らも、自分の問題を解決できない無知な人だと言えます。

このように、差別は差別する側の「無知」が原因です。相手の違いや個性がわからない、自分と違った人間を認められない、ほかの国や文化を知らない、自分のことを知らないといったことが問題なのです。本来なら、留学生の英語の発音がおかしかろうと、入学手続きや各種テストを正規にパスして同じクラスにいるのだから、アメリカ人の学生は「この学生は外国人だからきっとユニークな意見をもっているだろう」「外国人なのに自分と同じクラスにいるなんてえらい」と思うべきではないでしょうか。

## 10. 差別とどう闘うか

### A. 勉強にエネルギーを向ける

「無知」な人に差別されて、そのショックで勉強に支障が出ては元も子もありません。怒りはエネルギーです。クラスで差別されて悔しい思いをしたら、悔しさと腹立たしさのエネルギーを勉強に向けましょう。あいつらよりもっと賢くなってやると奮起して勉強すると、「怒り」にとらわれることなく、あなたの神経がよき目的のほうに向くので、ある意味でいい刺激ともいえます。

### B. 自分が勝てるものを見つける

クラスで「英語の発音」「人種」で嫌な扱いを受けたら、あなたがいい成績を取れる科目で「できる自分」を自他ともに確認するのも大切です。英語力がそれほど必要でない科目（例えば数学系、日本語、外国語、美術系、運動系など）を取って、アメリカ人よりもいい成績を取ると、口先だけでは通用しない実力の世界で成功する道を知ることもできます。また、日本でやっていたスポーツや音楽などができる場を探すとクラスにいる時とは別の自分を出せて、活動を通して友達ができたり、そこで能力を認めてもらい自信を得たりすることができます。

### C. 自分からアプローチする

外国人をエイリアンと呼ぶ人がいるのは説明しましたが、そういう呼び名で呼ばれなくとも、「この黄色い小さな人は誰だろう。英語をしゃべれるのだろうか、何を食べるのだろうか、何を考えているんだろう」と言わんばかりの目で見られる日本人学生は多くいます。こんな雰囲気を打開するには、こちらから自己紹介をして握手を求めることです。留学生であることや、勉強している内容などを話すことで、あなたは「自分はこういう人間です」とアピールでき、エイリアンではなくなるのです。

### D. 気にしない

差別とは、差別をしている人の偏見なので、あなた自身とは関係ありません。だから、「何を言っているんだろう、この人」と軽く聞き流すことも必要です。特に通りすがりに「国に帰れ」とか、歴史的なことで嫌なことを言ってくる人は、適当に無視することです。

### E. 差別する人・場所から離れる

どこまで差別に耐えるかを、よく考えましょう。前記で紹介したテキサスの大学にマイノリティーとしての経験をするために行った彼は、「自分が得たかったものは身に付いたので、あれ以上は耐える必要はないし、あそこにいても自分の実力は発揮できないと思った」と卒業後は就職のためニューヨークに移りました。奨学金をもらっての留学なのでこの大学はやめられない、ほかの生徒は嫌いだけれど先生と授業の質が高いから、というのなら、それが終わるまで我慢して、その後はもっと居心地のいい場所に移ることを考えましょう。自分を守るためにあなたが闘っても事態が改善されない場合も移り時です。

友達の中で差別をする人がいるのなら、後で説明する方法でまず話し合うことです。そしてそれでもダメなら友達をやめることです。日本人は耐えるのがいいことだと思っていて、ひどい状況でもそこから出ようとしないことがあります。「アメリカでは差別されていいことはなかった」で留学を終わらせるのではなく、「アメリカのよさ」を経験することも大切です。友達を変える、クラスを変える、専攻を変える、学校を変える、他州に引っ越すなど、新しい世界を広げるほうにエネルギーを使うほうが賢い時もあるのです。

### F. 日本人生徒や有色人種の生徒と話す

「これは差別なのかな」という出来事を白人に相談しても「君の考え過ぎ」「向こうはそんなつもりで言ったのではないよ」などと言われることもあります。そんな時は、差別された経験のある人たちに相談することです。彼らの経験談を聞くことで「自分だけじゃない」とモヤモヤしている気持ちが楽になり、「人種間のモノの考え方の違い」もわかってきます。このように、アメリカでたくましく生きるには、差別や人種の問題を気がねなく話せる人の存在が必要です。

### G. どうやって差別を訴えるか

偏見・固定概念・差別のために、学校で実力以下の評価を受けたり、不当な扱いを受けたりした場合は、泣き寝入りしていてはいけません。実例を使いながら、どうやって問題を解決するかを説明しましょう。

**【実例１】**

**アメリカ人学生に You look like an alien.（君はエイリアンに見える）と言われた。**

笑って済ますこともできますが、ひとことでも言っておくほうがいいでしょう。

That’s not very nice.（それはちょっと失礼ですね）

と言うか、少しでもカチンときたら以下の質問をしてみましょう。

What do you mean by that?（それはどういう意味ですか？）

What did you say?（なんて言いましたか？）

⬇

**相手がすぐに「すみません」と言えばいいのですが、アメリカ人の中にはこう答える人がいます。**

You are a foreign student, right?（君は外国人学生でしょう？）

Where did you come from?（どこから来たの？）

Are you Japanese?（日本人？）

⬇

**上記のどれにしても alien という意味には答えていません。そこでもう一度こう聞きましょう。**

Well, you said I look like an alien? Do you mean like an alien from outer space?（私がエイリアンに見えるって言ったでしょ？　宇宙人ってこと？）

⬇

**おそらく相手は弁明するでしょう。**

No! An alien means a foreigner.（それは違う。外国人という意味だ）

Not at all. You are just overreacting.（全く違う。君が過剰反応しているだけだよ）

It's just a joke.（ただのジョークだって）

⬇

**それでもポイントだけは押さえておく必要があります。**

That's insulting.（それは侮辱的です）

Whatever, but I felt insulted.（どうでもいいけど、私は侮辱された気がしました）

きつく聞こえるかも知れませんが、クラスメイトや友達との関係では早いうちに「この言葉を使われるのは嫌です」と意思表示しておくほうが、そのままにしておいてその言葉が使われてまた嫌な思いをするよりもいいのです。無知で使ってしまった場合は「ごめんなさい」と言われれば、それでわだかまりがなくなり、その後の関係がよくなるでしょう。

**【実例２】**
**クラスでグループアサインメントの時、同じグループになったアメリカ人ふたりが、自分を無視して話し合い、プロジェクトを進めた。プロジェクトの話し合いは毎クラスあり、そのたびに疎外感をもってしまう。**

先生に直接言いたいところですが、ほとんどの場合、先生には「彼らに話したか？」と聞かれ、「まだです」と言うと「話してごらん。それでもダメなら私のところに来なさい」と言われるので、まずそのふたりの学生に話さなければなりません。ではどう言うかです。

I feel like I'm being left out of this group.　You two are working together as if I am not here.　Are there any problems?（私は同じグループなのに置いてきぼりにされている気がします。あなたたちは私がいないかのように進めていますよね。何か問題があるのでしょうか）
⬇
アメリカ人生徒はおそらくこう言うのではないでしょうか。
I didn't notice that.　Maybe, that's because you have been very quiet.
（それは気付かなかった。君がえらく静かなだけじゃないの？）
OK, why don't you tell us what your ideas are?（そう、それなら君のアイディアを言ってよ）
⬇
どちらもこっちが悪いような言い方ですが、ポイントは彼らがあなたを入れてくれないところなので、こう言ってみましょう。

When you two talk, it is hard for me to interrupt.（あなたたちふたりが話していると、話に入っていけないんです）

⬇

上記のように言っても、次のクラスで同じようにそのふたりがあなたを無視したら、次は先生です。

I have a problem in my group.　Two Americans have worked only with each other leaving me out.　I talked to them, but nothing changed.　I can't learn anything if things stay this way.（グループのことで問題があります。ふたりのアメリカ人が自分を除外してプロジェクトを進めるのです。彼らに話しましたが何も変わりません。こんな状態が続くなら何も学べません）

⬇

もし、アメリカ人ふたりに話せる状態ではなく、直接先生に話す場合はこう言います。

I have a problem in my group.　Two Americans in my group have worked only with each other, leaving me out.　I know I have to talk to them, but I am afraid to do so.　I can't learn anything if things stay this way.　Could you help me?（グループのことで問題があります。ふたりのアメリカ人が自分を除外してプロジェクトを進めるのです。彼らに話さなければならないことはわかっていますが、恐ろしくてできません。こんな状態が続くなら何も学べません。なんとかしてください）

⬇

先生は、恐らくこう答えるでしょう。

OK. Let me talk to them.（わかった。自分から彼らに話そう）

Do you want to change your group?（グループを変える？）

Well, what do you want me to do?（では、君は僕に何をしてほしいのか

ね）

What do you want?（君はどうしたい？）

⬇

**初めのふたつなら先生が何かしてくるのを期待できますが、後のふたつはあなたにどうしてほしいか聞いているので、何らかの解決策を提示する必要があります。**

I want to change my group.（グループを変えてください）

I would like you to give me an individual assignment instead of this group assignment.（グループアサインメントではなく、個人アサインメントにしてください）

いろいろなところで言っていますが、問題を抱えることは恥ではありません。問題をどう解決するかが肝心なことです。もうひとつ大切なのは、客観的に考えると、アメリカ人学生が留学生を差別して、学ぶ権利をもった留学生を「学べない状況」に置くのは先生の問題でもあるということです。そういう状況を改善するのは先生の役目でもあるのです。

先生と話しても何もしてくれない場合や、何も改善されない場合は、アドバイザーや学生サービスセンターに相談しましょう。各学校で配布している「学生ハンドブック」や「大学カタログ」には苦情処理の仕方が書いてあります。波を立てるのが嫌いな日本人はこういうことは避けがちですが、不当な扱いを受けて成績が悪くなったり、授業から何も学べなかったりするのは闘うべき状況です。このレベルにでも、自分がどうしてほしいかを具体的に考えておくことです。そのクラスをキャンセルして授業料を返金してもらう、先生に正式に苦情を言う、別の先生のクラスに変えてもらう、このクラスはwithdraw（履修取り消し）にしてもらい次の学期で同じ内容の授業を別な先生の担当で取る、などの対策を考えておきましょう。

**【実例３】**

**博士課程には comprehensive examination と呼ばれる、通らないと博士号で取得できないテストがある。１問に２時間で、２日間で４問。筆記が多く、英語が母国語でない人にはかなりきつく、アメリカ人学生でもうまくできない人がいる。過去にフランス人の学生は教授に頼んで、「２日間で時間制限なし」にしてもらった事例があるので、日本人学生がそれを頼みに行くと「それは何年も前の話で今は無理」と断られた。**

１度断られても、もう１度頼んでみる価値はあります。その時は詳しく事情を説明することです。

I just came from Japan two years ago and I completed all the required coursework in this program. However, my writing skills are not as good as Americans'. If a French student was allowed to have the consideration, I should be able to have that, too.（私は日本から２年前に来て、この学科で必修授業科目はすべて修了しました。しかし、私の英語の筆記能力はとてもアメリカ人のレベルではありません。フランス人の学生に〈時間制限なしの〉配慮が与えられたのなら、私にもそれが与えられるべきだと思います）

⬇

それでも教授は、このように言ってくるかも知れません。

I had another Japanese student in the past and she didn't make such a request.（過去に日本人学生がいたが、彼女はそんな要求はしなかったよ）

Many other students want the same consideration. It would be unfair if I gave it only to you.（ほかにも時間無制限が欲しい学生はたくさんいる。君だけにそれを与えるのは不公平だ）

この実例では、中学からアメリカに来てそのまま博士課程に進んだ日本人が過去にいたそうで、教授はその学生と、２年前に日本から来たこの学生を同じように「日本人学生」と考えていたのです。

⬇

**多くの日本人は教授にここまで言われると引き下がってしまうものです。しかし、これがほかの人種の生徒なら、もうひと押しするでしょう。**

It makes a big difference <u>when</u> you come to the U.S.　Who was the Japanese student?　How long was she in the U.S.?　Why do you think her situation and mine are the same?（いつアメリカに来たかで大きな違いがあります。その日本人学生は誰ですか？　彼女はどのくらい長いくアメリカにいましたか？　どうしてあなたは、彼女と私が同じだと言えるのですか？）

But other students aren't foreigners.　I am a foreigner and I do have handicap in English.（しかし、ほかの学生は外国人ではありません。私は外国人で、英語のハンディキャップがあるのです）

⬇

**このように反論した後、それでも「無制限」がもらえないなら交渉するのです。**

How about 4 hours for each question, and a total of 16 hours for four questions?（では、１問につき４時間、４問で16時間というのはどうでしょうか？）

日本人がアメリカ人と交渉する際、もうひと押しが肝心です。彼らは「しかし、こういう場合もある」「こういう理由で無理だ」「君もこれはおかしいと思うだろう」などと反論し、こちらが「Yes」と言うようにもってくるのが上手です。そこで引き下がらず、頑張ることで、アメリカ人と対等に交渉できるようになるのです。この例の学生は、「後で聞くと、あのフランス人の学生はゴネてゴネて、ゴネまくったそうです。私にはそんなことはとてもできませんでした」と、結局アメリカ人と同じ時間制限でテストを受け、残念な結果になってしまいました。

**【実例 4】**

**差別的状況への返答いろいろ**

Are you saying that because I am a foreigner?（あなたが私にそう言うのは私が外国人だからですか？）

It bothers me to hear you say that because I am Japanese.（私は日本人なので、そういう言い方をされると気になります）

No one takes me seriously.（私は誰にも真剣に取ってもらえません）

Isn't it discrimination?（それは差別ではありませんか）

I am very uncomfortable in this situation.（この状況はたいへん居心地が悪いです）

注意：このフレーズは、人種差別を表現する際によく使われるものです。

# 08 ホームステイ

ホームステイは留学の醍醐味です。アメリカ人家族の実際の暮らしや、生の日常英語を体験することは、学校ではできません。食事風景、家族関係、誕生日や祝日の過ごし方、問題が起きた時どうするかなど、一緒に暮らさなければ見えてこない文化がそこにあります。核家族化が進む日本の学生には、自分の家庭しか知らない人たちが多いので、ホームステイは別の家族のあり方や子育て、自分の親と違う夫婦関係などを見ることができる貴重な機会でもあります。文化も人種も違う人間と同じ屋根の下で何カ月、何年も一緒に暮らすには、適応能力、学習能力、忍耐、柔軟性、自己主張などのスキルが必要です。現に、ホームステイを経験した学生には、個人差はあれ、それらのスキルが身に付いているのがわかります。「学校よりもホームステイで考えさせられることが多かった」という言葉は彼らの成長の証しでもあります。

ホストファミリーといっても千差万別です。シングルマザー、老人カップル、信仰の深い家、ゲイのカップル、移民一家、日本人とアメリカ人の国際結婚の家など、1軒ずつに個性と特徴があり、ホームステイを通じてユニークな体験ができるのは間違いありません。そういう意味では、実際には絵に描いたような理想の「アメリカの家族」は存在しないといってもいいかも知れません。だから、自分のホストファミリーはどこか変わって見えたり、運悪く理想のファミリーには当たらなかったと感じたり、ほかの留学生が滞在しているファミリーがよく見えたりするものです。

留学生が描く理想のホストファミリーは、映画で見たような郊外の大きな家に住む白人家庭で、週末は観光や小旅行に連れて行ってくれたり、とても親切で、「アメリカでの自分の家族」になってくれたりする人たちでしょう。2～3週間以内のホームステイで、ホストファミリーがボランティアで学生を受け入れる場合は、そういった好ましい経験をする学生が多く、ホームステイ終了後も交流が続き、お互いの家族が日本とアメリカを訪問する間柄になった人もいます。

一方で、長期ホームステイになると、ボランティアのホストファミリーは少なく、家賃や食費を支払う形式がほとんどです。長期でもうまくいくケースはありますが、当初の契約期間よりずっと早くホストファミリーを出る学生も多いのが現状です。いいホストファミリー、悪いホストファミリー、どちらに当たっても貴重な英語、文化、社会、人間関係の勉強の場です。ホームステイから多くを学び、いい経験ができるよう、そこで起こり得る問題を紹介して解決策を説明していきましょう。

# ホームステイでよく起こる問題

- 食事（少ない、多い、野菜がない、冷凍食品ばかり、ベジタリアンで肉が出ないなど）
- 部屋（うるさい、汚い、カビ臭い、暗い、寒い、暑い、勉強机がないなど）
- コミュニケーション（誤解される、ホストファミリーが外国人で英語のネイティブでないなど）
- スケジュール（夜の授業を取ると食事が残り物しかない、朝バスルームが混雑するなど）
- 人間関係（ホストファミリーの子どもに嫌がらせをされた、同居のほかの留学生ともめたなど）
- 家の立地条件（学校までのバスが１時間に２本しかない、スーパーまで歩いて30分もかかるなど）
- 文化の違い（冬、換気のため窓を開けると暖房がついているから開けるなと言われた、風呂に入りたいがお湯がなくなるからと禁止された、改宗するように迫られたなど）
- お金（食費込みなのに日本の食材は高いからと別に請求されたなど）
- その他（ベビーシッターをさせられた、掃除をさせられたなど）

# ホームステイに関するサバイバル心理学

## 1．留学あっせん会社やホームステイあっせん会社に自分の希望をはっきりと言う

ペットの有無、子どもの有無、ホストファミリーの年齢、人種、宗教、バスの便など、あなたにとって絶対に大切なことは、初めに条件に入れて頼みましょう。当然、すべての条件がかなう家はありませんが、大切なものから順番をつけて優先順位が高いものは必ず聞き入れてもらえるようにしましょう。

## 2．留学生は同居人でお客さんではないことを認識する

ボランティアで短期間、留学生をホストする家庭は、留学生を「国際交流のお客さん」と考えて、食事も凝ったものを作ってくれたり、週末は観光に連れて行ってくれたりします。しかし、長期のホームステイになると、国際交流目的というよりも「国際同居人」として学生を考える家庭が多いようです。家賃収入が目的で留学生を置くところもあるくらいです。学生がこれを誤解して「お客さん扱い」してもらうことを期待していると、待遇のギャップに失望してしまうのです。ここからは、家賃や食費を支払うタイプのホストファミリーを前提に話を進めていきます。

ゲストルーム（客間）は客のためであり、ほとんどのホストファミリーはゲストルームに同居人である学生を置くことはしません。使われていない部屋が学生用になるので、地下の一室や、あまり勉強には向かない部屋が与えられることもあります。

留学生の苦情で最も多いのが食事に関することですが、学生が日本人だ

からたまにはご飯を炊いてあげよう、若い学生だから肉も食べたいだろう、というように相手の好みを考えて食事を作ってくれる家はあまりありません。留学生からの家賃を家計に入れている家庭では、食事は質素で簡単なものがほとんどです。そしてアメリカ人は、自分たちのやり方をあくまでも通すので、彼らがベジタリアンなら学生にもベジタリアン向けの食事を出すし、冷凍食品が主な食事なら学生にもそうだし、肉とポテトばかりで野菜が全くない家まであります。ホストファミリーがアジア人の場合は、米が主食でおかずも日本人の口に合うものが多いようです。学生と共に買い物に出掛けて食べたいものを買ってくれる人もいますが、現実には和食の食材が高いことや、米を買っても炊飯器がないことが多いし、しょうゆやみそなどの調味料からそろえなければならないので、ホームステイ先ではほとんど和食は期待できないでしょう。

## 3. ハウスルール（家の規則）について

多くの家にはハウスルールと呼ばれる規則があります。家族のスケジュール（シャワーや食事の時間）、食事（時間帯、食費やスナック代、キッチンの使い方など）、家賃の支払い、電話代、洗濯機や乾燥機の使い方などの決まりです。わかりにくいことははっきりさせてから生活を始めると、後で誤解することが少なくなります。アメリカ人は契約にはシビアです。どんなに優しい人でも契約に反することには、厳しく言ってきます。下に注意点を挙げておきましょう。

### 家賃

転居する際、30日以上前に通知義務がある場合（30-day notice）、遅れて通知すると遅れた日数分の家賃を払わなければなりません。例えば25日前に通知して25日目に引っ越しても、残りの5日分の家賃はその家に住まずとも支払う義務が生じるのです。家賃を滞納すると利息を取られることもあります。

### 食事

「食費込みで自炊」という条件でホームステイをしていたある学生は、買い物から帰ると、冷蔵庫の中に仕切りをされて、「ここから左の食材はあなたので、こっちは私たちのもの」というように分けられていたそうです。また「ミルクは自費」という契約の別の学生は、ある日、自分のミルクを飲もうとすると少ししか残っていませんでした。ちょうどそれを見ていたホストが「私のを飲んでもいいよ」と言ってくれたので、次の日ももう一度くらいいいだろうとホストのミルクを飲もうとすると、「昨日はあなたの分がちょうどなくなったから特別に飲ませてあげたけど、ちゃんと自分のミルクを買ってくるべきよ」とくぎを刺されたそうです。また別の学生は、ホストがベジタリアンで、「あなたが肉料理を作りたいなら別のまな板やフライパンを買うように。もし肉料理を作ったら私たちの料理道具には触れないよう保管するように」という約束をさせられたそうです。

### 電話代

電話の請求書にはどこに何分間電話をかけたか明細が記録されているので、かけた番号が「日本」のものと「ホストファミリーがかけた以外のもの」にハイライトされて、その分を請求されるのがよくあるやり方です。こういった雑用を防ぐため、「電話は自分でつけてください」と言う家庭も多いようです。

## 4. ホストファミリーへの適応

新しい家と家族に慣れるまでにはしばらく時間がかかります。1日の家族のスケジュールや、それぞれのメンバーの性格がなんとなくつかめるまでは、「観察と学習」が必要です。初めの頃は珍しさや興味があるため、お互いが寛容で少々のことなら目をつぶることができますが、学校が始まり１日のペースがわかってくると、「ちょっと不便」ということが当然出てきます。それはホストファミリーにも言えることで、アメリカ人は「こういうことが不便なのでこうしてください」とはっきり言ってきますが、日本人学生は自分が不便に思っていることがなかなか言えず、我慢してしまう傾向があります。日本の家族内では、問題があっても深く話し合うことなく、なんとなく時間が過ぎていき何事もなかったかのように元に戻っていきますが、アメリカ人との暮らしではそんなゆうちょうなことはいっていられません。留学生には勉強という義務があり、ホストファミリーに問題があるといずれは勉強に支障が出るようになるからです。ホストと問題があっても「他人とは暮らしていけない」とすぐに決め付けずに、問題を話し合いで解決して、一緒に暮らすことができるようにするのは、人間関係の勉強になるでしょう。これから説明するホームステイ文化や問題解決の方法を学んで、意義のあるホームステイ経験をしてください。

## 5. ホームステイ文化入門

### A.「よろしくお願いします」ってなんて言うの？

ホストファミリーに初めて会った時、家に連れて行ってもらった時、日本人が言いたいのは「どうかよろしくお願いします」でしょう。残念ながら、これに匹敵する英語はありません。場面としては Very nice to meet you. と言うところですが、それは「初めまして」で、日本語の「よろしく……」の意味とは違います。アメリカでは「手取り足取り」のサービスを期待してはいけません。例えば Please take care of me.（お世話してください）と言ったとしても、ホストファミリーは、住む部屋と食事を与えることが世話をすることだと考えるでしょう。Please help me.（助けてください）と言うと、「なんの助けが必要なの？」と聞かれるでしょう。「よろしくお願いします」にいちばん近い表現は、日本語訳はまわりくどくなりますが、こんな感じになるでしょう。

I am so glad to meet you. I think of you as my American family and I want to learn American way of living. I will need your help and guidance. Please teach me if I do something wrong, because I want to learn the right way. I hope we can live happily together.（あなたにお会いできてとても嬉しいです。あなたのことをアメリカの家族だと思っているし、アメリカの生活を学びたいとも思っています。あなたの援助と指導が必要です。もし間違ったことをしたら教えてください。一緒に幸せに暮らしたいと思います)。

**B. ヘルプ・ユアセルフ（Help Yourself）：**

これは「ご自由にどうぞ」という意味で、「お代わりしたかったら自分で取りなさい、のどが渇いたら勝手に冷蔵庫を開けてジュースを飲みなさい、おなかがすいたら自分で何か作って食べなさい」という場合に使われます。家にお客さんが来るとせっせとおもてなしをする日本人には慣れない習慣です。日本の家に来た外国人が、勝手に冷蔵庫を開け飲み物を取ったりお代わりをしたりするのはとても不自然で無作法に見えるし、台所はその家の主婦のテリトリーで、他人がずかずかと立ち入る場所ではありません。お客さまにそんなことをさせる前に気を利かせてお代わりをよそってあげたり、飲み物を注いであげたりするのがよいおもてなしです。しかし、アメリカ人は「自分で好きなようにする」のがよいもてなしと考え、日本のようにお茶が出てきてお菓子が出てきてというやり方は、押し付けられているように感じるようです。

**C. イエス・ノーをはっきりと**

日本では客が食事時間近くまでいると「お食事でもいかがですか？」と

聞き、客のほうは「いいえ、結構です。もうすぐ帰りますのでお気を使わないでください」と遠慮します。それでも、もてなす側は食事を出すのが普通です。アメリカでは「いいえ、結構です」と言うと、文字どおりとられて食事は出てきません。

別の例では、「ドーナツはいかがですか？」という質問に、相手が「うーん」となんとなく乗り気でない場合、日本人ならそれ以上は勧めません。しかし、アメリカ人なら「食べたいの？　食べたくないの？」と、あなたがイエスかノーを言うのを待っています。要するにアメリカ人は、相手の雰囲気や顔の表情で察するということはせず、言葉での意思表示を大切にするのです。

留学生で「意思表示が大事なのはわかっていますが、どう断っていいかわかりません」と言う人がいます。また「自分は断っているつもりなのですが、どうも相手にはそれが伝わっていないのです」と言う人もいます。日本人にとって、ノーと言うのはとても難しい作業です。では実例を挙げて断り方を説明しましょう。

**【実例１】**
**ホストマザーが手作りクッキーを作って、夕食後にすすめてくれました。しかしおなかがいっぱいで食べる気になりません。**

1）日本式考え方

「手作りクッキーを作ってくれたのはありがたいし感謝もしているけれど、今はおなかいっぱい。でも断ると失礼だし……」という学生の気持ちを直訳すると

Thank you for making me homemade cookies. I really appreciate that.
But I am full right now. But it would be rude for me to say no.

となりますが、これは非常にまわりくどく、もったいぶったいい方で、ク

ッキーごときでこんなふうに話すアメリカ人はいません。では彼らならどう言うのでしょうか。

### 2）アメリカ式断り方

| | |
|---|---|
| Looks good, but no thank you. | おいしそうですが、結構です。 |
| I am so full right now, maybe later. | 今おなかがいっぱいなので、後で頂くかも知れません。 |
| I don't like sweets very much, but thank you. | 私は甘い物はあまり好きではありませんが、ありがとう。 |
| Can I take just a little bit?  I want to eat later. | 後で食べたいので少しください。 |
| I'm on a diet. | ダイエット中です。 |

### 3）留学生の上手な断り方

上のアメリカ式断り方が「ちょっと冷たいな」と感じる人は、長くなってもこれくらい言うと日本的感謝も含まれていていいでしょう。

You made the cookies for me?　Thank you very much.　But I am really full right now.　Maybe later.（私のために作ってくれたの？　どうもありがとう。でも今はおなかいっぱいです。後で頂きます）

### 4）断られたほうは怒らない？

日本人が断るのを嫌うのは、相手の気持ちを害したくないからです。では、断らなかったらどうなるか、同じクッキーの例を使ってお話ししましょう。

**【実例２】**

**甘い物が苦手な学生。でも、せっかく作ってくれたのだからと「おいしい」と言って食べたところ、ホストマザーがとても喜んでくれました。しかし、その後毎日のように「あなたのために焼いたのよ」とクッキー**

**を出される羽目に。断るに断れず、この学生は次第に夕食後の団らんを避けるようになりました。**

### 1）アメリカ人は正直主義

心配したホストマザーが学生とともにカウンセリングにやって来ました。学生が団らんを避けるようになった理由を聞いて、彼女はこう言いました。「てっきり彼女は、私の作ったクッキーが好きなのだと思っていました。それで喜ばせようと思って毎日クッキーを焼いたんです。甘い物が嫌いなら、正直に言ってくれればよかったのに」。一方、それに対する学生の言い分は、「でも断るのは失礼だし、クッキーを焼いてくれたことがうれしくて1回目は食べたんです」となるのですが、ホストマザーは「それなら2回目にそう言ってくれてもよかったのに。私はあなたに嫌いなことをさせていたことのほうがつらいわ。我が家では、あなたは家族と一緒で、あなたがハッピーであることが大事なの」と返しました。

これがまさしくアメリカ的な考え方です。「個人の幸せ」が優先されるのは、自分勝手でもわがままでもない「権利」であること、「個人の幸せ」は他人にはわからないことで、自分が意思表示しなければならないこと、また「個人の幸せ」にクッキーを食べないことが入っているのならそれでもいいということ、ムリに食べて辛い思いをしているのなら、クッキーを作った人も幸せではないこと。つまり、「正直であれ」ということです。

### 2）留学生の断り方

では、学生はクッキーを2回目に勧められた時どう言えばいいのでしょうか。

I had your cookies yesterday, because I was glad that you made them for me and they looked really good. But, to be honest with you, I don't like sweets so much.　So, I'd like to pass today.（昨日は、作ってもらったことがうれしいのと、おいしそうだったのでクッキーを頂きましたが、正直なところ、甘い物はあまり好きではないのです。なので今日はパスします）

この中には「昨日食べた理由」「感謝」「今日断る理由」がすべて入っています。アメリカ人との会話では「そんなこと言わなくてもわかるはず」ということまで言葉にしたほうがうまくいくのです。

### 3)「食べられないもの」「アレルギー」などははっきり言っておく

食事は大切です。「僕はけっこうたくさん食べます」「野菜が好きです」など、好みは初めに言っておきましょう。アメリカ人には、自分の食べたくない物や食べられない物を遠慮や礼儀で食べる習慣はありません。飲みたくない時、食べたくない時に、失礼になるので仕方なく飲み食いしてしまう日本の文化と比べると、自由で干渉されず、親切を押し付けられないといういい点もあります。

## D. なんでも経験する

ホストファミリーの子どものサッカー試合、親せきの集まるクリスマスパーティーや感謝祭、おばあちゃんの誕生日パーティーなどに誘われたら、不安でも行ってみることです。アメリカ人ばかりの中にひとりだけ日本人がいることで、居心地は悪いし、誰も話してくれないという場面に出くわしたとしても、そこで見たり聞いたりすることは日本では決して経験できないことです。義理で行くのではなく「アメリカ文化講座の映画」だと思って、じっと座ってみているだけでもかまいません。一度「これがクリスマスなのだ」とわかれば、次の年は嫌なら行かなくてもいいし、また違う経験をするように努力すればいいのです。また、家事の手伝いをしたり、ベビーシッターをしたりするのも英語と文化の勉強になります。日本食を作ってみるのも喜ばれるでしょう。ただし、そのために学校や勉強に支障が出るようになることのないように注意しましょう。

### E．オープンなアメリカ人

どの家族にも秘密や問題はあります。日本人は「内」と「外」がはっきりしていて、家の中の問題は他人に見せたり言ったりしないものです。しかし、アメリカ人は家の中の出来事にもオープンです。「離婚するかもしれない」「失業した」「子どもが非行に走っている」というプライベートなことが普通に会話に出てきます。ある学生は、うつになってカウンセリングを受けていることを恥ずかしくてホストマザーに言えなかったのですが、帰りが遅いことを聞かれて仕方なく言ったところ「あら、私も昔うつで治療を受けたことがあって、その時は抗うつ剤をとっていたわ。すぐよくなるわよ、頑張ってね」という返事だったそうです。「あまりにもあっさりと当たり前のように言われて、一気に気持ちが楽になりました」と彼女は驚いていました。ホームステイで得られるアメリカ文化のよさのひとつが、アメリカ人たちのオープンな生き方、コミュニケーションの仕方でしょう。「日本なら隠しておくことが、アメリカでは堂々と言える」「正直に言えることがすごく開放的であることを初めて知った」などと、学生が言うのをよく聞きます。

しかし、ホストファミリーの家庭の事情は、留学生の生活にも大きな影響を与えます。ホームステイが始まった頃とは状況が変わり、勉強できない状態になったり住みにくくなったりすることもあるので、ホストファミリーの問題や環境を客観的に見て、改善できるなら話し合い、それでも無理そうなら次の滞在先を探しましょう。

## F. 宗教 vs. 世間体と体裁

留学生がホストに聞かれて困る質問のひとつは「宗教」に関するものです。「君の宗教は何だ」と聞かれると、特定の宗教を持たない学生は、「別にこれといってありません」と答えます。するとアメリカ人は「では君は無神論者か」となって、「いやそういうわけでもないんですけど……」とすっきりしない会話になることが多いのです。日本は、元旦には神社に初詣に行き、人が死んだらお寺でお葬式をして、キリスト教徒でなくてもカトリック系の幼稚園に行ったり、クリスマスは盛大に祝ったりします。日本は「神道・儒教・仏教・その他」が共存していて、アメリカ人からするとたいへん特殊です。

多くのアメリカ人にとって、宗教は「よき人間はどう行動し、どう生きるか」の基準であり、宗教なしにはものごとの善悪や正誤は学べないと考えています。日本は「聖書にこう書いてあるから」「説法でこう言われたから」ではなく、「そんなことをしたら世間に顔向けできない」「人並み」「無難」「常識」という言葉が頻繁に使われるように、「世間体・体裁」がものごとの正誤の判断になることが多いのではないでしょうか。また、「年上の人は敬う」「親孝行」「先輩／後輩」などの儒教的考え方にも大きく影響されています。だから、ホストファミリーが信仰深く、あなたの信仰のなさを責めたり軽べつしても、恥に思う必要はまったくないし「日本はこうなので」と教えてあげることもできます。もし「私は特定の宗教を信じていません」と答え、ホストファミリーに改宗を迫られたら、このように断ることもできます。

Thank you, but I do have my own spiritual beliefs and I am not interested in new religion right now.（ありがとう、でも私には信じているものがあるので、今は新しい宗教には興味はありません）

## 6．ホームステイでの問題解決法

### A. 契約に基づいて交渉する

ホストが提供する夕食の量が少なく、すぐに空腹を感じたので夜中に冷蔵庫の中のものを食べた学生がいました。「あの食事の量は、僕が支払っている金額に到底見合わないし、誰が考えても、僕があれでおなかいっぱいになるなんて思いませんよ。まともな食事を出さないほうが悪いんだし、こっちはちゃんとお金を払っているんだから、ちょっとくらい冷蔵庫の中のものを食べたっていいじゃないですか」というのが彼の言い分です。しかし、ホストは「夕食のみ提供、間食は自費」という契約の違反行為だとして「間食代を払うように」と言ってきたのです。

この学生は、明らかに「相手の立場になればわかるはず」という日本の考え方でこの問題をとらえています。あの食事の量では足りないことは誰でもわかるはずだと考えて、「そっちがそのつもりなら、こっちも」と相手と話し合うことをせずに解決しようとしたのです。しかし、アメリカ人は「相手の立場になって推測する」などということはしません。彼らに言わせると、「学生は食事の時、何も言わなかったから満足している」と考えるのです。それなのに、黙って夕食以外の食事をするのは「契約違反」だと言っているのです。こうなると、こちらが不利になってしまいます。「契約」がある場合、それを基に交渉しなければなりません。そこでこういう言い方があります。

In our contract, you are supposed to provide dinner for me. But the amount of food you give me is not enough. I become hungry very soon after I finish eating. So, could you give me more food?（私たちの契約では、夕食が含まれています。でもここの夕食の量では十分ではありません。すぐにおなかがすいてしまいます。もっと量を増やしてくださ

い)

もし、相手が「それならもっと食費代を払うように」言ってきたら、Can you tell me how much you paid for my food last week?（先週、僕の食事に使ったお金はいくらですか？）
Maybe, I should cook for myself.（もしかしたら、僕は自分で料理したほうがいいかも）
などで相手の出方を見ましょう。

### B．問題があったらすぐに言う

問題が起きてもなるべく波風を立てずに我慢するのが日本のやり方だとすると、問題を小さいうちに明らかにして解決するのがアメリカ式といえます。この違いを、実例を使って説明しましょう。

**【実例３】**
**「月・木は学生の洗濯日」となっていたある月曜、学生が洗濯機を開けるとホストの洗濯物が入っていました。学生は洗濯機が空くのを待つことにしましたが、月曜の夜になってもそのままで、木曜でもいいかとその日は洗濯をあきらめました。しかし、木曜日また同じことが起き、結局その夜になってやっと洗濯ができたのです。それが頻繁に起こるようになると、だんだん怒りがたまって、学生はホストマザーに話すことにしました。**

Mondays and Thursdays are my laundry days.　But I haven't been able to use the washing machine on those days for weeks!（月曜と木曜は学生が洗濯できる日のはずです。ここ何週間も計画した日に洗濯ができません！）

Oh, I'm sorry, I didn't know, why didn't you say something?（あらごめんなさい、知らなかったわ、どうして言ってくれなかったの？）

「ルールを守る」のは日本人には当たり前です。だから学生は「本当にごめんなさい、つい忘れていて迷惑を掛けたわね。これから気をつけるわ」くらいの返事を期待していたのですが、意外な返事が返ってきたので次の言葉が出なかったそうです。Why didn't you say something? は、こういうシチュエーションでアメリカ人がよく使うフレーズで、初めて言われた日本人は理解に苦しみます。「自分の非」を認めず、「相手の非」（この場合は学生が知っていて何も言わなかったこと）にうまくすり変わっているからです。その後、１週間は約束が守られましたが、２週目にまた同じ問題が起こりました。

Today is Monday and you are using the machine again.（今日は月曜なのに、あなたが洗濯機を使っているわ）
I'm sorry, but I'm a single mother and very busy. Tomorrow is my kid's soccer day and I have to do the laundry.（ごめんなさい、でも私はシングルマザーで忙しいの。明日は子どものサッカーの日だから、どうしても洗濯しなきゃいけないのよ）
But our agreement is ...（でも私たちの同意では……）
Look, I said I'm sorry. If you want to use the machine, you should remind me in the morning. I just can't remember everything, OK?（ちょっと、私は謝ったでしょう？　そんなに洗濯したいなら、その日の朝に私にちょっと声をかけるべきよ。私はいちいち覚えていられないのよ、OK?）

「あの夜は腹が立つのと悔しいのとで眠れませんでした。私は何も悪いことはしていません。初めの何回か私の日に洗濯機が使われていても何も言わなかったのは、彼女がシングルマザーで大変なのを知っていたし、忘れることもあるかなと思ったからです。それなのに何回も我慢した後で初めて言ったら、何も言わなかった私が悪いみたいな言い方をされたし、今回は向こうの都合ばかり聞かされて、挙げ句の果てに『今日は月曜です』『今日は木曜』って私が言わなければならないなんて納得がいきません。洗濯日のルールを決めたのは向こうですよ！　謝ったって言ったって、私には『あら、まあそうだったの』程度にしか感じられませんでした」と学生は悔しさに涙を浮かべて言いました。

「ルールは守るもの」と考えるのが日本人とすると、アメリカ人は「事情によってはルールに例外はある」と考えます。恐らくホストマザーには、自分の忙しさやサッカーの準備は例外なのでしょう。学生の洗濯日に洗濯したことに関しては「その日に学生が洗濯機を使っていなかったから」と言うでしょう。あくまでも自分から見た理屈で彼らは考えるのです。ここが相手の立場になって考える日本人と大きく違うところです。

また謝罪に関しても英語と日本語ではニュアンスが違います。I'm sorry. には多くの使い方があり、「ごめんなさい」「残念です」「気の毒に」「後悔しています」「今なんて言ったのですか」などがあります。日本語の「すみません」は謝罪と感謝を表す時や、ちょっとした頼み事をする時に使われ、「ごめんなさい」は謝罪になります。ですから、I'm sorry. と「すみません・ごめんなさい」は同じではないのです。アメリカ人が心から悪いと思って謝る場合は I apologize ... や I am really sorry. と、悪いと思っている気持ちを込めて言います。日本人が「誠実な謝罪」を期待している時、このホストマザーのように I'm sorry. とさらっと言われると、この学生が感じたように「あら、気の毒だったわね」程度にしか聞こえないのです。だから学生は何度かホストマザーに「私たちが同意した内容では……」と訴えたのですが、I said I'm sorry.（謝ったでしょう）と言われてしまうと、余計学生は釈然としないわけです。こういう所にもアメリカ人の「なかなか謝らない」傾向が表れています。

アメリカ人から日本人を見るとどうでしょうか。自分の立場を中心に考えるアメリカ人にすると、相手の立場を考え、親切や思いやりで何週間も文句を言わずに我慢すること自体、何のためなのかわからないでしょう。また、我慢をするのがそんなに美徳なら、後で文句を言うのはおかしいのではないかとも言うでしょう。日本人が我慢するのは、こっちは文句を言わない代わりに、相手がこちらの不便さに気がつき謝罪をしてくれ、それなりの便宜を図ってくれることで丸く収まればいい、という考えに基づいた「我慢」です。相手が気がついてくれることを期待して我慢をし、気づかなければ怒るのなら、その時すぐに言うべきで、言ってくれれば解決できる、というのがアメリカ人の理論です。だから、どうして何か言ってくれなかったのかという言葉が出てくるのです。

どうでしょう、文化の違い、価値観の違いが、どれほど人間関係に影響するかおわかりいただけたでしょうか。この違いがわからなければ、日本人からすると、アメリカ人は「自分勝手、ルール破り、礼儀知らず」になって、アメリカ人からすると日本人はpassive aggressive（受け身的攻撃性）になるのです。passive aggressive は、「不平不満があっても言わずに、表向きはいい顔をしておいて、間接的に行動や態度で不満を表す」という意味です。先の例で、甘い物は苦手なのにクッキーを食べて、後でホストファミリーとの団らんを避けるようになったのも、夕食が足りなくて夜中に冷蔵庫を開けて何かを食べることも、アメリカ人に言わせるとpassive aggressive になります。文化の違う人と暮らすのは、「常識」「モノの考え方」の違いを学ぶことです。ですから、ホームステイではどんなにささいなことでも、問題が起きたらすぐに言葉に出して話し合うことです。「いつかはうまくいくだろう」「いつかはわかってくれるだろう」と放置していても、問題は悪化することはあっても改善されることはまずありません。では次は「どうやって問題を解決するか」です。

### C. アメリカ式問題解決、交渉術

先の洗濯日の問題で、留学生はいつ、何を言えばいいのでしょうか。先ほども言いましたが、「こちらの事情を言えば、相手がなんらかの対処をしてくれる」というのは日本式です。事情を言うだけでは、アメリカ人には「この人は文句を言っている」としか映りません。「問題提示プラス解決策提案」という形がアメリカ式です。

I noticed that you use the washing machine on my laundry days. I understand that you are busy with a kid and all, but it is inconvenient that I can't do my laundry on those days. So, when I open the machine and your stuff is still there, can I remove your stuff and put it in a basket? Or, we can change our laundry days. What do you think?
（私が洗濯をする日に洗濯機を使っていますよね。あなたは子どももいて忙しいのはわかるのですが、私は自分の日に洗濯できないので不便です。そこで、洗濯機を開けてあなたの物が入っていたらカゴに出してもいいでしょうか。それとも洗濯日を変えますか？　どう思います？）

ホストマザーがこう言ったらどうでしょうか。

Oh, I'm sorry, I didn't know. Why don't you remind me in the morning on the day you want to do your laundry, because I am so busy and just can't remember everything.（あら、ごめんなさい、知らなかったわ。じゃああなたが洗濯したい日の朝に声を掛けてくれない？　忙しいから全部覚えていられないの）

さて、学生の解決案とホストマザーの解決案に相違が出てきました。ホストマザーの解決案で大丈夫ならばこれで終了ですが、仮に学校のクラス

は昼からで、ホストマザーは毎朝8時に仕事に行くとすると、わざわざ「今日洗濯したいので」と言うために朝早く起きなければなりません。そういう場合は

No, that won't work for me because my classes are in the afternoon. Let me think of another idea.（私の授業は昼からなのでそれはうまくいきません。ちょっとほかのアイディアを考えさせてください）

と言ってほかの対策を考えるか、もう一度あなたの初めのアイディアを言ってみましょう。ホストマザーはサッカーの試合の前には洗濯を終えたいので、洗濯は終わっても濡れたままの洗濯物をカゴに入れられるのも、洗濯日を変えるのもおそらく嫌がるとすると、こういう答えが返ってくるかも知れません。

My kid's soccer days change often, so I can't say which days will be my laundry days. How about you put a 'laundry day' sign on the door at night, so that I can see it before I leave for work in the morning.（子どものサッカーの日はしょっちゅう変わるから、この日は私の洗濯日というように言えないわ。では、あなたが夜のうちに「洗濯日」と書いたサインをドアに張るっていうのはどう？　そうすると私は朝仕事に行く前に見るから）

このようにいろいろな案や意見を出し合っているうちに双方にとってOKな案が出てくるのが理想で、これがアメリカ式交渉です。

もし「こちらの思いやり」をわかってもらいたいならば、
I didn't complain about you using the machine on my laundry days,

because I knew your life is difficult with a kid and everything.  I was trying to be nice.（私があなたが私の洗濯日に洗濯していてもしばらく何も言わなかったのは、あなたが子どもやらいろいろで大変なのをわかっていたからです。優しさでやったつもりです）

と、はっきりと言うことです。そうすれば Thank you. という言葉が返ってくるでしょう。アメリカ式交渉は、「問題や文句を言う」のが第１のステップ、第２が解決策の提示、それに相手が賛成しなくてもひるまず別の案を出して交渉するのが第３のステップで、どのステップでも自分の気持ちは素直に説明しながら話を進めることです。そうすれば理解が深まるでしょう。

## D. 話すこと

ホームステイ先に別の留学生がいた日本人学生で「僕はハウスルールを守っているのに、あいつは門限は破るし食べた後の片づけもしない、その上うるさい音楽をかける。それなのにホストファミリーはそいつのほうがお気に入りらしく、楽しそうに話したり一緒に出掛けたりしてどうもふに落ちない」と訴えた人がいました。彼の理論では、「郷に入れば郷に従えで、この家の規則ややり方を１日も早く身に付けて、家族に受け入れてもらおうと努力している人間を無視し、ルールを守らない人間を注意することもなく仲良くするなんてもってのほか」なのです。この学生に、「あなたはホストファミリーと話してる？」と聞くと、「そいつがリビングにずっといるのでしゃくに障るので、なかなかホストと自分だけになるチャンスがなくて……」という返事です。ということは、彼はホストファミリーとコミュニケーションを取っていないのです。アメリカでは、黙ってまじめにしている人よりも、自分のことを話して自己表現ができる人のほうが好まれます。よく話すほうの留学生は「この人はこんなことを考えていて面白い。いいやつだ」になるのに対し、真面目な日本人は「この人は何を考えているのかわからない」となり、ルールを守ることは二の次なのです。身振り手振り、書く、どんな手を使ってでもいいからコミュニケーションを取る努力をすることです。

### E. ユーモアのセンス

問題を提示する時、文句を言う時、話し合いの時、ユーモアを加えると話し合いがスムーズに運んだりいい結果になったりする確率が高くなります。例えば前出の夕食が少ないという例なら、「見てくださいよ、このおなか！　この量では足りません！」とおなかをたたいて見せるとか、洗濯の例なら「学校にカッコいい人がいて、このセーターを着ていきたいから洗濯したくて」など、笑いが会話に入ると交渉はずっと楽になります。腹が立っていたり、イライラしたりしているとユーモアなんて出てくるものではありませんが、話し合う前に「ここではどんなことが笑えるんだろう」と考えてみましょう。問題が小さいうちならユーモアを考える余裕もあるのです。困ったことやつらい状況でもちょっと距離を置いてみると、こっけいに見えることがあります。「アメリカ人って面白いな」「なぜかこのシチュエーションは笑える」というふうに、違った角度から自分を見ることも大切です。

## 7.「ファミリー」でもあなたの家族ではありません

日本の親からあまり愛情をもらえなかった人や、親とうまくいっていなかった人で、ホームステイで「初めて愛された感覚」を知る人がいます。愛情表現豊かなアメリカ人は、学生にも I love you. と言ってハグするし、You are my daughter/son. や、You are special. You are smart. などうれしいことを言ってくれます。子どもが育ってからは親子が抱き合うことがほとんどない日本文化しか知らない学生は、ホストマザーやホストファーザーにハグされると、特別な温かさや愛情を感じる人が多いのです。父親が忙しく不在だった男子学生が、ホストファーザーが子どもや自分との時間を大切にするのを見て、「こういうのがいい父親なんだ」と思えたり、精神的に不安定な母親をもった人で、「ホストマザーがいつも笑顔でI love you. と言ってくれるのが、初めは信じられなかったけれど、何カ月もたつうちにこんな女性もいるんだと思えるようになりました」と女性観が変わった人もいます。

これらはホームステイで味わえる副産物です。しかし、日本への帰国の日が迫ってきているのに「ホストマザーと別れたくない。どうしたら彼女の養女になれるのか調べてほしい」と言って泣きじゃくった学生や、「ホストファミリーがここにいるから、アメリカに残る」と、ホストファミリーだけが理由でアメリカに残ることを考える人がいるのは問題です。勉強・仕事などの理由でアメリカに残り、留学時代のホストファミリーと長い付き合いをしている人たちはたくさんいます。しかし、いくらホストファミリーから得たものが素晴らしいからといって、「留学で自分がすべきこと」が「ホストファミリーと一緒にいること」になってしまってはいけません。そんな気持ちになった場合は、初心に戻り「留学で何を得たかったのか」を思い出してみましょう。

## 8. 家の中で解決できない問題は？

ホストファミリーにいたずらされた、物を盗まれた、食事が出ない、勉強できる環境でなくなったなど、話し合っても解決しそうにない問題が発生した場合は、留学あっせん会社や学校のアドバイザー、先生に相談してください。ホームステイ先を何回か変わって、何軒目かにやっと居心地のいい家を見つけた人はたくさんいます。深刻な問題なら、絶対に軽視しないで「いい環境」に移る努力をしてください。

## 9. 自分のペースをつかみ、守る

ホームステイが始まった頃は、ホストファミリーと過ごす時間が多かったり、一緒に出掛けたりすることも頻繁だったのが、学校が忙しくなるにつれて話す機会が少なくなり、行動も別々になっていくのは普通のことです。学校、宿題、友達との時間、食事など、自分のペースをつかみ、それを守ることが勉強とホームステイを両立させる秘けつです。

# あるホストマザーからのひと言

私はシアトルで20年以上ホストファミリーをしています。娘たちが子どもの頃、世界中のさまざまな文化を経験させたくてホームステイを始めました。日本をはじめ、韓国、台湾、中国、パキスタン、メキシコ、タイ、イスラエル、フランス、ロシアなどから100人以上の学生が1カ月から1年半の間で私の家にステイしてきました。日本人の学生はその中でもいちばん多く、40人はいたと思います。日本人学生との暮らしの中でわかったことは、18歳から20歳くらいの若い学生よりは、20代後半から30代の大人の学生のほうが留学で成功しているということです。これはほぼ100パーセントの確率です。彼らは留学で学ぶことがはっきりしているし、やる気があり、ホームステイ経験も有効に利用して、英語や文化においても成長が著しく見えました。40人の日本人学生の中で今でもメールをやりとりして、帰国後も2度3度と会いに来てくれるのはそういった大人の学生たちです。彼らと裏庭でビールを飲みながら人生を語ったり、日本とアメリカの違いを討論したりしたのは今でもたいへんいい思い出です。反対に、若い学生には、親の希望で留学させられたような子が多く、本人は来たくなかったという印象を受けました。そういう学生は、勉強よりも買い物に来たようで、この家に来てすぐに聞いてくるのは「モールへの行き方」でした。彼らは英語にもアメリカの文化にも興味があるわけでもなく、夕食後はすぐに部屋に行ってしまい、週末は日本人の友達とばかり遊んでいました。

これから留学してくる学生さんへのアドバイスは、電子辞書・電子通訳器は持ってこないで、生のアメリカ人と会話することです。過去に台湾人の男の子で、自分からは絶対に話そうとせず、電子辞書や通訳機を通して私と会話した学生がいました。そんなことではホームステイする意味がありません。オープンマインドでアメリカの文化を経験すること、口に合わなくてもホストファミリーの食事を食べること（日本の親が送ってくる食料だけを食べていた学生がいました）、日本人の学生ばかりと友達になるのではなく、ほかの国からの学生たちと友達になることです。

留学を考えている学生のご両親へのアドバイスは、子どもに留学を押し付けないようにしてほしいということです。今までで最悪のケースは12歳で１カ月のプログラムで来た女の子でした。彼女は、英語を勉強しに来たのにもかかわらず、英語はひと言もしゃべらず、家では日本から持ってきたキャンディーを食べ続け、汚れた洗濯物をダイニングテーブルの上に置きっぱなしにするような子で、私を母親かメイドのように扱い、手がかかるばかりで、いったい何のために来たのかわかりませんでした。12歳は留学には若すぎます。アジアの国、特に日本と韓国は、親が子どもの人生を選択する家庭が多いように思います。特に韓国は、親からの指示で操られていた学生が多くいました。男の子には「母国でエンジニアになれ」、女の子には「帰国したら見合いで結婚して男の子を産め」という手紙や電話のメッセージを見聞きしましたが、帰国を嫌がる学生たちを見るのは可哀相でした。親の意志で留学に来た学生は勉強しないし、同じ国から来た学生だけと話し、英語にもアメリカ文化にも興味がないことが多いです。子どもに興味がないことをさせても無駄です。アメリカは子どもに自立させるために、子どもに選択させます。子どもがやりたいことをサポートしてやるのが親の役目であり、やりたいことを見つけるのは子どもの役目だと思います。

（バーバラ・コティ、シアトル在住）

# 09 寮・シェアハウス・ひとり暮らし

留学に引っ越しはつきものです。ホームステイ先を出てシェアハウス（一軒家やアパートに何人かで住むこと）に移る、アパートの契約が切れる、英語学校から上の学校に進学するために学校に近い場所へ移る、寮が夏休み中閉鎖になるなど、留学生の暮らしは刻々と状況が変わるからです。安全のためだけでなく、勉強のためにもよい住環境は大切です。この章では、寮、シェアハウス、ひとり暮らしなど、住環境でよく見られる問題例を挙げながら対処法を考えていきましょう。なお、ルームメイトは同じ部屋に寝泊まりする人を指し、ハウスメイトは同じアパートや家に住む人を指します。

# 寮・シェアハウス・ひとり暮らしに関するサバイバル心理学

## 学校の寮はずっと使えるわけではない

学校の運営する寮やアパートは安全で便利ですが、難点は、住める期間が「学期中だけ」というところが多いことです。夏の学期が8月中旬に終わり、1カ月後には秋の学期が始まるとしても、その間、寮やアパートは閉鎖になり、荷物を全て出さなければなりません。夏休み以外は、学期間の休みは1週間程度で、ほとんどの寮はそのまま滞在できます。

## ひとり部屋かふたり部屋か？

寂しさや英語の勉強を考えるとアメリカ人のルームメイトが欲しい、プライバシーや気をつかうことを考えるとひとり部屋がいい……、これは難しい選択です。「ルームメイトと一緒に暮らすのは面白そうだし英語の勉強にもなる」「誰かがいたほうが勉強できる」という人にはふたり部屋を勧めます。文化や習慣など異文化体験ができるのは確実です。

「人がいると気をつかう」「誰かがいると勉強できない」という人ならひとり部屋がいいでしょう。外で人と触れ合う機会を見つければいいのだし、部屋に戻ってリラックスできるほうが精神的にも勉強の面でもいいと思います。ただし、学生寮の場合、リクエストしても大学1年生はひとり部屋をもらえない学校もあるので注意しましょう。

## 寮の中では人を選んで友達になる

大勢の人間が暮らす寮では、必然的にグループができたり派閥ができたりします。アメリカ人であれ外国人であれ、みんな親元を離れてそこに暮らしている寂しさは同じで、食堂やラウンジ、また、それぞれの部屋に集まって話をするようになります。そこでいい友達を選ぶのは何よりも大切です。病気の時に助けてくれる、悩んでいる時に話すと気が楽になるなど、人種を問わずいい友達に出会えた人は多くいます。しかし、寂しさのために、合わない人たち、遊びが目的の人たち、ドラッグをする人たちなどの仲間に入ってしまうのは危険です。仲間からのプレッシャーでやりたくないことをやったり、勉強できなくなったり、よからぬ結果になってしまいます。そういう状況になりそうなら、早い時期にグループを出るか、寮を出ることを考えましょう。

## 場所を選ぶ

犯罪の多いアメリカで、どこに住むかはとても大切です。引っ越しを決めたら、いくつもの場所を見に行きましょう。焦りは禁物です。すぐに入居できるから、家賃が安いから、友達が住んでいるからなどの理由だけで引っ越して、そこで嫌な思いをしたり、一緒に暮らす人とうまくいかなかったりすると、もっと勉強に身が入らなくなってしまいます。引っ越しのたびにお金がかかることを考えると、ちょっとくらい家賃が高くても、安全で長く住める所のほうが長い目で見れば経済的です。学校からの距離、交通の便、近所の安全性などを、自分の目で見て聞いて確かめ、食費・光熱費・電話代などのこともちゃんと聞いておきましょう。1カ所や2カ所ではなく、少なくとも5カ所くらい見に行くと、家賃や条件のよさ、一緒に住む人たちの人柄など大体の見当がついてきます。また、ここはいいなと思ったら、夜にもう一度その辺りを見に行くことです。昼間は静かで安全でも、夜になると音楽がガンガンかかっていたり、ホームレスがうろうろしていたりすることもあるからです。

## 賃貸（リース）契約はなるべく短い所へ

ひとり暮らしの場合、賃貸契約にはあなたがサインすることになります。シェアハウスの場合は、誰かが代表でリースの契約書にサインするか、住んでいる全員がそれぞれ個別にサインします。契約の期間は、月極めのものから、３カ月、６カ月、１年とさまざまです。その期間はサインした本人が家賃を払う責任を負うので、留学生としては契約期間が短いところか、サインしなくてもいいところが身軽です。シェアする相手が母国に帰ったまま戻って来ず、連絡先もわからず、その人の分まで家賃を払わなければならなくなった学生もいます。また、長い賃貸契約のメリットは、その期間は家賃が上がらないことです。あと２年は学校に通うというような時は、半年ごとの契約で更新のたびに家賃が上がるよりも、２年の契約で家賃が据え置きのほうがいいでしょう。

賃貸契約書は法的書類です。サインする前に、ちゃんと読んで肝心なポイントは押さえておきましょう。契約が切れる前に家を出たらどうなるのか、電気代は含まれているのか、家賃の支払いはいつまでで遅れたらいくら請求されるのかなど、わからない部分は質問して、明らかにしてからサインしましょう。

## 一緒に暮らす相手にインタビューする

シェアハウスの場合「ハウスに住みたいので見せてください」と電話すると、既にその物件を借りている人と会うことになります。これは面接のようなもので、向こうはあなたが同居人として適しているかどうかを判断し、また、あなたにとってもそこが適しているかどうかを見極める機会です。これからひとつ屋根の下に暮らすわけですから、相手が何をしている人か、マナーはどうか、常識はあるか、どういった生活パターンなのかなど、いろいろ質問して判断しましょう。学生同士なら、お互い学校の勉強もしなければならないし、スケジュールもだいたい同じでしょうが、相手がもし社会人なら生活パターンが大きく違うこともあります。あなたが知りたいことをリストにして質問し、メモしておきましょう。何軒も回っているうちに、どこで何を聞いたのかわからなくなってしまうので、その場所の特徴や人の感想も添えておくと便利です。

## ルームメイト・ハウスメイト対策

せっかくルームメイト・ハウスメイトになったのだから、できれば友達になりたいものです。しかし世の中にはいろいろな人間がいます。ひと言でいうと、ルームメイト・ハウスメイトと合う・合わないは「運」です。私の経験でも、寮でルームメイトだったアメリカ人とは今でも友達関係が続いていますが、別のドイツ人ルームメイトとは全く合いませんでした。23歳の彼女は、ラジオが聞けるのは何時まででボリュームはこれくらい、消灯時間はいつと、こまごまと言ってくる人でした。彼女のドイツなまりの英語と私の英語では全くコミュニケーションが取れないうえ、その頃の私には「交渉能力」も「自分を守るすべ」もなかったため、話し合って解決することもできず、彼女が部屋にいると息苦しくなってしまったのです。いったんそうなると拷問です。私は夜中に食堂で勉強したり、ほかの友達の部屋に逃げ込んだりして、結局、別の部屋が空くのを待って引っ越しました。

### 1）ハウスルールを最初に決める

何事も最初が肝心です。日本人は、「まあ、そんな固いこと言わず、みんなで仲良く暮らしましょう。みんなが気を付ければいいんだから」と細かいことまで言いたがらないようですが、それが原因で、あとからこじれることがあります。「リビングの電球が切れても誰も補充しようとしない」「ずっとハウスメイトの彼氏が泊まっていて、食事をしているのに家賃も食費も払わない」「自分のために買ったアイスクリームがいつも誰かに食べられてしまう」「変な人だと思ったらドラッグ中毒者だった」など、思いもかけないことが起きるものです。そこで、以下の項目は必ずチェックして取り決めるようにしましょう。紙に書いて見えるところに貼っておくと、誤解や混乱を防げます。

1）自分の部屋以外の共通エリアの掃除をいつ誰がするか
2）掃除用洗剤、電球、トイレットペーパーなどの消耗品の管理
3）パーティーの決まり：平日の夜はダメ、遅くても○時までなど
4）交際相手は泊まれるかどうか
5）キッチンの使用時間や使い方
6）食事が一緒の場合、誰が料理して誰が片づけるのか、食費の管理など
7）冷蔵庫の中身の分類
8）引っ越す時は何日前に通知するのか
9）洗濯機と乾燥機の使い方とスケジュール
10）日本人同士の間では、「お互いのプライバシーを守り干渉しない」ことも大切
11）光熱費や電話代はどうやって分担するか

このほかにもルールがあったほうがいいなと思ったら提案しましょう。

### 2）ルームメイトと友達になることを期待しない

日本人は同居人とうまくやっていくために気をつかいます。特に「友達をつくりたい」と思う人は、みんなに合わせたり、人の世話を焼いてあげたりしているようです。しかし、相手がどんなにいい人でも、同じ部屋で寝泊まりするうちに癖・習慣などが気に障るようになったり、気をつかってくれない相手を腹立たしく思うようになったりするものです。ルームメ

イトとはお互いに邪魔せず、干渉せず、同じ家・部屋が共有できれば上出来だと考えることです。だから、友達になろうと下手に出てはいけません。

### 3）ルームメイトの好きにさせない

私がドイツ人のルームメイトの時にしたように、部屋に一緒にいないようにするのはひとつの手ではありますが、あなたの家・部屋でもあるのですから、相手だけに好き勝手させるのは不公平です。「ここは自分の家（部屋）だから」と堂々と行動することも大切です。ひとりになることは誰にとっても必要なので、ルームメイトと相談して「月・水の夜は私が部屋（またはリビングルーム）を使える日」「火・木はあなたが使う日」などのスケジュールを決めるのもいいでしょう。

### 4）話し合い

ルールがあっても問題は起きるし、人の出入りが激しいところだとルールはあってないような状態になっていきます。日本人学生は「このくらいならいいか」「自分がちょっと余分にお皿を洗えばいいことだ」と、少しくらいのことは我慢したり、ハウスメイトの分までやってあげたりしがちです。結局、清潔好きな人が掃除をやり、気が付く人が電球を替えトイレットペーパーを補充する羽目になるのはよくあることなのです。そこで、「困った」「嫌だ」「不公平」と思った時点で、なんらかの処置をすることです。我慢して時間がたち、あなたの怒りやイライラがたまると、冷静に会話できない「爆発寸前」状態になっていて、爆発した人が損する結果になってしまいます。

**【実例１】**

**自分の使った皿は洗うというルールなのに、ハウスメイトがシンクに汚れた皿を置きっぱなしにするので、日本人学生が料理したいと思っても、**

**まず皿洗いから始めないとキッチンが使えない。**

Do you have time now? We have to talk. There is a problem. You use dishes and leave them in the sink. When I want to use the kitchen, I have to wash your dishes before I cook. And our house rule about dishes is that you have to wash after you use, right?（今時間ある？ 話したいことがあるんだ。問題がある。君はお皿を使ったら、シンクに置きっぱなしにするよね。僕が台所を使おうと思ったら、君の皿を洗ってからでないと料理ができないんだ。お皿に関するハウスルールは、使ったら洗う、だろ？）

第８章で説明したように「問題提起」「具体的な説明」「ルールに基づく」の３点がこの文には含まれています。

これで「わかった。これからそうするよ」とハウスメイトが言ってくれれば解決ですが、以下のように反論してくる場合があります。

I was going to wash them later.（後で洗おうと思ってたんだ）
You can put them aside. You don’t have to wash them.（僕の皿は横に置いておけばいい。君は洗う必要はないよ）

しかし、ここでOKと言ってしまわず、もう一度こちらのポイントを言うことです。
I can’t cook if dirty dishes being piled up in the sink. And, I can’t wait for you to wash your dishes. I’d really appreciate if you can wash them right after you use them.（シンクに汚い皿が積まれているのに料理なんてできない。それに君が皿を洗うのを待ってもいられない。使ったらすぐに洗ってくれるとすごくありがたいんだ）

「反論されてもひるまないこと」が大切です。明らかに自分が正しいと思ったら、相手が何を反論しようと、自分の意見を引っ込めないことです。けんかをするのではなく、冷静に議論する度胸が必要です。

**【実例２】**

**ルームメイトも日本人で、出掛ける時は「どこに行くの？　いつ帰るの？」、勉強しようとすれば「今から何やるの？　もうあの宿題やった？」、彼女がシャワーを終えると「あなたも今のうちに浴びれば？」という調子で、すべてにわたって管理されている気がする。**

自分「私たち、同じ部屋をシェアしているからお互いのプライバシーとか、スケジュールを尊重しない？」

ルームメイト「どういうこと？」

自分「帰宅時間を聞かれたり、シャワーを浴びる時間まで口を出されたりするとちょっと……」

ルームメイト「私はそんなつもりで言ったんじゃなくて、友達だから遅くなったら心配するし、シャワーは私が浴びて気持ちよかったからあなたも浴びればって言っただけなのに」

自分「私には私のペースがあって、あなたにはあなたのペースがあるでしょう？　だからそっとしておいてほしいの」

ルームメイト「同じ日本人同士なのに、そんな言い方しなくてもいいじゃん」

自分「あなただって私のすることでイライラすることがあると思うんだよね。だから同じ部屋で住む者同士として、何か気になることがあったら話し合おうよ」

ルームメイトが日本人の場合は、「あなたのためを思って」「あなたが心配で」という言い方をされると反論しづらくなり、話し合うのはたいへん難しいです。しかし、あなたのためとはいえ、逐一何をするか聞き、シャワーの時間まで指示されるのは干渉にほかなりません。だからこの学生は、管理されている気がしたのです。日本人ルームメイトに掃除の仕方から服装まで批判されたり、雑用を押し付けられたりしてしまい、疲れ果ててしまった学生がたくさんいます。日本人同士だと安心かもしれませんが、日本人同士だから大変なことも多いのです。

**【実例 3】**

**夜の授業があり、9時半に帰ってきてから食事、宿題、シャワーなどをしなければならないのに、ハウスメイトが早く寝る人で、「10時以降は音を立てないで」と言ってきた。**

I understand your schedule. But, my last class ends at 9 and I come home at 9:30. I have to eat dinner, take a shower, and do homework. I can't finish everything by 10. I pay rent and this is my house, too. I want to feel comfortable here.（あなたのスケジュールはわかりました。でも私の最後の授業は9時に終わって、帰ってきたら9時半です。食事をして、シャワーを浴びて、宿題もあるのに、10時までにすべてを終わらせることはできません。私はちゃんと家賃を払っていて、ここは私の家でもあるのです。ここでは居心地よく暮らしたいです）

この場合のポイントは「権利を主張する」ことです。自分のスケジュールはこうなので、あなたの言うとおりにはできないし、家賃を払っているんだから自分にとってもこの家は居心地がよい場所であるべきだというのが、この学生の権利です。こちらの権利を主張しても、向こうにも権利はあります。例えば、

But I can't sleep well if there is any noise.（でも、私は少しの騒音でも眠れないのよ）

と言ってきたら、ここからは交渉です。いくつか解決策を出し合って話し合うのです。部屋を替える、耳栓をする、夕食はレンジで温めればいいように用意してもらう、シャワーは朝にするなどの案を出し合って、両方にとって妥協できる条件を見つけましょう。こうやって話し合っていくうちに、お互いが理解し合えることもあります。「最初はどうなるかと思ったけれど、何回も話し合ううちにわだかまりもなくなって、今ではいい友達になれました」という学生が何人もいます。

### 5）それでもダメなら部屋を変える

一度話し合い、少し状況が改善されても、また同じ問題が起こることがあります。「また同じことを言いたくない」と思っても、懲りずに話し合いをしましょう。その時に言わず、後で問題になっても言わないあなたが悪いのです。

こうやって話し合っても改善されない場合、たいてい我慢できないほうが出ていくことになります。嫌なことや悔しいことがあってシェアハウスを出るのはつらいですが、この人はいくら話しても無駄だと感じたら、もっといい所を探すことです。勉強に支障が出てきた場合も同様です。この時点までにあなたが体験したアメリカ文化（またはほかの国の文化）、人間観察はとても貴重な経験で、複雑な交渉を経て英語力もついています。だから、がっかりせず「また新しい経験ができる」と希望をもって、じっくりといい環境を探しましょう。

## 日本食の料理臭について

どの国の料理にも特殊なにおいがあります。一般にアメリカ人が嫌がるにおいには、かつお節（だしのにおい）、焼き魚、煮魚、納豆、切り干し大根、みそなどがあります。逆に日本人には慣れない食べ物のにおいもあります。ハウスメイトの中には一度も日本食を食べたことがない人もいて、自分の国の料理以外は「不気味」「野蛮」と感じる人もいます。だからシェアハウスでは、Your food smells funny.（君の食事は変なにおいがする）、It stinks.（臭い）などと言われることを覚悟しましょう。This is Japanese food. You want to try?（これは日本食だよ。食べてみる？）と相手に食べさせて慣れてもらうか、OK, I will open the window when I cook.（わかった、これから料理する時は窓を開けるね）となんらかの処置をしましょう。食事は大切なので、あなたが食べたいものや健康を守るために必要な食事なら、なんとか工夫して作ることです。ハウスメイトと一緒に日本食レストランに行って、日本食がおいしいものであることを教えてあげると、その後料理しやすくなるかも知れません。

## ランドロード（家主）に問題がある場合

急に家賃を上げてきた、家主の責任（雨漏りの修繕、洗濯機や冷蔵庫の修理など）がなされていない、最初は電気代込みだったのに電気代を請求してきたなど、家主との間に問題が生ずる時もあります。契約書類（リース）に書かれている家主の責任の欄を読み、書かれている彼らの責任はきちんと果たしてもらうように話しましょう。書類がない場合はまず電話で、それでも何も対応がない場合は手紙で正式に苦情を述べましょう。

## ひとり暮らしの注意点

親や誰かの監視がなく、24時間を自分の自由に使えるというのは魅力的でもあり恐ろしいものでもあります。よく、サラリーマンが定年退職して毎日仕事中心の生活から離れると、「どうやって時間を使ったらいいかわからない」状態になるように、学生にとっても時間の拘束がないのはありがたいようですが、時間管理がすべて自分にかかってきます。そのため、ひとり暮らしを始めた学生は「生活が崩れてしまう」「友達が入り浸る」「寂しい」「夜が怖い」といったことを経験するのです。

ひとり暮らしは時間と生活を自己管理する訓練です。常に誰かに監視されていないと何もできない人より、自分の意思で何かができる人のほうが立派です。そんな人になるためには、まず自分に「やらせてあげる」ことです。ひとりでも自分は学校に遅れずに行けるんだろうか、食事はちゃんとできるのだろうか、友達とはうまくやっていけるのだろうかなど、まず経験してみることです。監視のない環境で自分はどう行動するのかを観察すると、自分の強さや弱さを知ることができます。ひとりでも朝起きて学校に行くことには問題がないが、友達関係ではけじめがつけられない場合は、友達関係でどういう状態になるのかを考えます。週末に友達が来てもいいけれど、平日に来られるとペースが崩れる、というのなら週末だけ友達を呼ぶようにすることです。夜寂しくなるならテレビを買う、早く寝る、夜まで図書館で過ごすなどの対策を考えましょう。試行錯誤を繰り返していくうち留学生活が順調になると、自己管理、時間管理などの自信もついてくるでしょう。

# 10 友達

いい友達をもつかどうかで留学の成功が決まる、といってもいいほど友達は大切で、それと同様に大切なのが「友達を選ぶこと」です。それは留学先の友達には日本での友達とは違う役割があるからです。普通、人は、家族・親せき・友達・バイト先や仕事先の同僚など、いろいろな所で多彩な人間関係をもって生活しています。親とはこんな話をして、親友には悩みを相談して、同僚とはストレス解消に飲みに行くというように、個々の人間関係はそれぞれ違う役割をひとりの人間に与えています。いくつもの人とのネットワークの中で人間が生きているのは、いくつもの根がひとつの植物を支えているのと似ています。太い根（深い人間関係）もあれば細い根（浅い人間関係）もあり、根は全体として水分や養分を吸収しているのです。

留学で日本を離れると、それらの人たちとの関係をすべて日本に置いてくることになります。植物でいうと、日本の土に伸びていた根をすべて断ち切って、新しい土地に植え替えるわけです。植物を植え替えると、根が付くまでしばらくは元気がなくなったり成長が止まって見えたりするように、人間も新しい土地で生活を始めると、その土地に根付くまで時間がかかります。留学生にとっての「新しい根」は、学校やホームステイなどでできる人間関係で、日本でもっていた「根の本数」に比べるとはるかに少ない数から始めなければなりません。そして「親友・いつもの仲間」「家族」といった大きな根も、「新しい友達」の根で代用しなければならないのです。留学先の友達は日本の友達の役割とは違います。というのは、日本での友達は友達の役割だけでよかったのが、留学先での友達は日本で何人もの人がやっていた役割を一手に引き受けることになるということです。先輩留学生に「寮でできた友達が代理家族のようになった」「友達がいなかったら留学は続かなかった」という人たちが多いのは、友達の存在が孤独な留学生活にいかに大切なものかを物語っています。

以上はこれまでの留学生の友達観ですが、インターネットや国際通話のできる携帯電話の普及で、友達観に変化が表れています。昔のように留学によって日本のすべての人間関係から断ち切られてしまうことはなくなりました。外国でも日本の家族や友達と頻繁に連絡ができるのは便利でいいことのようですが、そのために勉強までいいかげんになってしまう若者が増えているのです。留学先で嫌なことがあったら親や友達にすぐに電話する、日本の友達関係のゴシップをメールでやりとりする、日本で見ていたテレビ番組をインターネットで見るなど、アメリカに住んではいるけれど心は日本にあり、という状態で、留学ですべきことに時間や神経が回っていないのです。外国語や外国の文化を学ぶには、ある程度、日本への思いを切っておく必要があります。そうしなければすべてが中途半端になってしまうのです。

こういった理由で、今も昔も、留学先で友達ができない人は、ほとんどといっていいほど留学途中で帰国しています。アメリカに「友達の根」が生えないので、寂しい、誰も理解してくれない、日本のほうがいいと、留学している意味までわからなくなってしまうのです。また、悪い友達に巻き込まれた時も勉強どころではなくなります。根に異常があると植物も次第に元気がなくなるように、「友達の根」が悪くなるといずれは自分の生活全体に悪影響が生じるようになるのです。

# 留学中の友人関係でよく起こる問題

- 友達ができない・友人関係が続かない
- 日本の友達ほど親しくなれない
- アメリカ人といると背伸びしてしまう
- 何を話していいかわからない
- 自分がどう思われているのか気になる
- 日本人とは付き合いを控えたいが、ひとりは寂しい
- ルームメイト・ハウスメイトとうまくいかない
- 利用されているような気がする
- 友達に批判されるとひどく落ち込む
- 日本人グループに入っていけない・無視される
- はみ出るのが怖くてグループから抜けられない
- 友達との問題が気にかかって勉強できない
- 悪い友達に影響されてしまう

# 友達関係のサバイバル心理学

## 1．留学先の日本人の友達

日本では、学校・職場などで人と出会い、時間をかけて友達になります。同年代で同じ環境にいる人が友達になるので、「いちいち話さなくてもわかり合える」「ノリが合う」間柄になれます。留学先では日本人同士でも、出身地、職歴、学歴、年齢、経済力、留学目的や期間、アメリカ歴（アメリカに滞在している期間）など、自分と似たような人を探すのは非常に困難ですが、自分とまったく違う人と友達になることがチャレンジであり面白さだといえます。日本では会うことも話すこともなかったような人と友達になるのは、視野を広げたり人間関係のスキルを伸ばしたりするチャンスにもなります。しかし、頭に入れておかなければいけないのは、日本の友達との「感覚やノリの違い」です。日本の友達と違い、アメリカの日本人の友達とはどこかで引っ掛かりがあったり、今ひとつピッタリこなかったりするものです。

まず、留学したら、友達関係の定義を改めることです。日本の親友や仲のいい友達との信頼度や親密度、気の合い方が「10」だとすると、アメリカでできる日本人の友達とは「３か４」あればいいほうだと思ってください。新しい土に植え替えられたら、植物は昔の土で生えていた時と同じようには成長しません。土や養分や水の違いで、花の大きさや色が変わったり、果物なら味が変わったりするものです。アメリカでは新しい種類の人間と友達になり、彼らと付き合うことで日本にいた時とは違う自分になっていくのです。日本にいた時のような友達を探すのではなく、留学中は、新しい種類の友達をつくり、それらの人間関係から学び成長するようにしましょう。日本語ほど明確な敬語がなく、人と出会っても年齢を聞かないアメリカでは、年齢の違う人と普通に友達になれ、友達の幅が広がります。

## 2. アメリカ人・外国人の友達

留学生が英語で期待できる友達関係は、英語力やアメリカ歴と密接に関連しており、英語学校での友達、大学での友達というふうに常に変化していきます。それは、幼稚園から小学校・中学校・高校と進むにつれて、友達が変わっていくのに似ています。幼稚園の友達との会話は幼稚ですが、中学・高校になると人生観や哲学的なことも話せるようになり信頼度や理解度が深まるからです。同じように、アメリカに来て3カ月、6カ月、1年と、時間が経つうちに精神状態や英語力はどんどん変化します。それに伴い友達も人間関係の深さも異なっていくのです。

しかし、「干渉しない・個人主義」のアメリカでは、どんなに仲良くなっても、日本のような「以心伝心・親友のためならどんなことでもする」というような密な友達関係はあまり見られません。相手がどこの国の人であろうと、どんなに合う相手でも、お互いが違った価値観や考え方をもち、お互いのプライバシーを尊重し、その上で友情が成り立つのです。そんな関係は日本人からすると「冷たい、水くさい、浅い」と感じることが多いようです。アメリカでできる友達との関係は、日本でいう「親しき仲にも礼儀あり」的関係だと考えたほうがいいと思います。アメリカ式友人関係はドライかも知れませんが、常に一緒に行動したりグループから離れると悪口を言われたりする、日本式関係の「負」の部分と比べると、個人の生活や人生が優先できるのでいいところでもあります。後述の「3．干渉しない」で説明する人間関係における文化の違いを理解して、失望しない友達関係を築いてください。

## 3. 干渉しない

「干渉されるのは嫌です」「アメリカのいいところは干渉されないこと」と日本人はよく言いますが、意外にも日本人にとって難しいのは「相手を干渉しないこと」です。誰かと知り合うとすぐに「何歳？」から始まり「どこの出身？」「日本の大学は？」「何年アメリカにいるの？」など根掘り葉掘り聞き、その人の中身よりも条件からその人を判断するというやり方自体が干渉です。アメリカでは、年齢・職歴・学歴・結婚歴・宗教などの情報はプライバシーであり、会ってすぐの人に聞くのは失礼で、ある程度親しくなってから自然に会話の中で明らかになっていくものです。日本人が友達をつくる時は「自分と条件の近い人」に近づいて話をしていきます。アメリカ人は、お互いの年齢やステータスに関係なく意見を交換し合い、それでこの人は面白い、この人は合いそうだなと友達になっていきます。つまり人と親しくなる順序が日本と逆なのです。

日本人学生によく見られる別の干渉は、「ひとりで行動するよりも、誰かと一緒に行動したほうが安心なので、それを人に強要すること」です。例えば「この授業、一緒に取らない？」「アドバイザーのところに一緒に聞きに行かない？」「あの日本人、変だと思わない？」「宿題一緒にやらない？」という調子です。ひとりで行動するのが怖くて人に干渉する人は、「精神的自立」を考えましょう。アメリカに来てまでこういう干渉を続けていては、留学してきた意味がありません。

また、寮やシェアハウスで、相手の寝る時間や、服装、掃除の仕方、食べ物のチョイスなどに口を挟むのも干渉です。これを言うと、留学生は「相手のことを心配しているからつい言ってしまうんです」と返答します。彼らは「思いやり」で、よかれと思ってやっているのです。しかし、親に「お前のために言っているんだから……しろ」「心配だから……したほうがいい」と言われたら「ほっといてよ」と腹が立つことがあるように、「相手は子どもではないのだから、相手の自由にさせてあげる」大人としての思いやりも大切です。干渉と思いやりは紙一重です。アメリカに来たら、「人は人で放っておくこと」を学びましょう。それが干渉しないことなのです。

## 4.「友達」に区別をつける

「友達は大切」と誰彼構わず相手を選ばない人、友達に区別をつけられない人が多くいます。彼らは、たいして親しくもない人からでも頼まれ事をすると断れない、相談されると何時間も相手をしてしまう、その人の世話で学校にも行けないなど、振り回されているのに「友達のため」という大義名分で言いなりになっているのです。「友達」というのはあまりにも大きなカテゴリーです。友達なら誰でも大切で、誰でも信用できるわけではありません。例えば、「クラスメイトで顔見知り」「カフェテリアで話す程度」「宿題を一緒にやったり週末に出掛けたりする間柄」「お互いのことをよく理解していて話が合う人」「深い話ができて信用できる」というように、こうした友達のカテゴリーに入る人たちでも、「友達の格」にすると違いがあるのです。

また「信頼度」で考えることもできます。よく「友達だから信じていた」というドラマのセリフがありますが、友達なら自動的に信頼が得られるのではありません。信用は得るものです。約束を守る、言動が一致しているなど、「あの人は信用できる」と感じられるまでには時間がかかるのです。明らかに信頼度が低いのは、うそをついたり人を利用したりする人や、うわさ話や悪口が好きで言ったことを守れない人、また、信頼度が中くらいの人は、一緒にいると楽しいけれどいい加減なところがある人、そして、信頼度が高いのは、自立していて、自分のポリシーに基づいて行動している人、といったところでしょう。

相手を信頼していないのに「大切な友達」だと思い込み、相手の言いなりになっていたら「ひどい目に遭わされた」「いいかげんだと思っていたら、やっぱりお金を返してくれなかった」というような結果になってしまいます。あなたの中に「友達の格」「信頼のバロメーター」をしっかりもち、信頼度の高い人を友達にするようにしてください。こう言うと「友達なのに差別しているようで悪い」「頼まれたのに断れない」「悪い人じゃない」という反論が返ってきますが、そうしなければあなたは利用されっぱなしになるか、逆に「あの人にはポリシーがない」と信頼されない人になってしまいます。自分を尊重しなければ、他人からも尊重されないのです。

## 5. こんな友達は避けましょう

**● 遊びでアメリカに来ている留学生**

学校はそっちのけで、カラオケ、パーティー、旅行、買い物などに神経が向いている学生。金遣いが荒く、勉強態度もいい加減。

**● 人を利用する人**

自分は努力せずにあなたのノートや宿題を見せてほしいと言ってくる、「空港まで送って」「荷物があるから迎えに来て」など頼むだけで何のお礼もお返しもない。

**● べったりしてくる人**

寂しい、ホームシック、不安などと、やたらと電話をしてきたり、一緒にいたがったりする。

**● うそつきやほら吹き**

誰もわからないからと、母国の学歴や職歴などを偽って自慢したり、友達にうその情報を流したりする。

**● あなたと付き合うことを目当てで近寄る人**

留学生の寂しさにつけこんで関係をもとうとする。

**● 個人的な問題でいっぱいな人**

家庭や個人的な悩みで勉強どころでなく、学校も休みがち。なのに解決する努力もせずに「話を聞いて」「ひとりでいられない」などと友達を巻き込む。

● **ドラッグやお酒を強要してくる人**

「ちょっとだから」「大丈夫だから」などと断れないような状況をつくる。

● **うわさ話の好きな人**

派閥をつくったり、その場にいない人の悪口を言ったりする。

● **価値観のあまりに違う人**

留学目的、金銭感覚、恋愛態度などが自分とあまりにも違う。

● **干渉の激しい人**

「あなたのために言うのよ」「こうしたほうがいい」など細かいことを指示してきたり、その人と同じことをさせようとする。

## 6．留学中の友達関係はほとんどが続かないことを覚悟しましょう

留学生が友達になる相手は、ほとんどが学生か留学生です。どんなにいい友達になっても、いつかはその友達との関係は終わりになるのです。ほかの学校へ移る、帰国する、寮を出る、ほかのシェアハウスに移る、恋人のほうと仲良くなる、といった変化は避けては通れないものです。学期の終わりや卒業後に何人もの友達が一斉にいなくなってしまうこともあります。いい友達をつくるのが難しい上、せっかくできた友達がいなくなってしまうのは留学生にとってはとてもつらいものです。だからこそ、いろいろな友達をもつことと、ひとりの友達にだけに頼らないことが大切です。

## 7．助けてくれるアメリカ人の友達をつくる

これまでにもお話ししたように、留学生が自分の力だけで留学を成功させることは絶対に無理です。宿題を助けてくれたり、授業内容を教えてくれたりするアメリカ人の友達は必要です。クラスに優しそうな人がいたら、勇気を出して「英語は苦手なので、アサインメントなどでわからないことがあったら聞いてもいいですか」と声を掛けましょう。クラス以外でも、

カンバセーションパートナーを見つけたり、チューターを探したり、ライティングセンターで英語を添削してもらったり、学校内で得られる援助はすべて活用して留学を乗り切りましょう。

こう言うと「でも、助けてもらうばかりで私のほうからは何もしてあげられません。まるで私が利用だけしているようで心苦しいです」と言う人がいます。はっきり言って、留学生の身分では自分が与えられたものをこなすのが精一杯で、誰かを助けてあげる余裕はありません。アメリカ人にこの話をすると「自分は助けたくて助けているんだから、あなたもいつか誰かを助けてあげればいい」と言います。彼らは自分が嫌なことはしません。やりたいことをする人種です。だから、あなたを助けてくれる人がいたら、「この人は義理でやってくれているんだ」「しょうがなくやってくれているんだ」「どんなことでお返しをしたらいいんだろう」と考えるのではなく、「この人は親切な人で自分を助けようとやってくれているんだ。ありがたいことだ」と援助を素直に受け入れることが大切です。

## 8. アメリカ人の友達をつくるために自分を安売りしない

日本人留学生の間では、アメリカ人の友達がいるとうらやましがられるようです。アメリカに来たからにはアメリカ人の友達が欲しいし、彼らの仲間に入りたい気持ちはわかります。しかし、彼らと友達になるために、いつも料理を作る羽目になったり、なぜか自分の部屋でパーティーになったり、日本から持ってきた大切なCDやマンガ（アメリカでは日本のアニメが人気です）を持っていかれたりということが続くと、表面上は友達でも対等で健康的な関係とはいえません。

「利用されているのではないか」「ここまでするほど、この人は自分にとって大切なのか」などと疑い始めたら、友達関係を切る前に直接話してみることです。アメリカ人は、あなたが「やりたくて」料理したりパーティーを主催したりマンガを貸してくれたりしていると思っています。日本人は人がよく、和を乱すことを嫌うので、いったん友達になったら問題を話し合ったり文句を言ったりすることは苦手です。しかし本当の友達なら、あなたの気持ちを聞き入れ理解してくれるはずです。だから自分の気持ちを話し、どうしてほしいかを言うことです。そうすることで彼らが行動を正してくれて、あなたが居心地がよいほうがずっといいと思いませんか？

## 9．みんなに好かれるなんて無理（3：3：4の法則）

「3：3：4の法則」は10人いたら、そのうち3人はあなたのことが好き、3人はあまり好きではない、4人はあなたのことを好きでもなく嫌いでもないという意味です。テレビドラマの視聴率で大ヒットしたものでも30%台、イチローがよく打っても打率は3割台というのと同じです。結局10人中7人はあなたと合わないか、なんとも思っていないのです。しかし留学生の中には10人いると10人に好かれたいと思っている人がたいへん多くいて、ひとりでも自分を批判する人がいると落ち込んだり、みんなに好かれるにはどうすればいいのか考え込んだり、そんなことに多大な時間とエネルギーを費やしているのです。

「○○君って暗いよね」「○○ちゃんって変じゃない？」「○○ってわがまま」などの批判が耳に入ってきたら、落ち込む前に「3：3：4の法則」と、「ここは日本ではないからみんないつかは移動していくんだ」ということを思い出しましょう。そして客観性をもってその状況を見てみましょう。なぜその人はそんなことを言うのか、その人はどんな人か、ほかの人たちはその人のことをどう言っているか、自分はその人のことをどう思うかなどを考えるのです。みんなに好かれることが留学の目的ではないし、そんなことに気を取られていても無駄です。自分のやるべきことに集中すること、そしてあなたにとっていい友達だけに焦点を当てることです。

## 10. 日本人グループについて

日本人はすぐにグループを作りたがります。特に10代から20代前半の人たちにその傾向が強いです。個人留学している人のグループと団体留学で来ている人のグループができたり、派手な人たちのグループとそうでない人たちのグループができたりと、さまざまなグループが発生します。グループができると、属していなければ不安になったり、ひとりになりたい時もあるのに誘われると行ってしまったり、グループに入れないことを悩んだりという問題も発生します。そこで、あなたが日本人グループに何を望んでいるかをまず考えてほしいと思います。時々カフェテリアで話す程度でいいのか、グループに属して楽しみたいのか、実のところ日本人は避けたいのかなど、自分の本音を基に行動すべきであり漠然とした不安で動かないことです。あなたの「日本人グループ観」がわかったら、次は「グループ分析」です。グループの人たちの話す内容、価値観、人間関係、留学目的、経済感覚などを観察するのです。例えば、近々日本に帰ることが決まっている人と、アメリカにあと何年か残るという人では価値観が違うし、卒業は関係なく留学している人と卒業を目的に来ている人とでは話題も違うでしょう。

自分に合った人たちのグループなら入る、そうでなければ無理して入らない、ただひとりになるのが不安でグループに入ろうとしているなら不安の原因を探る、また、日本人のグループには入りたくないなら日本人の目や批判を無視できるようにするなど、自分のニーズを基に行動してください。また、同じ日本人でも20代後半から上の人たちには、グループには属せずひとりで行動する人が多いので、彼らと知り合いになるのも友達関係の幅が広がっていいかも知れません。

## 11. 会話を続かせる方法

友達をつくることができない学生で、「何を話していいかわからない」「沈黙が怖い」「自分が何か言って場が白けるのが嫌だ」という人がいます。人の話は聞けるけれど、会話を続けるには自分も何か話さなければならない、そうなると何も出てこないので結局人を避けてしまうという悪循環になるようです。

**1）質問する**

自分の話をするのが苦手な人は、相手の話の中から何かを質問することです。相手に「おれのホストファミリー、子どもが多くてうるさいんだよ」と言われたら、「子どもって何人いるの？」と聞くと相手はさらに詳しく話してくれるでしょう。

**2）相手が言ったことの最後の部分を繰り返す**

彼が「４人もいて全員10歳以下なんだ。ひとりがギャーギャー言い出したらほかの子も言い出すし朝から戦争だぜ」と言ったら、「朝から戦争なんだ」と繰り返すのです。すると、「そうなんだよ、けさだって５時半からやられてさ」というように話が進んでいきます。

**3）質問されて困ったら質問し返す**

「君は卒業後どうするの？」と聞かれてどう返事をしたらいいかわからないなら、「あなたはどうするつもり？」と質問を返してみましょう。すると「うーん、まだ決めてないの」と相手の返事次第で「実は私も」と答えやすくなることがあります。

**4）話題が苦手なものになったら共通の無害なものに変える**

「彼氏はいるの？」「この前のテストどうだった？」など、答えたくない話題になって自分にも振られそうな時は、「話は変わるけど、次のリサーチのことで質問があるんだけど」「カナダに行きたいけどビザってどうするの？」というように、まったく関係ないことを聞いてみましょう。いったん話題が変わるとその方向で話が進んでいくので安心です。

### 5）くだらない会話から人間関係は始まる

「授業どうだった？」と聞かれたら、「くだらない質問だな」という気持ちは心の中で却下して「普通だけど」などとそこで会話が終わるような答え方をせず、「先生の英語が速くてわかりにくいよ」「宿題が多くて困ってるんだ」と少し具体的に答えましょう。そうすると相手がなんらかの返事をしてくれて会話が進んでいきます。日本の友達とは深い話ができたのに、アメリカの友達とは表面的で嫌だという人には、「表面的なくだらない会話から友達ができる」と考え直してほしいと思います。当たり障りのない会話の中から、「この人は合いそう」と思える人が出てくるのです。そこからもう少し深い会話をして相手を知ることができるのです。

## 12．自分の話をする

友達ができない日本人留学生の中には自分の話ができない人がとても多く見られます。いじめ、引きこもり、不登校、家庭の問題、長年の悩みなど、自分が「恥」「過去の汚点」であると思っている事柄を見透かされることを極端に恐れ、自分のことは何も話せないし話したくないと言うのです。言いたくないことや、恥だと思っていることをあからさまにする必要はありません。しかしいつも聞き役では自分も嫌だし、相手から見ても不自然です。そこで、ホストファミリーのこと、授業や勉強、将来のことなど、留学してからの出来事に関する自分の気持ちを話してみるのはどうでしょうか。過去の話になりそうなら話題を変えたり、「日本のことはあまり話したくないんだ」と素直に言ってみるのもいいでしょう。留学生に共通の話題なら怖くないし、会話を通して信頼できる人が見つかれば日本のことも話せる時がくるかも知れません。

留学中、日本での問題や悩みが膨らみ、留学生活に支障を来すことがありますが、そんな時は、アドバイザーやカウンセラーに相談して、胸の中にたまったものを吐き出し、この機会に解決してしまえば留学はもっと意味のあるものになると思います。「自分を知る」ことは自己成長する上で、とても大切なステップです。自分はどこから来て、何に価値を見いだし、何を恐れ、どこに行こうとしているのかがわかると、将来の選択や人間関係にもしっかりしたポリシーをもって対応できるようになるのです。

## 13. 断り方いろいろ

「今週の土曜日、空いてる？」「宿題見せて」「話を聞いてくれる？」「車、持ってるんでしょ、引っ越し手伝って」など急に言われると「いいよ」と言ってしまいがちです。そこでいろいろな断り方を知っておくといざという時便利です。

「今予定表を持ってないの。土曜のことはわからないから後で電話していい？」
「どうして？」（頼み事をされた場合、まず理由を聞いてみましょう）
「15分くらいなら話せるよ」（その時間が来たらちゃんと電話を切ることです）
「ちょっと考えるわ」
「私は宿題って人に見せない主義なの」
「すごく疲れてるから（宿題があるから）やめておくわ。でも今度誘ってね」
「急に言われても約束できない」
「このレポートが終わったらいいよ」

## 14. 感謝・礼儀を忘れずに

「旅の恥はかき捨て」「どうせここだけの付き合いだし」と、人に助けてもらっておきながら、十分な感謝もお礼もしない若者が増えています。空港までの送迎、引っ越しの手伝いは、時間もガソリン代もかかることなので、それなりのお礼や支払いはきちんとしましょう。

## 15. ひとりの時間も大切に

寂しいから、不安だからと常に友達に囲まれているよりも、ひとりになることも大切です。短期間で多くの変化がある留学中は、学校の忙しさと友達とのパーティーや約束などであっという間に時間が過ぎていきます。そんな中で、時々は立ち止まって自分のいる場所を確認したり、留学終了後のことを考えたりする時間をもちましょう。自分を見失うと、いい友達をつくることも難しくなってしまいます。

# 11 恋愛

留学先での恋愛には、海外での出会いというドラマと、親の監視がない自由さという魅力があります。ホームシックで悩んでいる時に彼氏や彼女が見つかると、ブルーな気分が一気に晴れ、寂しさも吹き飛び、やる気が出て勉強に身が入ったり、アメリカに来てよかったと思えるようになったり、家族・友達が身近にいない分、交際相手との結びつきが深く強いものになったりすることがあります。お互いに刺激し合い成長できる関係なら留学先の恋愛はとてもすてきなものです。

しかし、外国での恋愛には「何が起こっても自分しか頼れない」という責任が伴います。親が厳しいという言い訳もできず、寮でなければ門限もなく、違う文化や言葉の中で、デートに行くか付き合うかセックスするかなど、すべてひとりで考えて決断しなければなりません。そして恋愛にはいくつもの問題や危険性が潜んでいるのも事実です。

ここでは過去の留学生が経験した恋愛のメリットやデメリットを紹介しながら、留学も恋愛も成功させるにはどうすればいいかを説明していきます。

# 留学中の恋愛での問題

## 「この人がいなかったら生きていけない」症候群

ホームシックや寂しさでいっぱいの時、外国で「ドラマチックな出会い」をすると相手を「運命の人」と思い込んでしまう可能性があります。いくら出会いがドラマチックでも、相手がどこの国の人であろうと、「相手を知る、自分を知ってもらう、一緒に何かをする、友達も交えて付き合う、家族に紹介する」などのプロセスは健康的な恋愛には不可欠です。しかし、留学してからのつらさや寂しさを一気に取り除いてくれた交際相手を「自分を救ってくれた運命の人」だと勘違いすると、このようなプロセスを踏まず、急激に関係が深くなってしまうことがあります。恋愛すると「交際相手とだけいたい」と思うのは当たり前ですが、このように急速に密接になる留学生の恋愛によく見られるのは「交際相手がライフライン」になっている関係です。「第10章　友達」で説明したように、留学にはよい友達が不可欠で、恋愛からすべてを得ようとするのはたいへん危険です。少しでも相手がそっけなくなったらパニックに陥る、いつも一緒にいてくれないと不安で仕方がない、自分と同じように感じてくれないとヒステリーを起こすというような状態になると、当然学校の勉強は二の次になってしまいます。

## 相手好みの人間になる

女性やゲイの男性によく見られるのが「自分の意見や不満を言わず、従順でおとなしくて優しくて、いつもニコニコしている人間を演じてしまう」人です。相手が映画に行きたいと言ったら「私もその映画が見たかった」と言い、相手がハンバーガーを食べたいと言うと「私も食べたかった」という調子です。アメリカ人だけでなく他国の男性も、日本女性・日本人ゲイ男性が従順であることはよく知っていて、それが理由で日本人を好む人はいくらでもいます。口答えせず言うことを聞く日本女性・日本人ゲイ男性は、アメリカでは絶対にもてるといっても過言ではありません。

しかし「相手好みの人間になる」演技はいつまでも続けられるものではありません。人間であれば、いつかは本音が出てきます。徐々に、「その映画はちょっと……」とか「えー、またハンバーガー？」と、文句や反論を始めたあなたに、「君は変わったね」とか「いったい何が問題なんだ」と相手は憤りを表してきます。たいていの日本人はこう言います。「初めは彼氏（彼女）の喜ぶ顔が見たかったから、彼氏（彼女）の言うことを聞いていたんです。それなのに、彼氏（彼女）はこっちがどれだけ相手に合わせているかなんて何もわかっていない人なんです。結局、自分勝手で無神経なだけ。私（僕）のことなんてどうでもいいんですよ」。一方、相手の言い分はこうです。「彼女（彼氏）の考えていることがわからない。言うことがコロコロ変わるし、急に怒り出すし、昔の彼女（彼氏）とは別人です」。いったんこういう関係になってしまうと、わだかまり、不信感、未解決事件が山積み状態になり、関係を修復するのはなかなか困難です。

## 恋愛・結婚が留学よりも優先してしまう

目的をもって渡米したのに、１～２カ月の間に彼氏・彼女ができて同せいを始め、学校の勉強は次第におろそかになり、挙げ句の果てに学校を辞めてしまう人、他州に行く相手にプロポーズされて学期の途中で引っ越してしまう人、卒業まで数クレジット（単位）を残して結婚して家庭に入ってしまう人など、恋愛が思いもしなかった展開になることがあります。特に女性の場合、留学当時は結婚よりも勉強やキャリアを優先していたのに、時間がたつにつれて、日本の友達が結婚したり子どもができたりといったニュースを耳にし、急に焦ったり自分がやっていることを疑い始めたりして、恋愛に救いを求める人が多いのです。

アメリカの離婚率は初婚で50パーセント、再婚は70パーセント以上、日本でも離婚率は年々高くなっています。そんな時代に結婚だけに生活の安定を求めるのは危険です。現に、恋愛・結婚・妊娠のために留学を途中で断念してアメリカで主婦になり、後に離婚した人たちは「ずっと家にいたので、英語学校からやり直さなければ、自分の英語に自信がありません」「アメリカの大学は卒業しましたが、何年もたっているので今就職するのは怖い」という状態になっているのです。いったん学校生活から離れてしまうと、英語力はどんどん落ちていきます。相手がアメリカ人であろうと、家庭の中で話される英語は日常会話であり、社会で使われる英語とは違うからです。

## とんでもない関係になってしまう

留学生で、彼氏・彼女と一緒に暮らして生活費を分担している人は多くいます。ひとりで暮らすより安くつくし安全なので、相手を「ルームメイト」として黙認している日本の親も多いようです。しかし、相手のことをよく知らないまま付き合い、一緒に暮らすようになったために、ひどい目に遭わされた学生もいます。家賃を払ってくれない、お金を取られたくらいならいいほうで、独占欲が強く学校に行かせてくれない、ドラッグ中毒だった、前科があった、暴力を振るわれたなど、夜逃げか帰国しかないという恐ろしい結末になった人もいるのです。こういう目に遭うのは、女性だけではありません。

## 日本だったら付き合わないような人間と付き合う

「寂しい・怖い」という理由から、「日本なら、こんな人は選ばなかったけれど、とりあえず一緒にいてくれたので付き合いました」という学生がいます。海外で惨めな思いをしていると、元気な時の自分なら選ばないような、惨めな自分が一緒にいて居心地のいい「レベルの低い相手」を選んでしまうことがあります。レベルの低い相手というのは、惨めな自分と同じ程度の自信しかなく、惨めな自分と同じくらい問題を抱えている人です。そんな相手と一緒にいると、初めは「傷のなめ合い」で気分的に落ち着くことができても、そのうちそれぞれの問題がお互いに影響し合い、「共倒れ状態」になる可能性があります。

## 恋愛以外の目的でアメリカ人の彼氏・彼女をキープする

上記と同様に、アメリカ人の彼氏・彼女がいると便利で安心なので、それほど好きでもないのに関係をもったり、中途半端な関係を続けたりする人がいます。電話やコンピューターが壊れた、交通事故に遭った時などは、アメリカ人の彼氏・彼女がいるとスムーズに対処してくれるし、英語の面で恥をかかなくて済みます。「外国人」の自分がいきなり「アメリカ人」の仲間に入れるのもアメリカ人と付き合うメリットです。しかし、アメリカ人の彼氏・彼女がいる「楽さ」に甘んじてしまうと、「自分はこの程度の英語でいいや、この程度の自立でいいや」とあなたのアメリカでの成長は頭打ちになってしまうのです。

## 言葉と文化の壁が「ヒステリーで暴力的な人間」をつくる

日本人以外の人と付き合い、「小さなことで大げんかになると、今まで誰にも手を上げたことがないのに相手を殴ったりたたいたりしてしまいます」「自分の気持ちがちゃんと言えず、イライラして物に当たってしまう」「狂ったようにわめいたりする自分に驚いた」「好きなのに、けんかになると相手をものすごく傷つける言葉を言ってしまう」といった経験をする人がたくさんいます。恋愛中の複雑な気持ちの揺れや変化は、日本語でも説明するのが難しいのに、英語となると至難の業です。アメリカ人の相手は言いたいことを100パーセント言えるうえ、こちらは感情的になって英語でものを言う能力は激減するため、フラストレーションでいっぱいになり、物に当たったり、きつい表現になったり、暴力的になってしまうのです。

## アメリカなので背伸びしてしまう

「ダサいとか遅れていると思われたくない」「経験のなさを見透かされたくない」「ノリが悪いと思われたくない」「アメリカ式にやらなければ」などのプレッシャーで、自分の意思に反してキスやセックスをしたりドラッグに走ったりしてしまう人がいます。いくらアメリカでも、「真剣な付き合い」と「遊びの付き合い」の違いはあるし、この後で説明する「関係を表す言葉のニュアンス」を知らなければ、「真剣な付き合い」の可能性があっても、こっちの態度が「遊び」だと取られてしまうことだってあるのです。せっかくいい人に巡り会っても、「アメリカ式」だと勘違いして、自分らしくないことをしてしまい、その関係が台無しになってしまっては元も子もありません。

## 妊娠・中絶・性感染症

避妊・セーフセックスに関して日本人はとてもナイーブです。「セックスする前に相手に性病をもっているかどうか聞くのは失礼だから聞かなかった」「彼がコンドームを使うのを嫌がるので」「アメリカではピルがすぐに手に入るので」、ひどい人になると「もし妊娠したら堕ろします」という調子です。アメリカは日本と違います。中絶が多くの州で違法とされている国ですから中絶クリニックは少なく、日本ほど手軽にはできないうえ、相手を連れてくるように言われる所がほとんどで、相手に内緒で手術をしようと思ってもできないのです。日本ならどの医者に行けばいいか友達に聞くこともできますが、アメリカではどの医者がいいのかもわからないし、しかも英語で医者から説明を受ける心細さ、信頼できる友達が側にいない不安、日本の親に対する罪悪感などでどんな思いをするかを想像するのは難しくないと思います。留学して2～3カ月以内に妊娠、中絶でつらい思いをした人もいれば、産む決心をしたけれど、相手には結婚する気も親になる気もなく、結局、妊娠が進むうちに留学を続けるのが無理になり帰国した人もいます。

妊娠させてしまった男性側も苦しいのは同じです。相手が日本人なら日本的な解決が得られるかも知れませんが、相手が宗教、習慣、価値観が違う外国人やアメリカ人ならそうはいきません。どちらにしろ、避妊は男性の責任でもあり、妊娠・中絶については男性も傷つくことを忘れないでください。

性感染症に関して、アメリカでは感染する可能性のいちばん高い年齢層が15歳から24歳になっています。また、エイズ（HIV ウィルス）、ヘルペス、梅毒、淋病などよく知られた性感染症のほか、子宮がんを起こす可能性のあるヒト・パピロマウィルス、がんに進展する可能性のあるＣ型肝炎、そのほかにＡ型・Ｂ型肝炎、トリコモナス症、毛ジラミなどがあります。性感染症は体液や血液を介しての感染で、避妊ピルを飲むことで避妊はできてもコンドームを使わなければ感染してしまいます。症状はイースト菌感染やモノ（単核症）と似ているため誤診の原因になったり、治療しなければ不妊症になったりすることもあるので、女性は特に注意してください。

## ドメスティックバイオレンス（DV）で逮捕される

日本では問題にはならないようなけんかがアメリカでは大問題になります。「エレベーターでけんかになって彼女を小突いたら、一緒に乗っていた人が通報したらしく、数人の警官がアパートに来ました。彼女は泣いて『彼は悪くない』と警察に言ってくれたのですが聞き入れられず、僕は手錠をはめられて警察に連行されました」。こんなケースはいくらでもあります。いったん警察が介入すると、暴力を振るった人は逮捕されて留置所に入れられ、犯罪記録がついてしまいます。いくら後で女性が警察や裁判所に嘆願しても、その記録は消されません。

# 留学中の恋愛に関する サバイバル心理学

## 恋愛関係を表す表現いろいろ

関係の深さや意味を表す英語の表現はいろいろとあり、外国人にはなかなかニュアンスがわからないものがあります。その区別がわからなかったために、相手に利用されたと感じたり、遊びだったと言われたりするのは、なんとも不本意な話です。基礎知識としてどんな区別があるのか、それらの違いは知っておきましょう。以下の例からわかるように、セックスという行為が必ずしも「恋人」や「この人だけ」という証拠にはならないこと、人によって言葉のもつ意味は違うこと、この2点は重要ポイントです。

**friends**（友達）：少し興味がある人でも、ふたりでデートしても「真剣に付き合うまで」は友達です。

**girlfriend & boyfriend**（彼女・彼氏）：真剣に付き合っている相手で「恋人」を指します。恋人と友達を区別するため、男の友達はmale friendといい、女の友達はfemale friendと言います。

**straight**（ストレート）または**heterosexual**（ヘテロセクシュアル）：異性と交際する人。

**gay**（ゲイ）または**homosexual**（ホモセクシュアル）：同性と交際する人。

**bisexual**（バイセクシュアル）：異性とも同性とも交際する人。

**transsexual**（トランスセクシュアル）：性転換した人。

**transvestite**（トランスベスタイト）：異性の服装をする人。

**date**（デート）：食事や映画に「彼氏・彼女になってもおかしくない相手」

と行くのを date といいます。しかし、彼氏・彼女としてお互いが認めるまでは、必ずしも彼氏・彼女の関係ではありません。また、カップルで招待されているパーティーなどに一緒に行く相手がいない時 Can you be my date? と誘うこともあります。この場合は「ひとりでは格好がつかないのでこのパーティーだけ付き合って」という意味です。

**going out**（付き合う）：真剣な付き合いという意味にも、気軽な付き合いという意味にも取れます。Do you want to go out with me? と聞かれたら、Just a date, or seriously?（ただのデート？　それとも真剣？）と聞くと意図がわかるでしょう。

**ask you out**（君をデートに誘う）：Can I ask you out? は付き合ってくださいという意味ではなく、「デートに誘ってもいい？」という感じのニュアンスです。

**seeing each other exclusively**（お互いのみと会う）：デートよりももっと真剣な関係で、ほかの人とはデートしないことを意味します。日本の「付き合ってください」に近い表現です。こうなるとボーイフレンド、ガールフレンドになります。

**go steady**（特定の人と交際する）：これは古い言い方ですが、上記と同じく「あなたとだけ交際します」という意味です。my steady は「私の恋人」ですが、ほとんど使われない言葉です。

**(I'm) interested**（興味がある）：「好き」の手前で、「ちょっと気になる」「デートしてみたい」という意味合いです。I kind of like her.（彼女のこと好きかも）と似たような感じです。

**I like you.** と **I love you.**：I like you. は相手との交際をまだそれほど真剣には考えていないけれどデートはしたいという時期に、I love you. は交際がもっと真剣になった時に言います。I like you. の場合は、ほかの人とデートしても OK と考える人が多く、I love you は、ほかの人とはデートしませんという意味もあるので、言うほうも言われるほうも「あなただけ」

という責任が出てきます。しかし、これも個人差があるので注意してください。

**special one**（特別な人）：これはガールフレンド・ボーイフレンドよりあやふやな言い方で、人によって「特別」の意味が違います。特別な友達か、特別な知り合いか、特別な恋人か、確認が必要です。

**significant other**（大切な人）：これは病院などで「緊急連絡先」となるような人、またはその人にとって「家族以外の大切な人」という場合に使います。彼氏・彼女を significant other と呼ぶ人もいますが、significant other が必ずしも彼氏・彼女とは限りません。

**lover**（愛人）：不倫の相手は lover。お互いが複数の人とデートしている場合も相手を lover と言ったり、大人の恋愛で彼氏・彼女を lover と呼ぶ人もいます。これもどういう意味なのか確認が必要です。

**couple**（カップル）：夫婦もカップルですが、恋人同士もカップルと呼ばれます。

**partner**（パートナー）：カップルになったらお互いはパートナーになります。ストレートのカップルでもお互いをパートナーと呼ぶこともありますが、ほとんどはガールフレンド、ボーイフレンドと呼びます。「パートナー」は性別がはっきりしないため、ゲイのカップルが使う場合が多いようです。

**relationship**（リレーションシップ）：I am in a relationship. というと、「今、お付き合いしています」という意味で、I am not ready to be in a relationship. というと「まだ誰とも付き合う準備ができていません」ということになります。

**casual relationship**（気軽な関係）：これは「恋人」ではなく、お互いが都合のいい時に会って、セックスもあり、友達でもありというニュアンスがあります。お互いに責任がないという点で「気軽な」というのであって、気を使わないカジュアルな関係という意味ではないので注意してください。

**intimate relationship**（親密な関係）：恋愛関係では「セックスを含む親密な関係」という意味と、自分の深い考えや価値観をシェアする「精神的親密さ」を意味することもあります。intimacy problem は、愛情表現やセックスに問題があることを指します。

**move in**（同居・同せい）：一緒に暮らす際、同せいとしての move in なのか live together as a roommate（ルームメイトとして一緒に暮らす）の move in かは違います。アメリカ人にはルームメイトとセックスしても、恋人ではないと考える人もいます。

**involved**（真剣な関係をもっている）：I'm involved. というと、誰かと恋愛関係にあるという意味です。

**available**（暇がある・デートできる）：I'm not available. には「その日は予定が入っていて暇がありません」という意味もありますが、デート用語になると「付き合っている人がいます」になり、I'm available. は恋人募集中という意味になります。

**commitment**（まじめで誠実な関係を結ぶこと）：意味としてはほかの人とは絶対に浮気しないという決心を指します。I can't commit. というのは「(結婚の）約束はできない」「浮気しないとは言えない」という意味で、I am committed. には「この人と結婚する」とか「この人以外とは付き合わない」という意味があります。

## アメリカ式付き合い方を学ぶ

映画やテレビでカップルの会話やけんかのシーンを観察し、効果的な言い回し、単語、話の始め方、解決の方法、妥協案の出し方などを勉強しましょう。相手がアメリカ人ならなおのこと、アメリカ式のやり方で太刀打ちしなければ「文化と言葉の壁」のために、せっかくの恋愛も色あせてしまいます。よく相手に日本の文化や考え方を教えようとする人がいます。「日本人なら私が考えていることは間違っていないとわかるはず」「日本的に考えたら、相手はこうするべき」という調子になってしまいます。日本文化に興味のある人は別として、問題が起きてけんかや口論になり感情的になっている最中に、相手に日本文化の枠内で解決してもらおうとするのは非現実的です。歌舞伎を鑑賞した後、日本文化についての講演を聞くと「異文化」はスムーズに入ってきますが、忙しいレストランのキッチンで、どさくさの中で和食の作り方を説明されても何も入ってこないでしょう。日本文化を本当に理解するには、まず本人に興味があることが基本で、そうでなければ無理です。あなたはアメリカに来たくて来たのであり、相手がもともとアメリカにいた人でそれほど日本に興味がないなら、不公平と思っても、あなたがアメリカ式のやり方を学んだほうが、けんかのたびに悔しい思いをしなくて済むのです。

## 最初から「自分でいること」と「自分のペースで」

相手好みの人間になろうと猫をかぶるのではなく、初めから「自分はこう思う」「それは嫌」など、ちゃんと自己主張をしましょう。それはわがままではなく、ありのままの自分でいるということです。ありのままの自分を好きでいてくれる人となら長続きしますが、初めに「いい人」「別人」を演じてしまっては、ずっとその演技を続けなければならず、それは自然ではないし、いずれ疲れてしまうでしょう。

アメリカで学校に行った人なら、アメリカは常に自分の意見を尋ねられるところだと実感したと思います。恋愛関係でも同じです。必ず、自分は何をしたいか、したくないのかを、きちんとわかっていることが大切です。

また、相手がどこの国の人であろうと、自分の恋愛のペースを守りましょう。セックスは相手が信用できるまでしたくない、一緒に暮らそうと言われてもまだ準備ができていないなど、「自分がどう感じているか」を大切にし、相手を喜ばせようと焦らないことです。

## 「日本的同せい」ではなく「アメリカ式同せい」を

これは女性に限っての話ですが、一緒に暮らし始めると、いきなり日本式の新婚生活をやってしまう女性がいます。料理を作り、掃除洗濯をして、彼の帰りを待つのです。「結婚」が頭にチラつくと自分を失ってしまい、「この彼を逃してしまったら婚期を逃す」とばかりに焦り、かいがいしい妻に変身してしまうのです。その結果よく見られるのが、男性は冷めてしまい、女性は「あんなに尽くしてあげたのに」となるケースです。彼はあなたのことを「自立して目的に向かって頑張っている女性」と思っていたのに、あなたが急に「主婦」に豹変してしまうと、彼は戸惑い、引いてしまうのです。彼は「主婦」のあなたを好きになったのではないのに、日本人女性のほうは「男性は誰でもいい妻がほしいのだ」と思い込んでいるようです。特に最近のアメリカの男性は女性に家事を求めていません。極端な言い方かも知れませんが、「自分に依存してほしくないので、自立している女性が好き」という男性が増えています。だから、主婦になりたい、妻になりたいと行動で示す女性からは逃げる人が多いのです。

一緒に暮らすなら、何もかもシェアです。男性が料理をしたからといって「男の人に家事をさせてしまって悪い」などと思わないことです。今の時点であなたにとっていちばん大切なのは、留学です。勉強が優先で、家事は二の次です。そして、家事、外食、光熱費・家賃の支払い、友達との時間など、ふたりのルールをきちんと決めましょう。「愛し合っていればすべてうまくいく」とあやふやにしてしまうと、不必要な誤解やけんかのもとになります。特に、お金の貸し借りには注意してください。

家事にしろ、セックスにしろ、決して無理をしないこと。できないなら、したくないなら、はっきりと初めからそう言いましょう。相手によく見てもらえるように自分らしさを失うと、留学の本分をもなくしてしまいます。

## 自分を磨き、相手を選ぶ（掛け算の法則）

恋愛も結婚も掛け算です。例えば１と１の人が会えば1×1＝１にしかなりませんが、２と２の人が会うと４になり、３同士だと９になるのです。反対に１にも満たない0.5の人が0.5の人と恋愛すると0.25になってしまいます。精神的に自立できていない人が、同じく自立できていない人と一緒になると、ひとりでいた時よりももっと大きな問題を抱えることになるのです。自分が１以下だと、１以下の人間しか目に入らないし、自分以上の人は「ふさわしくない」と感じるでしょう。もし自分が0.5だと思うなら、自分を高めて１になり２となっていく努力をしてください。自分を磨き高めれば、もっとレベルの高い相手が目に入ってくるし、その人に会っても気後れすることがなくなります。また、留学中の恋愛の問題でもあったように、どんなに相手が素晴らしい人でも、その人に頼り切ったり、自分を高めたりするのをやめてしまわないことです。相手が４でもあなたが0.5ならふたりで２になり相手のよさは半減してしまうのです。

語学力と生活力は、海外で暮らす人には絶対に必要な能力です。いくら相手が優しく「なんでもやってあげる、なんでも助けてあげる」と言ってくれても、「いや、これは自分でやらなければならないのだ」と甘い言葉を振り切って、失敗してもかっこ悪くても自分でやっていくことです。学校の宿題やテストだけが英語の勉強ではありません。電話が壊れた、トイレが詰まったといった問題が起きた時、それを説明したり文句を言ったりするのも英語の勉強です。自分で処理することで生活力が身に付いていくのです。

## 彼氏・彼女だけでなく友達をもつ

すてきな彼氏・彼女がひとりいても、それだけでは絶対に十分ではありません。しかし「彼氏・彼女」が見つかると、「この人さえいてくれればすべてうまくいく」ような気がするうえ、友達といるよりも楽なので相手とだけ時間を過ごすようになる人は多いのです。そんな状態で何か問題が起きると、「唯一自分を幸せにしてくれる人に裏切られた」と一気に「がけから突き落とされた」ような感じになってしまいます。当然、勉強は中途半端になり、精神的にも非常に不安定な状態になっていきます。

ここでちょっと日本のことを思い出してみてください。嫌なことやつらいことがあった時、どうやって乗り越えてきましたか？　親や友達に愚痴った、バイト先の先輩に相談した、スポーツをした、趣味に熱中したなど、いろいろな方法で乗り越えたはずです。いろいろな人があなたを救ってきたのです。ところが、留学先で会った彼氏・彼女を「運命の人」だと勘違いすると、その人にあなたのつらさ、悲しさ、喜びすべてを託してしまう危険性が出てきます。いつの間にかあなたは「彼氏・彼女」を、家族、兄弟（姉妹）、友達、同僚・先輩、彼・彼女という、いくつもの責任をもつスーパー人間にしてしまうのです。次第に相手は「あなたといることが重荷に感じる」とか「すごいプレッシャーを感じる」などと言い始め、あなたから距離を置こうとしたり邪険に扱ったりするようになり、あなたのほうは「この世の終わり」的ショックを受けるのです。

どんなにスーパーな人間でも、別の人間を100パーセント幸せにできるわけはありません。人間は一人ひとりがたいへん複雑で、自分でもなぜイライラするのか理解するのが難しいのに、どうやってひとりの他人があなたのイライラの原因を突き止め、そのうえ解決までしてくれるのでしょうか？　ひとりの人間に無理な期待をするのではなく、同じように留学している人、アメリカ経験が長い人、アメリカ人など、いろいろな人と話をしてください。あなたにも友達がたくさんいて、相手にも友達がいて、ふたりで過ごす時間もあるけれど、ほかの人と過ごす時間もあるというのが健康的な関係です。

## 問題は早いうちに気づきましょう

カップル内の問題は「がん」と同じです。早期発見、早期治療をするときれいに治りますが、放っておくと転移したり治療不可能な状態になったりしてしまいます。早期発見とは「あれ？　何か変」と気づいた時点を指します。いくつもの出来事が重なり、大げんかがしょっちゅうということになると「がん」はかなり進行しているのです。彼氏や彼女との問題が大きくなってからカウンセリングに来る留学生の中には、勉強どころではなく、相手との問題で全エネルギーと時間を費やし、毎日のようにけんかをし、どちらかが自殺未遂をしたというような状況にまで陥っている人がいます。そこから抜け出して、元の留学生活に戻るのはとても困難です。そして残念なのは、彼らが必ずといっていいほど「初めからわかっていた」「そういう兆候はあった」と言うことです。「ちょっとおかしいな」と思う出来事が重なるよりもずっと前に、「このくらいいいや、忘れよう」程度で済むようなことが起きた時点で処理しなければならないのです。その時点であれば、怒りや悲しみが爆発するほどたまっていないので、理論的に説明もできるし話し合いもしやすいからです。

「こんな細かいことで文句を言って嫌な人間だと思われたくない」「このくらいのことは我慢しよう」「言ってけんかになるよりは言わないほうがまし」とごまかすか、「いつかはよくなるだろう」「いつかはわかってくれるだろう」と奇跡が起こるのを期待して、問題が起きた時点で何もしないのは、自分で関係を悪化させてしまうサボタージュです。

## 相手の問題を解決するのはあなたではない

上記のように、交際相手の異常に気付いていた人がずるずると関係を続けてしまう原因は、「いつかはよくなってくれるだろう」という希望的観測と、「もっと尽くしてあげるべき」「自分にも非はある」といった自分に対する言い訳にあります。誰にでも欠点はあります。しかし、立派な大人である相手の問題を解決するのは誰の責任でしょうか。親が小さな子どもをしつけ善悪を教えるのは、子どもにはガイダンスが必要だからです。相手はあなたの子どもではありません。相手の問題を解決するのは、他人であるあなたでも、「時間」でもなく、「本人が」しなければならないことなのです。初めから問題があるとわかっていて、こちらは手助けしたり応援したりしているのに、本人が努力せずに同じ問題が続いていくほど情けないことはありません。相手をちゃんと見ること、改善の余地がないならどこかで見切りをつけることです。

## 話す！

外国人と付き合うと、思っていることを半分も伝えられない、お互いの行動が理解できない、日本の考え方や文化をわかってもらえない、といったフラストレーションを必ず経験します。恋愛の初期は盛り上がっているので言葉や文化の違いも乗り越えられるような気がしますが、関係が続くうちにこのふたつの壁はふたりの間に大きく立ちはだかってきます。

では相手が日本人なら壁がないかというと、そうではありません。同じ日本人だからわかってくれるはずと期待しても、話さなければわかり合うことは絶対にできません。「愛しているならいつかはわかってくれる」「信じているからいちいち言わなくてもいい」と、黙って事態がよくなるのを待っていても解決にはなりません。

言葉でしか気持ちは伝わりません。どんなに細かいことでもささいなことでも、説明して話し合い、お互いの気持ちを理解することです。付き合い始めの頃は、意見の食い違いやけんかのたびにじっくり時間をかけて解決するようにしましょう。

## セーフセックス（safe sex）

性感染症を移されて感じるのは、汚された、だまされたなどのネガティブな気持ちです。同時に、自身を防衛しなかった自分に対しても怒りを感じます。相手がまじめそうだから、いい人だから、相手に性病をもっているかどうか聞くのは失礼だから、と相手を信用するのは危険です。一瞬の失礼を避けることで、一生後悔するようなことにはならないように相手と話すことです。もしセックスしてしまってから不安になったら、すぐに病院で血液検査をしてもらいましょう。治療すれば完治するものもあるし、放置すると危険なものもあります。

女性も男性も、インターネットなどで調べてしっかりと避妊(contraceptive)とセーフセックスについての情報をもつことが大切です。女性は特に、避妊に関しては、相手のやりたいようにするのではなく、自分が安心できてやりやすい方法で避妊してください。アメリカの女性は「ピルは飲みたくない」「しっかり避妊しなければセックスをエンジョイできない」というふうに、避妊についても自己主張します。妊娠・中絶でいちばん傷つくのは女性であること、外国ではなおさらのことであることを頭に入れておきましょう。

若い人たちは、普段は避妊やセーフセックスに敏感でも、アルコールが入ると気が大きくなりおろそかになってしまうようです。パーティーで盛り上がっても、どんなに相手が健康そうな人でも、自分の健康は自分で守ることです。

## 留学の目的を見失わない

「初心を忘るべからず」は難しいことです。アメリカの生活は思った以上に過酷で、時間も当初の予定より長くかかるので、日々の宿題やアサインメントに追われているうちに、何のために留学してきたのかを忘れてしまう人が多いのです。そんな時、恋愛はてっとり早い逃げ道になり得ます。特に相手がアメリカ人の場合、結婚すればグリーンカードがもらえるのですが、「どこでも働けるから大学は後でいいや」などと安易に考えてはいけません。

同せい・婚約・結婚という大きな決断をする前に、「本当にこれでいいのか」自分に聞いてください。特に、そのために学業を中断する場合はよく考えましょう。いったん遠ざかった学校に戻るのには勇気もいるし経済力も必要です。相手が日本人でないなら、「英語力を身に付けること」が大切です。複雑な気持ちの変化やふたりの間の問題を英語でちゃんと話せるようになるまでは、必ず学校は続けましょう。そうしなければ、どれだけ愛し合っていても、誤解、けんか、不信感が募っていくのは目に見えているからです。

相手が日本人の場合も、お互いがそれぞれの目的に向かって努力できているうちはうまくいきますが、どちらかが勉強をあきらめざるを得なくなると、いずれはそれがわだかまりの原因になります。勉強を終えて学位を取り、アメリカ社会で生きていく「力」を得た側はよいのですが、あきらめてしまった側は「力」をもてず、相手に頼らざるを得なくなってしまうのです。

結婚を考えている相手がいるなら、結婚は「今」でなくてもいいはずです。それなのに、「今、結婚したいから」と、あなたが卒業するのを待ってくれないような人が、将来あなたをサポートしてくれるいいパートナーになれるとは思えません。留学して寂しさの中での「好き」は本物かどうか、時間をかけて見極めたほうがいいでしょう。結婚が永久就職の時代ではありません。あなたがどの国で生きていくにしても、結婚してもしなくても、留学で得たかったものは、あなたにとって大切なものです。英語力、学位、専門知識、技術はこれからの時代、絶対に必要です。ひとりでも生きていける生活力と精神的な強さは、誰もがもっていかなければならないものです。そして、留学の第１の目的は勉強であり、恋愛ではないことを頭に入れておきましょう。

## ドメスティックバイオレンス（DV）の知識をもつ

ある北アメリカの大都市にある日本領事館で起きた事件です。領事の妻がけがの手当てで病院に行ったところ、医者が体にある傷を見てDVであると診断して警察に通報し、夫である領事が逮捕されました。その時、領事が警察に言った言葉が全米の新聞に載るほどの大ニュースになったのです。「自分は妻をしつけただけだ。日本では妻をしつけるのは文化だ」と。明らかにこの男性は自分がやったことはDVではないと考えています。恐らく彼は、骨が折れる、大出血するといったひどい暴力だけがDVだと思っていたのかも知れません。アメリカの一般的DVの定義を説明すると以下のようになります。

### DVの定義

**身体的暴力：**殴る、ける、首を絞める、押す、引っ張る、など

**心理的暴力：**始終怒鳴られる、人前で恥をかかされる、すべてお前のせいだと言われる、自殺すると脅迫される、物を壊す、など

**社会的暴力：**家族や友達と会わせてくれない、連絡させてくれない、外出させてくれない、パスポートを取り上げられている、など

**経済的暴力：**生活費を出してくれない、貯金やクレジットカードを勝手に使われる、お金や通帳を取り上げられている、など

**性的暴力：**嫌なセックスを強要される、避妊に協力してくれない、など

日本女性もDVで逮捕されるケースがあります。先に、言葉と文化の壁がヒステリーで暴力的な人間を作ると述べたように、アメリカ人の相手とけんかになった際、言葉で負け、怒りや悲しみの感情の行き場がなくなり、悔しさといら立ちが頂点に達して暴力的になってしまうことがあるからです。しかし、彼が警察に通報し、彼の体のどこかに傷があった場合、「言葉の壁で」などという説明は聞き入れてもらえず、暴力を振るった側の罪

になってしまいます。日本では蟻も殺したことのない女性が、アメリカに行って物を投げるようになったり、凶暴になって彼をたたくようになったりするのは、決して珍しいことではないのです。言葉の壁はそこまで人を変えてしまうほど恐ろしいものです。アメリカでは外国人であるあなたはいろいろな面で不利なので、自分が留置所に入れられたり、犯罪者となってアメリカに再入国できないような事態にならないよう、自分を守ることが大切です。

**DVかも知れないと気づいたら**

1）インターネットであなたのいる州のDVに関する法律、近くのDVプログラム、シェルターなどについて学んでください。

2）DVのパターンを知りましょう。DVは徐々にひどくなっていく傾向にあるので、初めの頃は「相手も反省しているし自分も悪いから」と許してしまい、暴力の程度や頻度が増していってもDVと思わない人が多いのです。インターネットでいろいろな人の経験談を読んだりして、DVについての心理的反応やパターンを知り、自分のケースと照らし合わせて考えてください。

3）命の危険性があるなら警察にすぐに連絡することです。しかし、いったん警察に連絡すると以下のようなことが起きる可能性があるので、警察に電話する前にあらかじめできることはしておきましょう（以下の5）参照）。

4）（以下の情報はワシントン州に関するものです）救急電話「911」に電話して何も言わずに切ったとしても警察は住所を調べて家にやって来ます。それはDVの最中で被害者が通報しようとした受話器を加害者が取り上げる場合があるからです。警察が来てから「ただの言い合いで、何もありません」とふたり揃って説明しても、警官が見てDVがなされたと思われる根拠がある場合、容疑者はその場で逮捕されます。逮捕されると容疑者は少なくとも一晩は拘置所に入れられ、裁判所から “No contact order”（接触禁止）の命令が出ます。これは被害者の家と、被害者が行く場所に一定の距離以内近づいてはいけない、電話もしてはいけない、メールもしてはいけないという命令で、それを加害者が破るとさらに重い罰が科せられます。この命令が出た後は、加害者との連絡はその人についた弁護士を通してすることになり、直接連絡は取れません。

DV が現行犯（通報前 4 時間以内に発生したこと）で行われた根拠が見つからなかった場合、警察は事情聴取を行い、どちらの当事者が暴力を振るっているのかを判断します。そのうえで逮捕されたり、召喚状（裁判所出頭命令）が発行されたりします。その後、いろいろな過程を経て実際に判決が出るまでには 1 カ月程度かかり、最終的に判決が出る日には、DV の更生プログラムに参加する、家を出るなどの命令が下されます。DV が犯罪だと知らず通報して、夫が逮捕されてしまったが、“No contact order” が出て、夫しか銀行口座から現金を出せないようになっていたため、お金がなくなったという人もいました。

5）DV 対策は、警察が介入すると法的処理になってしまうため、周到に準備を行ってからのほうがその後の生活が始めやすく、人生の立て直しもスムーズにできるでしょう。地元のDVプログラムに相談する、弁護士と会って DV に関する情報を得る、シェルターや友達の家など前もって逃げ場を確保しておく、病院の場所を知っておく、暴力を振るわれたら証拠写真を撮っておく、パスポートや銀行カード・クレジットカード、移民法関係の書類などは自分で管理しておく、大切な書類のコピーを取っておく、銀行は自分の名義の口座をもつかふたりの名義にしてあなたも現金を引き出せるようにしておく、近所の人と知り合いになっておく、最寄りの日本領事館の連絡先を知っておく、実家に連絡しておくといったことは、必ずしておきましょう。

## 自分を大切に

自分に自信のない人ほど、「こんな自分を好きになってくれた彼氏・彼女に感謝しなきゃ」という理由で、相手の言うとおりにしてしまう人が多いようです。人を好きになるのは自然にわき出る感情であり、慈善事業ではありません。あなたがかわいそうだから相手はあなたを好きになったのではなく、あなたという人に引かれたから好きになったのです。留学でつらい思いをしているからといって、自分をさげすむことのないようにしましょう。留学している自分に自信をもってください。そして「この人は自分にとっていい人かどうか」をちゃんと見極めてください。

## 助けを求める

恋愛で傷ついたり悩んだりしたら、絶対にひとりで悩まないことです。心の傷は早いうちに癒す必要があります。この先、あなたがまた誰かを信じられるように、もっといい恋愛ができるように、留学が成功できるように、なんらかの心のケアをしてください。友達に相談する、学校のアドバイザーと話す、カウンセリングに行くなど、さまざまな方法で心のケアができます。女性だけでなく、男性も恥ずかしがらずに助けを求めましょう。

## 怖がらない

危険を恐れて外国での恋愛に踏み切れない人もいます。この章を読んで「こんなに大変で危険なら止めよう」と思った人もいるかも知れません。しかし恋愛は素晴らしいものです。誘われて嫌いな人じゃなかったら一緒に行ってみる、ちょっと気になる人がいたら誘ってみる、そんな勇気をもつのも大切です。合わないならいつでも断ればいいし、早いうちなら相手を傷つけることを心配しなくても大丈夫です。

よく、相手を傷つけることを恐れて、好きでもないのに関係を続けたり、隠れて二股をかけている人がいますが、そんな関係は恋愛ではなく「義理」や「ごまかし」です。正直に言わずにいるほうがもっとひどい裏切りなのです。心から「この人が好き」「この人といたい」と思えないなら、そこで責任ある行動を取って別れることです。もちろん泣かれたり、腹を立てられたり、憎まれたりするかも知れませんが、それでも正しいことをするのがいい人間のすることであり、そういう反応を受け止めるのも大人としての責任です。筋が通らないことを続けると、「誰も傷つけたくない」と心では思っていても、いつかその人の行動は矛盾だらけになり、逆にたくさんの人を傷つけることになってしまいます。恋愛・結婚は「選択」です。いい人を選ぶには、切り捨てなければならない人も出てきます。その時にどんな行動を取るかでその人の人間性がわかるのです。つらくても正直に事実を語るのか、いい人でいたいがためにうそをついたり裏切ったりするのか、どちらが正しいか考えましょう。

若いうちの恋愛経験が大切なのは、恋愛だけでなく「別れ」も経験するからです。恋愛も別れも、とてつもなく大きな感情が動きます。時には幸福感で「人生ってなんて素晴らしいんだろう」「この人とならなんだってできる」と思えたり、時には「悲しみや苦しみにつぶされそう」「死んだほうがまし」という気持ちになったりすることもあります。そういった経験は人を成長させ、人生を豊かにしてくれます。恋愛経験のない人は、年齢を重ねるにつれて人を愛することがもっと怖くなり、有意義な人間関係を作ることができなくなります。だから、怖がらずに一歩踏み出して付き合ってみましょう。

# 12 適応障害・うつ・不安・パニック症・摂食障害・自傷行為

新しい環境に適応するうえで、さまざまな心理的・肉体的症状を呈する「適応障害」は、日本でもよく知られている概念です。しかし日本国内での「適応」と留学先の「適応」は、程度も種類も違います。言葉と文化の葛藤は、学校だけでなく生活面にも存在し、寮やアパート探し、引っ越し、いろいろな人種との人間関係など、留学生に強いられる「適応」の範囲の幅広さは並大抵ではありません。適応障害というと、適応できない本人に問題があるように聞こえますが、「留学して適応障害にならないほうが不思議」といっても過言ではないのです。

学生の話を聞くと、ほとんど全員が「うつ」か「不安」の症状をもっています。「うつ」というと「ついに自分も精神病にかかったか」と感じる学生が多いのですが、実は、これも文化の差です。日本でよく聞かれる「自律神経失調症」には、胃腸薬、睡眠薬、抗うつ剤、精神安定剤、頭痛薬などが処方されますが、アメリカには自律神経失調症という病名はなく、うつ・不安と診断されることが多いのです。この違いの背景には、からだの病気は受け入れることができても、心の病気には抵抗がある日本文化が背景にあるのでしょう。

留学生のさまざまな適応障害は、すべてストレスによるもので、人によって違う症状として表れます。留学してから、過呼吸やパニック症、摂食障害（拒食・過食）や自傷行為（腕や足をカミソリで切る・頭を壁に打ち付ける・体中にピアスや入れ墨を入れるなど）が始まったり、ひどくなったりするのも適応障害の一種です。お酒やドラッグに手を出すようになるのもそうですが、これは別の章で詳しく説明します。

以下の表にあるように、それぞれの症状を見ていくと、うつ・不安・パニック症・摂食障害・自傷行為は、適応障害の重い状態であるといえます。しかし、それらの症状があるからといって、病気もちというわけではありません。留学したら誰もがいつかは、うつや不安を経験するからです。だから、「これが適応障害か」「これがうつか」と認識して対処するほうが建設的です。

この章では、学生にうつや不安をもたらす原因を紹介しながら対処法を紹介していきます。自分に合ったものを試してください。はじめに「うつ・不安」、それから「摂食障害・自傷行為・過呼吸・パニック症」について説明します。

| 診断名 | 症状（主にDiagnostic and Statistical Manual of Mental Disorders, Forth Edition, Text Revision より） |
|---|---|
| 適応障害 | ストレスに対する精神的または行動的な症状で、ストレスの出現後 3 カ月以内に症状が現れる。そのストレスに対して通常以上の苦痛を感じ、社会的行動や勉強に支障が出る。うつ状態、不安状態、うつと不安の両状態、行動に問題が出る状態（無断欠席、無謀運転、人に暴力をふるう、法に触れることをするなど）、精神と行動の両面に問題が出る状態などに分けられる。 |
| うつ | 1）１日中気分が落ち込んでいる（もしくは悲しい、空虚な感じがする）<br>2）１日中何をしても興味も楽しみもない、今まで楽しかったことが楽しくない<br>3）食欲があり過ぎたりなさ過ぎたりする（急激な体重の変化）<br>4）眠り過ぎたり眠れなかったりする<br>5）落ち着きがなくなったり行動が鈍くなったりする<br>6）疲労、元気がない、やる気がない<br>7）理由のない罪悪感にさいなまれる、自分は価値のない人間だと思う<br>8）考えられない、決められない、集中力の低下、記憶力の低下<br>9）死を考える、自殺願望がある<br>（うつの診断が出るのは、1）か 2）のほか 4 つ以上の症状が 2 週間以上続き、学校や勉強に支障が出た場合です） |

| | |
|---|---|
| 不安 | 1）過度の不安や心配が過去6カ月中続く<br>2）不安や心配をコントロールできない<br>3）じっとしていられない、ピリピリしている、すぐに疲れる、集中できない、頭の中が真っ白になる、イライラする、肩や首がこる、寝付けない・夜中に目が覚める・眠りが浅い<br>4）不安や心配で学校や勉強に支障が出る<br>（不安症の診断が出るのは、過去半年間に1） 2） 4）と3）に含まれる3つ以上の症状がある日が、症状のない日より多い場合です） |
| パニックアタック（不安症の一種） | 1）動悸、心臓がドキドキする、鼓動が激しくなる<br>2）発汗<br>3）震える、ガタガタする<br>4）息切れ、息苦しい<br>5）胸が苦しい、窒息しそうになる<br>6）胸が痛い、胸が苦しい<br>7）吐き気、下痢<br>8）めまい、ふらふらする、気を失いそうになる<br>9）現実がわからなくなる、自分ではなくなる気がする<br>10）自制できなくなる、頭が狂いそうになる<br>11）死ぬのではないかと思う<br>12）何も感じない、ヒリヒリかズキズキするような感じがする<br>13）寒気がする、熱くなる<br>（パニック障害の診断が出るのは、以上の症状のうち4つ以上が突然起こり、10分以内にピークに達する場合です） |
| 過呼吸 | パニック症状の一種で7:1の割合で女性に多い。不安、ストレス、精神的苦痛などがきっかけでハアハアと肩を上げ下げする呼吸になり、その呼吸パターンが不安をさらに高めるので、余計呼吸が激しくなるという悪循環が過呼吸を引き起こす。（www.emedicine.com/EMER/topic270.htm） |
| 拒食症 | 1）年齢と身長に応じた正常体重を維持しようとせず、正常体重の85%以下の体重しかない<br>2）体重が増えることや太ることを極端に恐れる<br>3）自分の体重や体型の感覚が事実とは異なっている（例：鏡にはやせこけて映っていても本人には太って見える、周りにはやせ過ぎといわれても信じられないなど）<br>4）3カ月連続して生理がない<br><br>食べ物を極端に制限するだけのタイプ、過食後、過激な運動や自分で吐いたり下剤を使って食べたものを体が吸収しないようにするタイプがあります。 |
| 過食症 | 1）決まった時間内（1時間、2時間など）に、通常その間にひとりが食べる量以上の量を食べ、いったん食べ始めると食べる量や食べる物をコントロールできない<br>2）食べた後太らないように自分で吐いたり、下剤（下剤・利尿薬・浣腸など）を使う（以上の行動を下剤症と呼ぶ）、しばらく絶食したり、過激な運動をする<br>3）過食、下剤症、絶食や過激な運動が少なくとも1週間に2回以上3カ月続く<br>4）自己価値が体重や体型に過度に影響される<br>5）拒食症のときは過食はない<br><br>下剤症タイプと、絶食や過激な運動のみで下剤症を伴わないタイプがあります。 |

# うつ・不安に対処するサバイバル心理学

## 1．自己伝を作り自分を知る

うつや不安の悩みがひどくなると、自分を失い、欠点や短所ばかりが見えて「ここから抜けるなんて無理」と絶望感をもつことがあります。誰にも欠点や短所はありますが、どんな人間でもそればかりではありません。ただ、悪い状態になっているので、それらが目立ってしまうだけです。そこで、自己伝を制作してもらいたいのです。これは「自分を知る」練習で、以下にいくつか質問を挙げますので答えやすいもの、考えたいものから始めてください。思い出せないものや考えたくないものは心の準備ができてからで結構です。すべて答えるには数時間はかかるので時間を見つけて少しずつやってください。

(1) 下のような年表を作り、主だった事件や出来事（入学、卒業、引っ越し、転校、きょうだいの誕生、など）を書き加えます。

（年表の作り方の一例）

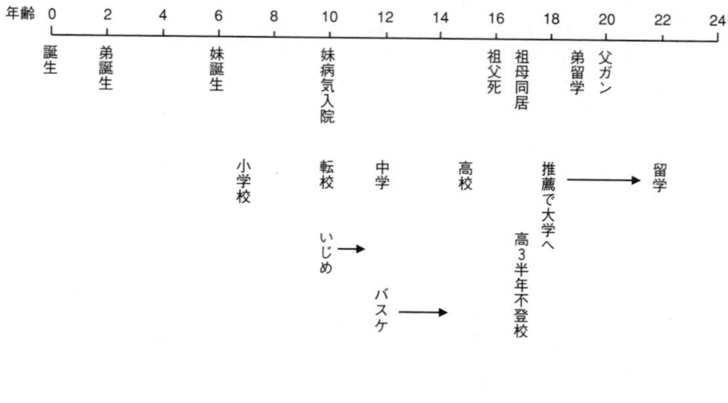

⑵ 子ども時代からの家族構成を書き、それぞれの性格やあなたとの関係（この人とは気が合う、この人は苦手など）を書きます。

例）

父親：酒店経営、50歳でがん、現在家で療養中、昔は頑固親父で怖かった、病気してから気が弱くなり留学も許してくれた

母親：昔は「お父さんがこう言ったから」が口癖、今は店をひとりで切り盛りしていて元気、今のほうが話しやすい、小さい頃はあまり話した記憶がなく影が薄い

父方祖母：自分が小学校５年まで同居。優しかったが認知症に

兄：大学中退、頭はいい、家でコンピューターのプログラミングをしている、引きこもりではないと本人は言う、自分の留学をいちばん理解してくれた

⑶ 子ども時代から今まであなたが経験した、死・別れ・暴力・無視されたり放っておかれたこと・いじめなどを年表に加え、それぞれを別の紙に詳しく書きます。

⑷ 子ども時代から今まで、あなたが思う、もしくは誰かに言われたことのある長所を書きます。

⑸ 病気やけがを思い出します。大きな病気でなくても、この時期体調が悪かった、しょっちゅう学校を休んでいた、生理痛がひどかった、食欲がなく激ヤセしたといったことを記録してください。

⑹ あなたのお酒、たばこ、ドラッグ、常用している薬など、いつ始めて、量はどう変化してきたかなどを記録します。

⑺ 幼稚園、小学校、中学校、高校、専門学校、大学など、通った学校

を思い出して、学校の雰囲気、なぜその学校に行くことになったか、学校は好きだったか、成績の変化、先生はどうだったか、教科や活動で興味があったものは何か、などを書きます。

⑻ それぞれの学校の友達を思い出し、どんな友達だったかを書きます。親友がいたならどんなふうに親友になったかなども思い出しましょう。デートやセックスの経験がある人はいつ、どこに行って、どんなだったか、どんな人に引かれるか、どんな人に好かれたかなどを書いてください。

⑼ 趣味、好きなこと、やってみたいこと、やって思いのほか楽しかったこと、何をやった時に「すごい」と思えたか、何をやった時「才能がある」と人に言われたり自分で思ったりしたか、興味があることは何かなどを書きます。

⑽ 幸せだと感じた時はいつかを思い出します。不幸だと思った時も書いてください。

⑾ うつ・不安・情緒不安定・パニック・過呼吸などの歴史を書きます。いつ始まったか、どんなふうに始まりどのようにひどくなったか、どうやって乗り越えたか、それに関して何か思うことがあればなんでも書いてください。

⑿留学してきた理由、目的を書きます。

## 2. 他人の評価 vs. 客観性

学生にうつや不安の原因を聞くと、成績や周囲の何げないひとことや目つき、他人との比較などが原因であることが多いようです。昨日までは平気だったのに、ささいなことで一気に気分が沈んでしまった、日本では気にならなかったことが気になって仕方がない、という話もよく聞きます。なぜ留学生がそのような状態になるかというと、ストレスのせいで自分がちゃんとやっているかどうかがわからなくなり、学校の成績や他人からの批判をそのまま受け入れてしまうからです。言い換えると、自己に対する評価の基準をなくし、他人の評価が基準になってしまうのです。一人ひとりが特殊な状況に置かれている留学生が、他人の評価を基準にしてしまうと自分を失ってしまいます。ここは、他人の評価よりも客観性を基準にしなければならないのです。では具体的にどうすればいいのか、順に説明していきましょう。

## 3. 成績について

アメリカの大学は授業ごとに成績が出て、それを基に GPA（Grade Point Average）と呼ばれる平均成績値を算出します。2.0前後が進級・卒業の合格ラインで、最高は4.0です。大学の GPA は就職に影響したり、大学院に進む場合も考慮されるので、アメリカでは重要な意味をもちます。留学生で GPA が関係してくるのはコミュニティーカレッジから 4 年制大学、4 年制大学から大学院に進む場合です。しかし、その後はというと、日本に帰って就職する場合は「アメリカの学校を修了した」ことが重要視され、GPA まで聞いてくる雇い主は少ないでしょうし、アメリカで就職する場合も履歴書に成績を書く必要はなく、日本人であることのほうが注目されることが多いようです。

日本人女性で、正規の授業での初めての GPA が大変高く、次の学期も頑張っていい成績をキープ、しかし 3 学期目のある日、小テストで悪い点を取り、このままではGPAが下がってしまうと、そのクラスをやめてしまったのです。そして、ほかのクラスでも成績が下がるのを恐れて勉強に手がつかなくなってしまいました。彼女に留学の目的を聞くと、「アメリカ映画やテレビ番組の翻訳がしたかったので、英語だけでなくアメリカ文化を学びたくて来ました」という話です。なのに、初めの二学期であまりにもいい成績を取ったために、GPAがいつの間にか留学の目標にすり変わってしまったのです。それに気づいた彼女は「私は勉強ばかりでアメリカの文化なんて何も経験していませんでした。本当は、アメリカ人の友達をいっぱい作って彼らの生の言葉や考え方を吸収したかったのに……」と、その後は勉強のしかたを変えたのでした。

また、別の学生はこう言います。「日本人留学生は基本的には高いGPAを取れます。一生懸命勉強することもあるけれど、どうやってテストで高い点数を取れるかを知っているからです。でも実際に4.0を取ったとしても、本当にクラスの内容を理解しているか、本当に身に付いたかというと疑問でした」、「僕は GPA が良かったのでアメリカの一流企業に就職できましたが、仕事をするようになって会社側が、GPA値を考慮したうえで僕に大きな期待をしていることがプレッシャーになりました。留学生のGPAが高いからといって、実際にアメリカ人と同じように仕事ができるかどうかは別の問題。こんなことなら学生時代、もっと気楽に勉強して、普通の成績を取ればよかったと思ったくらいです」。

留学生にはアメリカ人生徒とは違う入学基準や移民法などの規定があり、単位数だけとっても、常にフルタイムの学生でなければならないので、アメリカ人と比べるとはるかに厳しい条件下での学生生活です。英語にしろ、学科にしろ、留学生がその内容を100パーセント理解して、幼稚園からディスカッションに慣れているアメリカ人のようにクラスで発言しようなんて考えるほうが間違っています。留学生は正攻法で単位を取ったり卒業したりできなくても当たり前です。成績や見かけのステータスだけで自分を評価せず、アメリカ人学生との立場の違いや、ほかの日本人学生との違い（アメリカ歴、英語力やボキャブラリーの差、目的など）を把握し、客観性をもって「今の自分にはこれくらいできれば上出来」という自分なりの基準をもつことです。

成績にこだわらず「パスすればいい」というスタンスで立ち向かったほうが、自分にプレッシャーをかけないぶん良い結果が出ます。それに、勉強して良い成績をとることだけが留学の目的ではありません。学校の外での活動、アパート探し、いろいろな人種との人間関係などから、日本では学べないことを吸収するのも留学です。

## 4. 他人と自分を比較しない

留学生に、常に自分を誰かと比べては落ち込んでいる人がいます。アメリカ人と自分を比べては、「彼らと同じように英語を話せない」「彼らのように足が長くない」「彼らのように堂々と振る舞えない」、他国人と比べては、「アメリカでは同じ外国人なのに自分は英語が下手」と落胆しているのです。比較対象が日本人学生となると、もっとシビアです。成績がいい、発音がいい、アメリカ人の友達がいる、お金がある、目標がある、日本での学歴が高いなど、比較の対象は際限がありません。日本人のグループができてしまうのも、比較が止められない要因です。グループ内で顔を合わす機会が多くなると、嫌でも他人の生活や成績などが目に入ってくるからです。

学生たちになぜ比較するのか聞くと、たいてい「そうすることで、もっと頑張らねばと思うからです」という返事が返ってきます。そこで、人と比べることでやる気は出ますかと聞くと、「自分は遅れている、自分はダメだと余計落ち込んでしまいます」という答えです。いいピアノ演奏を聞いて「私もあんなふうに弾きたい」と感化されたり、図書館で一生懸命勉強している人を見て「自分も頑張ろう」とやる気になったりする、そんな効果を期待して学生たちは比較しているのでしょう。プロのピアニストの演奏を聞いてやる気になるのは、比較というよりは「最高のものを知る」ことです。ほかの学生の勉強態度を見てやる気を出すのは「同じような勉強の環境に自分を置く」ということです。一方、ほかの日本人学生との比較がもたらすものは、たいてい、焦りや不安、劣等感、怒り、しっと、疎外感など、ネガティブなものばかりです。自分を叱咤激励し、上を目指して頑張ろうというのが目的なら、比較の対象はあなたにやる気や元気を与えるものでなければ意味がありません。誰かと自分を比べて落ち込むなら、そんな比較はその時点でやめてしまうほうが自分のためです。

留学するために日本を出た時点で、あなたと同じ立場の人間はこの世にひとりもいません。たとえ、同じ日本の学校から団体留学してきたとしても、その後、ホストファミリーの違い、ボキャブラリーの違い、性格の違い、プログラムや教師の違い、アメリカが合う合わない、などで一人ひとりの事情は違ってきます。個人留学してきて、同じレベルの英語学校のクラスに入った日本人同士だとしても、その人とあなたは全く違うバックグラウンドをもっているのです。だから、その人と自分を比べるのはナンセンスなのです。「自分は自分、他人は他人」「いつの時も、自分より優れた人、劣った人は必ずいるものだ、だから、自分が何をするかが大切」と着々と自分の道を進んで行ける根性をもってほしいと思います。

## 5. 毀誉（きよ）は他人の主張、行蔵は我に存す

毀（き）はけなされること、誉（よ）は褒められることで、行蔵とは「行動」です。つまり、人からけなされても褒められても、それは単に他人の意見であり、肝心なのは自分の行動であるという意味です。言い換えると、褒められたからといって自分が偉いのでもなく、けなされたからといって自分がダメなのでもない、自分がどうであるかは、自分の行動のみにかかっているということです。人にチヤホヤされて舞い上がる、人に批判

されてしょげるのは人情かもしれませんが、だからといって、人の言ったことが全て正しいわけではないのです。人の言ったことに左右されて勉強ができなくなっては大問題です。留学生の本分は勉強です。勉強していない、勉強できない状態になったら、人に左右されていないかどうかをまず考えてみましょう。

また、「今までの友達とは違った種類の日本人と友達になること」「誰もがカルチャーショックで日本にいた時とは違う自分になっている」という、このふたつを忘れないように。留学後の精神的変化は大きく、時間とともにどんどん変わっていきます。あなた自身も相手も「本来の自分」とは違う状態なのですから、お互いが「変な人」「とっつきにくい」「何を考えているかわからない」と感じて当然です。だから、もし「君は変わっている」「お前は暗い」と言われたとしても、「そうか、自分は変なんだ、自分は暗いんだ」と真に受けず、「へぇ、この人に自分はそう見えるんだ、おもしろいな」程度に受け取り、「どうしてそう思うんだろう」「そんなふうに見えるかなぁ」と軽く流すことです。留学先では、ほとんどの人があなたのことを何もわかっていないのです。このように考えることが人間関係を客観視することに繋がります。

日本人留学生が多いことも、がっかりすることのひとつです。これも客観的に考えると、アメリカへの日本人留学生が毎年 4 万人以上、アメリカにある大学数は 4 千校ちょっとですから、単純に計算してもひとつの学校に日本人が約10人いることになります。多くの留学生は東・西海岸に行くので、そういった地域ではそれ以上の数字になるでしょう。「アメリカに留学する限り、必ず日本人学生がいる」と割り切り、その中でいかに成功するかがポイントです。

いろいろな人種が、いろいろな価値観をもって共存しているアメリカですから、一人ひとりが自分をしっかりもたなければ、押しの強い相手や環境にやられてしまいます。自分を客観的に見たうえで、置かれた環境を全体からとらえる訓練をしてください。自分がいいと思うなら、自分が満足なら、それでいいのです。他人の意見や行動に惑わされないようにすることが大切です。

## 6. 時間のロスについて

私の経験談です。計画では3月に渡米し、英語学校のクラス分けのプレイスメントテストを受け、4月から英語学校に通い9月から大学院に行くはずでした。しかし、テストの結果を聞きに行くとこう言われたのです。「あなたのレベルのクラスはいっぱいなので、次の学期からの入学になります」。次の学期は何カ月も先。「どうすればいいの！」と言いたくても文句が言える英語力はなし、誰に言っていいかもわかりません。途方に暮れてビルの外に出たのを覚えています。それから別の英語学校を探しましたが、1カ月もの貴重な時間を棒に振ってしまったのです。しかし計画が崩れたのはそれだけではありません。ソーシャルワークの大学院では「英語力のなさ」のために1年目のインターンシップで単位はもらえず、2年の予定が3年になるという事態になったのです。英語学校のずれどころではありません。しかし、英語も文化もその間もっと吸収できたわけで、今考えるとあのずれはラッキーな時間だったといえますが、その時の私には「人生計画が狂わされた」とまで感じられたものです。

留学生の多くは、最短期間で目的に達することを考えます。「1学期にできるだけ多くの単位をとり、夏の学期も詰め込めば、何年と何カ月で卒業できる」と学費と生活費を計算し、卒業時の年齢や就職まで計画します。しかし、留学は絶対といっていいほど計算どおりには行きません。レジストレーションで取りたいクラスは既に一杯だった、大学にトランスファーできると思って取ったクラスなのに後でできないことがわかった、という経験は留学生なら一度や二度はあり、そのたびにイライラ、がっかり、自分や学校に腹が立ったりの連続です。ましてや、アメリカはアバウトでいいかげんなことが多いです。簡単な質問でも「アポイントメントを取ってから来て」。それならとアポを取って時間通りに行っても「あなたの担当は今日病気で休みなので明日また来て」「あなたの書類がなくなったのでもう一度提出してください」、もっとひどいケースになると「このクラスはあなたのプログラムでは本来取れないので単位は出ません。あなたに間違ったことを言ったアドバイザーは解雇しましたからご心配なく」と、日本なら考えられないようないいかげんさで、誰かが責任を取ってくれるようなシステムはないのです。

思った以上に時間がかかることで、焦りまくってしまう学生はたくさんいます。「早く、早く」と呪文のように唱えながら毎日を送っている学生を見るのはとてもかわいそうです。お金、年齢、6カ月あるいは4年という親との約束の期間、日本の友達の進路状況などの問題で焦るのはよくわかります。しかし、進学や就職に関しては、留学を決心した時点で日本の友達より時間的に遅れることは覚悟しましょう。中学や高校途中から留学しない限り、どんなに必死で頑張っても、日本の友達と同時期に大学を卒業したり就職したりすることは不可能です。それは英語学校という余分な学校に行く時間があるからであり、英語で教科を勉強するハンディがあるからです。最短距離で行っても日本の友達より遅れるのですから、2〜3年遅れることがそんなに大きな問題でしょうか。

先輩の留学生たちはこう言っています。「アメリカで、日本の友達と同程度の社会的レベルに到達するのには10年かかりました。その頃は焦ったし、留学したことを後悔したこともあります。でも今の自分は日本の友達がもっていない技術をもちアメリカの会社で働いています。今では日本の友達にうらやましがられるんですよ」、「日本で大学に進んだ友達は卒業して一流企業に就職しましたが、ウサギとカメだと思って気にしないようにしました。最終的に勝てばいいのですから」「留学してしばらくは、日本の友達の話を意識的に聞かないようにしました。焦るだけですし比べても意味がないと思いました」。

留学には、日本で得られないものがあるからこそ、あなたはこの道を選んだはずです。だったら、「日本では得られないものを吸収しているのだから、ちょっとくらい遅れるのは当たり前だ」と考えることです。

## 7. 自信の大切さ

成功する人とそうでない人の違いは「自信」です。どんなに頭がよくてもお金があっても、自信がない人は、実力に伴った成功はできません。ではどうすれば自信がつくかというと、

1．続けること
2．あきらめないこと
3．問題解決できること

この3つに集約できるでしょう。

### 1. 続けること

進歩が遅くても、続けることで経験が積まれていきます。英語の勉強はまさにそうです。発音やスラングの使い方が上手な人は確かにいますが、かっこよく英語が話せても「中身」がしっかりしていなければ、いずれは相手にされなくなります。ボキャブラリーや言い回しは勉強を続けていれば必ず身に付いていくのです。

### 2. あきらめないこと

失敗してもつまずいてもあきらめなければチャンスは来ます。成功者が一度も失敗したことはない、間違えたことはないなどということはないし、失敗したから才能がないとか、その道でやっていくべきではないということもないのです。そこであきらめるか続けるかでその後の人生が変わるのです。

**3. 問題解決できること**

問題が起きた時や失敗した時に対処する能力があれば、挑戦は恐怖ではなくなります。失敗したらこうしよう、問題が起きたらこうやってみようというふうに、成功するうえでは問題も失敗もあると仮定して対策を考えるのです。

留学生は面倒で複雑な留学手続きを経て、いろいろな夢や希望をもって渡航します。その頃の話をきくと、「なんとかなると思った」「できると思った」という人がほとんどです。にも関わらず、留学後現実の厳しさや大変さに弱気になり、まるで自分は初めから自信のかけらもないだめ人間のように思ってしまい「自分には無理だ」「アメリカで失敗するより帰国したほうが安全」などと元々の目的を見失ってしまう人が多いのは非常に残念です。それではどうすれば自信がつくのかを説明していきましょう。

## 8. 自信をつける

### (1) 日々の積み重ね

レジストレーションやトランスファーの手続き、学校の宿題や課題、人付き合いなど、「すべてが面倒くさい！」と思うことや「なんでこんなに時間がかかり、スムーズに進まないのか」とイライラすることがあります。先のことを考えると気が遠くなってしまう時もあります。そういった煩雑さや面倒くささで、初めから留学しない人も多いですし、留学してから「アメリカのいいかげんさに愛想が尽きた」と帰国する人も多いのです。ピラミッドの下から上に上るにつれて石が少なくなるように、「留学したい」と考える人が300人いるとすると、実際に留学できるのは100人くらい、留学してきて語学学校を終える人はその中の50人くらい、さらにコミカレや4年制大学、専門学校に行く人はその中の20人くらい、進んだ先の学校を無事終える人はもっと少ないでしょう。面倒くさいことに時間とエネルギーをかけられるかどうかで、留学のピラミッドを上っていけるかどうかが決まるのです。どんなに能力があろうと才能があろうと、しなければならない面倒くさいことはあります。「なんでこんなことをしなきゃいけないの？」ではなく、「これが面倒くさくて成功できない人がいるんだろう」と考えてみましょう。

目的がいったん決まったら、先ばかり見て「遠過ぎる」「時間がかかり過ぎる」と意気消沈するより、「明日のこと」「ひとつのこと」だけに集中するのも一案です。今日はこれとこれを終えればいい、明日はこの宿題をすればいい、と１日１日を積み重ねていくことでハリが出ます。「10週間の学期を考えると気が遠くなりそうですが、明日のことなら考えられます」「１日、これだけはすると決めてやっています」と何人もの学生がこのやり方で学期を乗り越えました。

### (2) あきらめない

「やりたいことが見つからない」「仕方なくやりたくないことをやっているから自信がない」という人には、「成功とは一時にひとつしかできない点の延長上にある」ということを考えてほしいと思います。自分のクローンでも作らない限り、人間は常にひとつのことしかできません。一つひとつを一生懸命やっていくことがいい将来につながるのです。今はやりたいことが見つからなくても、今、目の前にある勉強や宿題をちょっと真剣にやってみましょう。そうすると、面白くなったり興味がわいてきたりして、「ピン」とくるものが見つかるかも知れません。また、やりたいことを見つける努力をすることです。インターネットで探してみる、新聞の就職欄でどんな仕事があるのか見てみる、大学のアドバイザーに相談してみる、成功した人の記事や本を読んでみるなど、違う世界を見るチャンスはたくさんあります。「自分にはできない」「今からは無理」とやる前から制限せず、「これからなんでもできる」と仮定して探してみましょう。

また、やりたいことをやっていてもいい成績が取れなかったり、壁にぶつかったり、批判されたりすると、やる気をなくしてしまう人もいます。そんな時、「うまくできないからあきらめたほうがいい」と考えるのは「自分が好きなこと、やりたいことなら、常にうまくいくはず」と考えるのと同じでそれは現実的ではありません。好きな道にも嫌なことはあるし、つまずくこともあります。どの道に進もうと試練はあります。でも、好きなことだから続けられるのであり、続けなければ成功しないと言えるのではないでしょうか。

### （3）問題解決能力を伸ばす

「悪い結果ばかりを考えてしまい、勉強が手につかなくなってしまう」
「常に不安を抱え、自分がダメになるのは時間の問題だと思っている」
「失敗が怖くて安全なほうにばかり逃げてしまう」
「少しでもうまくいかないことがあるとパニックに陥る」

こういう悩みを抱えている人は、「とてつもなく悪いことが起きるだろう、そうなった時自分はどうしていいかわからない」という考え方をします。取りたいクラスが取れなかったらどうしよう、友達に嫌われたらどうしよう、この専攻にしてだめだったらどうしよう、留学したはいいけれど帰国後就職がなかったらどうしよう、と彼らの不安は限りなく続きます。それならば、逆に「最悪の事態が起きたらどうするか」を考えてみましょう。例えば、レジストレーションを心配している学生にその質問をすると「レジストで取りたかったクラスが取れない程度ならまだいいとして、もっとひどい最悪の事態なんて恐ろしくて考えられません」という答えが返ってきます。「レジストで最悪の事態って何？」とさらに聞くと、「取りたいクラスがいっぱいで残りのクラスは取りたくないものばかり……かな」という答え。「じゃあ、もしそれが起きたらどうする？」と聞くと「その中から取るしかないですよね」と、ちゃんと解決策をもっているのです。結局「とてつもなく悪いことが起きる恐怖」が学生をがんじがらめにしていることがわかります。

このように「最悪の事態が起きた場合の対策」を考えることで余計な恐怖を取り除くことができます。心配症の人には「もしこうなったらヤバい」というリストを作ってもらい、そのひとつひとつに具体的な解決法を考えていってもらいます。リストが完成する頃には「なんとかなりそうだ」という心境になれます。

### (4) 玉砕 vs. エグジットストラテジー (exit strategy：出口対策)

「今の専攻は自分のやりたい分野ではないがいまさらやめられない」
「この学校は人種差別が激しいが、我慢すべきだと思う」
「このシェアハウスはうるさいが、引っ越しするにはお金がかかる」
「ひとつの科目の宿題に5時間かかり、ほかの科目まで手が回らない。きっと自分の勉強の仕方が悪いのだ」

驚くことに、日本人学生は若い人でも「全力を尽くしてダメなら玉砕するしかない」と考えている人がいます。途中でやめる・変えるのは「逃げ」や「負け」で、だめでも最後までやる、できないならぶっ倒れるまでやる、どんなにひどい環境でもそこで我慢する、という調子です。もっと極端な学生は、「いいんです。このまま僕が苦しんで死んだら、親もやっとわかるんじゃないですか」と、苦境から逃れるよりはその犠牲になったほうがよいとさえ考えるのです。「玉砕」は辞書では「無価値な瓦（かわら）となって生きるより、潔く玉のごとく砕ける」「戦争で捕虜となるよりは、戦死を覚悟して全力を尽くして敵に当たること」「大敗を覚悟して戦う」とあります。これは日本文化の特有な考え方で欧米にはない価値観です。彼らは負けることがわかった時点で退去しますし、捕虜になっても生きるほうがよいと考えるでしょう。

エグジットストラテジーは「このまま続けるのは自殺行為」という時に「ダメージを最小限に抑え、その状況から抜け出す」対策です。選んだ専攻が「これは違うな」と感じた時点で変える、人種差別が激しくて自分の実力は正当には認めてもらえないなら転校する、シェアハウスがうるさく何度か文句を言ってミーティングしても改善されないなら引っ越す、3科目すべてに手が回らないとわかった時点でどれかの科目をやめるなど、ずるずる続けているともっとよからぬ結果になることがわかっているなら、早めに対処するのです。しかし、日本人学生の中には「こんな専攻を選んだ自分が許せない」「転校や引っ越しにはまたお金がかかり親に申し訳ない」「ちゃんと3科目やっている学生もいるのに、できない自分が悪い」と、悪い状況に陥れた自分を責め、その状況から脱出しようとせず、ダメージがどんどん大きくなる深みにはまっていく人がいるのです。

「誰にも失敗はある。失敗したらそこから学べばよい」とアメリカ人は考えます。失敗したら玉砕するしかない、と考える学生には、「失敗したこと自体を悩むより、失敗したらそこから学びそれに対処する力を身に付ける」ことを考えてほしいと思います。冒険にはリスクはつきものです。それに、あらかじめ「失敗しないやり方」がわかっている冒険は冒険ではありません。学校の選択、専攻の選択、住む場所の選択、友達の選択、彼（彼女）の選択など、留学生は絶えず選択を迫られ、限られた情報量や時間の中で選ばなければなりません。だから学校に行ってみてわかったこと、学科のクラスが始まってわかったことなど、やってみてからでないとわからないことがたくさんあるのです。ですから、まず留学生の生活には「失敗・逆境はつきもの」と考えましょう。そして、失敗・逆境には「こうやれば問題解決できる」場合と「このまま行けば自殺行為」という2種類があることも頭に入れましょう。前者は「最悪の事態が起きたらどうするか」

を考えて対策を練り、後者は「ダメージを最小限にする脱出策」を考えて自分を守ることを考えるのです。失敗するたびに玉砕しなければならないなら、命はいくつあっても足りません。

それでも「でも逃げていることになりませんか」「今まで何も終えたことがないので、また途中でやめるのが怖いんです」と言うのなら、「それを続けることの意義」を自問してみてください。終えることで達成感や自信がつくならば、なんとしてでも続けることを考えましょう。しかし、この学期を終えたとしたら、おそらくボロボロ状態でとても次の学期に臨むエネルギーがないだろうとか、終えてもこの専攻では仕事は探したくないと思うならば、終わった時点で「神様、自分はちゃんとやりました」という燃え尽き状態になってしまい、「よし、これからこれをするぞ」「自分の将来が楽しみ」という状態からはほど遠いといえます。留学はその後の人生をよいものにするためのステップです。ここで燃え尽きるのではなく、余力を残して留学を終えることを考えましょう。

### (5) 負の自分評を知る

「自信がない」の背景には「お前には無理だ」「バカ」「成功するはずがない」「性格が悪い」「うざい」など、誰かが言った言葉が大きく影響していることがあります。特に複数の人間からいろいろな場で言われると決定的で、「これだけの人に言われたから自分はダメ」と結論づけている人が多くいます。留学に「自分を変える」という目的があるなら、そういった「負の自分評」が何かを知り、それらを取り除く作業をしなければ、自分を変えることはできません。これまで言われてきたすべての「負の自分評」を思い出し、それがどういうふうに自分に影響したかを書き出してください。次に、それらを打ち消すような言葉や出来事を思い出します。例えば「性格が悪い」と親や友達に言われてずっと気にしているなら、「お前はいい奴だ」「あなたは優しい」などと言われたことを思い出すのです。これは「負の情報」ばかり入れるようになったあなたのアンテナに、「正の情報」を取り入れるアンテナを加える練習です。批判ばかり頭に残っている人には、自分に対する批判をキャッチするアンテナは何本もあるのに、自分のいい部分を聞くアンテナは極端に少ないのです。人生にはいろいろな出会いがあり、あなたのことをよく思ってくれた人も必ずいるはずです。あなたのことを信用してくれた人、あなたをいい友達だと思ってくれた人がいるにも関わらず、「性格が悪い」と言った人の言葉だけを取り入れるのは、まるで自分が好んで「批判」のみを取り入れ「褒め言葉」を排除しているようなものです。自分の中にある「負の自分評」を知り、次の「自分の達成記録を作る」練習をすることで、現実的な自分評を作ることができるのです。

### (6) 自分の過去の達成記録を作る

留学中、さまざまな試練によってどこかへ行ってしまった自信を取り戻すには、その練習が必要です。小さい時から今まで、どんなことでもいいから、うまくできたこと、やり遂げたこと、褒められたことを、すべて書き出してください。幼稚園の時、お絵描きが上手といわれた、野球でホームランを打った、テレビゲームですごい点を取った、小学校のマラソンで３番だった、無理だと言われた高校に合格した、よく気がつく子だと言われたなど、思いつくまま書いていきます。カウンセリングでも、これは宿題として学生さんによくやってもらうのですが、初めは「何もありません」と言う人も、だんだん思い出してきて結構長いリストになるものです。自分には何もないと思っても、ひとつずつ思い出して、その時の状況や誰が言ったのかも書き足していくと、記憶が呼び起こされてほかの出来事も出てきます。また、いい成績や賞などだけが達成ではないので、親に反対されても留学した、ほかの友達はドラッグをやったのに自分はやらずに帰った、バイトをいくつもかけもちしてお金をためた、日本ではひきこもりだったのに留学しなきゃダメになると思いアメリカに来たというのも達成です。こうやって、できたリストを見ていると、「自分もよくやったな」「結構頑張ってるな」と、忘れていた自信や自分の強さが再確認できるものです。

留学してからの日々で起きるさまざまな達成もリストにその都度加えていくと、それは「自分の長所、強さ」の証拠になり、将来あなたが自信を失いかけたり自分を失いかけた時に、そのリストを見直せば「そうだ、自分にはこういう強さやよさがあったんだ」と自分を取り戻すきっかけになります。これまで、達成記録リストの制作が進んでいくにつれて、目に少しずつ光が戻り表情が明るくなり、勉強に身が入っていった学生を何人も見てきました。こうやって自力で自信を取り戻せた学生は、ひと回り太い木に成長し、留学でちょっとくらい嵐が来ようと倒れない強さを身に付けることができるのです。だから、あなたも「こんなことして何になるんだ」とあきらめずリスト作りをしてみてください。

誰にも「長所・短所」があります。家庭や学校では「もっと勉強ができたら」「もっと協調性があったら」と、「短所」に焦点が当てられることが多かったかもしれません。それは日本文化の「けなして育てる」やり方です。しかし、短所ばかりに焦点を当てていても短所が強調されるばかりで長所は成長しません。特に留学したのなら短所に焦点を当てる時間は無駄と考えましょう。そんな暇はありませんと言ってもいいくらいです。「長所」を伸ばすのは筋力トレーニングと同じです。時間をかけコツコツと努力すれば、必ず筋肉がつくように、長所も時間をかけて努力すれば必ず伸びます。アメリカ式「褒めて育てる」やり方を自分にも当てはめ、「短所」を無視して「長所」を伸ばすことだけに集中してください。人生は短く、限られた時間とエネルギーを「何に」向けるかで、有意義な人生を送れるか、後悔・自責・うつなどで一杯のネガティブな人生を送るかが決まるのです。

## 9. 自己主張（assertiveness）してる？

アメリカ人は「イライラしたり、腹が立ったりしたら、自己主張していない証拠」といいます。自分の中にためていることがあるからイライラするし腹が立つのだから、ちゃんと言うべきことは言いましょうということです。先生が不公平、友達に誤解されている、ルームメイトがうるさい、彼が冷たいなど、「なんで？」「おかしい！」「迷惑！」と感じることがあったら、直接その人と話し合うことです。日本人は「こんなことくらいで目くじらを立てることはない」「自分さえちょっと我慢すればいい」「考え過ぎだろう」「自分にも非があるし」などと考え、直接本人に話すなんてことはしません。しかし、アメリカに来ても、日本と同じ考え方をしているとイライラして胃が痛くなることばかりになってしまいます。「ホームステイ」「友達」「差別」「恋愛」などの章で挙げた例を使って、自己主張してみましょう。それであなたのイライラや怒りが処理できれば、人間としてひとつ成長したことになるのです。

## 10. お金の問題について

仕送りがギリギリの人、奨学金でやりくりしている人、自分の貯金を取り崩している人たちは、お金のことで落ち込んだり不安を抱えたりすることが勉強にも影響します。「お金がもう少しあったら」卒業まで単位がそろう、本が買える、いい学校に行ける、もう少しまともなアパートで暮らせる、息抜きに旅行でき、まともな食事ができる、といった状況から、「スターバックスのコーヒーも、お金のことを考えると飲めません」「日本なら欲しいものはバイトして買えていたのに、アメリカではとても貧乏で惨めです」「友達は夏と冬に日本に帰っているのに、自分はホームシックになっても帰ることができません」「金持ちの友達の生活を見ると、なぜかイライラして腹が立つんです」など、かなりのストレスを抱えている人も多いのです。

お金のことは、親とよく話し合ってください。留学期間が計画より長くかかってしまうことや、コミュニティーカレッジ卒業と４年制大学への編入には違う単位が必要であることなど、親の考える留学と現実がかなり違う場合があるのです。それらはあなたが説明しなければわからないし、長引いてもあなただけのせいではないのです。できるだけ詳しく単位のこと、専攻のこと、学校のことを説明することです。「学費、家賃、引っ越し料、引っ越し先の家賃、交通費」など具体的な数字を挙げ、「自分の計画、希望、将来の展望」なども恥ずかしがらず説明すると説得力が出ます。同じ留学でも、卒業するのとしないとでは、将来の就職や自信に大きな違いが出てきます。だから、「どのくらい留学費用を出せるのか」は聞きにくい質問でも、勇気を出して聞いてみることです。親の中にはお金のことは子どもには言いたがらない人や、ころころ言うことが変わる人がいますが、留学費用は肝心なのでなんらかの答えをもらいましょう。そうすると、奨学金を取る、学校で働く、安い家賃のところに引っ越す、安い授業料の学校に転校するなど、なんらかのやりくりや工夫ができるからです。親とお金に関して話すことなく、「２年の約束だったから」と途中で留学を断念して「もしかしたら卒業できたかも」と一生思い続けるのはよくありません。

また、仕送りや貯金から学費、家賃、光熱費、交通費などを差し引いて、残った中から、少しは「自分のため」にお金を使うようにしましょう。あまりにも節約、我慢ばかりではストレスがたまってしまいます。何ヵ月かたつうちにお金の収支がだいたいわかってくるので、月に○○ドルはお小遣いというように決めて、その分はおいしいものを食べに行こう、コーヒーを飲もう、それをためて学期末に旅行をしようなど楽しみをつくってください。

## 11．優先順位を決める

「勉強にしろ、友達関係にしろ、ちゃんとできないことがストレスになって仕方がありません」と言う学生が多くいます。アメリカ人でも何時間もかかる膨大な宿題なのに、日本人が教科書のすべてのページを完全に読めるわけはありません。それを言うと、「それはそうです。アメリカ人学生の数倍の時間がかかるんですから」とその学生は言います。「それなら、合格するためにはこの本をどう読むべきだと思う？」と聞くと、「やはり、サマリーだけ読むとか、テストに出そうな所を重点的に読むべきですよね」とは言うものの、表情では「そんないいかげんな勉強は自分のスタイルではない」と言っているのがわかります。そういう人は友達関係にしても同じことで「誕生日にはプレゼントを買い、パーティーを主催し、日本に帰る友達のお別れ会にも出席して」と人付き合いもちゃんとしようとするあまり、勉強の時間がなくなったりストレスを感じているのです。

勉強も人付き合いも、少しでもちゃんとできなくなると落ち込んだりイライラしたりする人は非常に多いのです。こういう学生は「ちゃんとすること」が生活上の優先順位になっていますが、果たしてそれを目的にしていいのでしょうか。「ちゃんとする」のはいいことですが、そのために宿題を完ぺきにできない自分にいら立ち、友達付き合いでストレスを感じて、精神不安定になって本業の留学が途中でおかしくなってしまっては本末転倒です。

留学したら「ちゃんとやる」よりも「正攻法では無理」という事実を受け止め、「助けてもらう」「要領よくやる」「通ればいい」という留学バージョンに価値観を変えることです。ちゃんとやりたい人にはつらいかもしれませんが、「適当に」するのも大きな目的を達成するには必要です。例えば、魚を捕る時、小さな魚を捕るには目の細かい網を使い、大きな魚には粗い目の網を使います。小さな魚用の網で大きな魚を捕ると、目の細かい網は弱過ぎて大きな魚が引っ掛かっても網が切れてしまいます。反対に大きな魚用の網では、小さな魚は網の目を通り抜けて逃げていってしまいます。留学生が「ちゃんとできない」とイライラするのは、「留学」という大きな魚を捕るために、粗い目の網を使うしかないのに、網から抜けて逃げていく小さな魚を見て悔しがっているようなものです。留学で卒業、学位などの大きな結果を手に入れるには、「小さなこと」をあきらめなければなりません。友達付き合いに関して言うと、誕生日のプレゼント、毎週のパーティーやカラオケなどは、留学上「小さなこと」であり、それらにこだわる友達は、明らかにあなたとは持っている優先順位が違うのです。

単位、学位、卒業という大きなものを手に入れるために「必要なもの」「まあまあ必要なもの」「それほど必要でないもの」をはっきりさせて、それほど必要でないものは切り捨てる勇気を持ってください。

将来、人間関係、進路、家族のことなどの問題に直面した時も、「この場合、いちばん大切なのは何か」を自分に問うことで、やるべきこと、選ぶべき道が見えてきます。優先順位の上位にあるものからやる、上位にあるものを目的にする、下位にあるものは、それがどんなによく見えるものでも、あなたにとってはそれほど大切ではないことを認識することです。

## 12. 人と話す

留学中、落ち込んだり不安だったり混乱したりして辛い時、ひとりになるのは危険です。日本の家族や友達に電話するのもいいし、同じクラスの人と話したり、学校のカフェテリアや図書館に行ってぼーっとしているのさえも、ひとりで部屋に閉じこもっているよりはいいのです。話ができそうな人を見つけて、留学の大変さ、英語のストレス、アメリカの嫌なところ、ホームシックなど、自分の気持ちを素直に話してみましょう。答えが見つかったりいきなりハッピーにはなったりはしなくても、人と話すことで気が紛れる、自分だけじゃないと思える、人の温かさが感じられる、時間がつぶせる、ひとりで考える時間が減る、それができればいいのです。

自分の弱さをさらけだしたくない、と考えている人なら、留学開始直後に会う学校の人たちは、その後の人生でも付き合っていく人はほとんどいないんだから、と考えてみてはどうでしょうか。みんな違う学校へ移動するのだし、母国に帰る人もいるので、人が自分をどう思うかなどということは心配せず、素直なつらさを話してみてください。もし友達では話せる人がいないなら、学校のアドバイザーやカウンセラー、先生、ホストファミリーなど、優しそうな人を見つけて話してみましょう。

## 13. 自分と対話する

ちょっと落ち込んできたな、何か不安だな、どうもやる気が出ないと思ったら、ノートとペンを持って図書館やカフェテリアに行き、ひとりになれるスペースを見つけましょう。そして、いったいなぜ自分はそういう状態なのかを日本語で書き出してみてください。学校のこと、友達のこと、ホストファミリーのこと、ルームメイトのこと、彼・彼女のこと、日本の家族のこと、日本の友達のこと、自分のこと、すべてにわたって考え、少しでもあなたに元気をなくさせているものを調べていくのです。これは、先に書いた「客観性をもつ」練習になります。もし、あなたが過去から引きずっている問題に悩まされているのなら、その問題の発端から物語のように書いてみましょう。こんなことがあって、あんなことがあって、自分はあの時こんなふうに感じて、そして、留学している今の自分がいる……何時間もかけて何ページにもわたって自分と対話をするのは、英語の世界でふさぎこんでいる本当の自分を出せる機会にもなるし、自分を客観的に見る場にもなり、「書くとすっきりしました」という留学生は意外に多いのです。

こういう自分との対話の時間を定期的にもつと、自分のことがもっと深くわかるようになります。書いた物が増え、過去に書いたものと、今の心境を比べたりすると、自分がどこから来て、これからどこへ行こうとしているのかがだんだん見えてくるのです。

## 14. 夢・目標を明らかにし、毎日それに目を通す

毎日のクラスの忙しさや宿題に追われ、計画通りに進まない留学中、時間がたつにつれて初心を忘れてしまうことがあります。インターナショナルビジネスを勉強しようと思って留学したのに、行った先の学校のビジネスプログラムは内容が悪く、ジャーナリズムに変更したがそれではなかなか仕事がないらしいので、結局コンピューターに専攻を決めた、というように、やむを得ず進路を変更しなければならないことはあります。しかし、たとえコンピューターで学位を取り、ビザをサポートしてくれる会社に就職しても、もともとそれがやりたかったわけではない人には、仕事が後々苦痛になってくることもあるのです。

これから留学しよう、今留学中だという人たちには、「自分の夢や目標」を必ず紙に書いて、それを毎日見られる場所に張って常にそれを頭に入れて生活してほしいと思います。途中で少し進路変更があろうと、地図を持ち目的地さえわかっていれば軌道修正ができますが、自分の目の前の地形しか見ないでいると、目の前の障害物を避けたり楽な道に進んだりすることだけに焦点が行ってしまい、しばらくすると行き先を見失ったり、どこかにたどり着いてもそこは目的地ではなかったりというられしくない結果になってしまうのです。

## 15. 軌道修正ができる

選んだ専門分野が合わない・選んだけれどピンとこないという人たちには、アメリカはいくつになってもキャリアチェンジをする人たちであふれていることを知ってほしいと思います。いい年をしてとか、今さらとか自分を制限せずに、留学前でも留学途中でも、自分に合っていない専門なら、合うもの、好きなものに変更して、新しい道を切り開きましょう。もし

「もう変えられない」というのなら、周辺分野で新しいスキルや技術を身に付けることで少しなりとも軌道修正ができるでしょう。とにかく、嫌な分野にずっと身を置くような消極的なことはせず、どんな小さなことでもいいから変える勇気をもちましょう。

## 16. プライドの保留

プライドの高い人は留学してからがつらいです。間違った英語を話したくない、かっこ悪い思いをしたくないという気持ちが強いと、英語はなかなか上達しないし友達もできません。プライドの保留は「第５章　英語」でも説明しましたが、プライドを捨てるのではなく、留学中ちょっと箱に入れてしまっておくのです。留学が無事終わったらその時また箱から出せばいい、その時までプライドは気にせず、どんどん間違いだらけの英語で話し、どんどん英語を直してもらい、なんでもかんでも質問して笑われたら一緒に笑えるくらいになりましょう。特に日本人男性は、英語の伸びる速度が遅いといわれ、それはプライドが一番の要因だと思われます。頭の中で文法的に正しい文章を作ってからでなければ話したくない、バカなやつと思われたくなくて質問できない、笑われるのが嫌で人と付き合いたがらないなど、自分もそんなところがあるな、と思ったら、「アメリカではプライドは保留しておこう」と考えてください。

## 17. 親からのプレッシャーや期待を「聞かない」

親のひと言は多くを物語っています。親の言葉で留学生が落ち込むこともあります。ほとんどの留学生は、親から経済的援助を受けていることを悪いと思っているので、ちゃんとしなきゃ、しっかりしなきゃ、と自分を叱咤激励してもっといい成績を取ろう、早く卒業しようと努力します。しかし、「なんでそんなに時間がかかるんだ」「あなたにいくらお金がかかっていると思ってるの？」「そんなもの勉強して役に立つのか」「親せきのあの子は就職が決まったぞ」というような親の言葉を聞くと「親は自分をわかってくれていない」「親を失望させた」「失敗するかもしれない」という気持ちになってしまうものです。

留学したら、その後で親からくるさまざまなプレッシャーや厳しい言葉や批判は、「聞かない」ことです。親はアメリカにいないので、留学がいかに過酷なのかも勉強量がすごいかも知りません。学校のシステムも単位の複雑さもわかっていないのです。ここでも客観性を使って、「親は日本にいてアメリカのことがわからないから、そんなことを言うんだ」「彼らだって留学に賛成したではないか」「なぜ留学させた子どもと日本にいる友達を比べるのだ」と考えて、不必要なプレッシャーや責めを自分にかけないようにすることです。「うん」「そうだね」「わかった」と適当に答え、でも頭では別のことを考えるようにして、あなたのやる気や目的が曇ってしまわないようにしてください。

一方、「親にわかってほしいんです」と執拗に日本に電話やメールをして、なんとか親が「お前がその専攻にしたい理由がわかったから頑張れ」「応援している」などと言ってくれるよう努力する人がいます。しかし、親との会話がこじれて、どんどん泥沼に入っていってしまうこともあるのです。「昨日母親にこう言われて涙が止まらなかった」「父親にひどいことを言われてもうダメです」と、学生がアメリカにいながら親とのやりとりで精神的エネルギーを費やしてしまっているのを見るのはつらいものです。「子どもを自分の思うようにしたい親」はたくさんいます。それから外れたことをするのは認められないのです。しかし、留学を許可したのは親なのだから、後になって「留学なんてさせなければよかった」とか「留学なんて初めから反対だった」と言われても、いったん留学したら、後戻りしている余裕はありません。あなたが成功すれば親は絶対に喜びますし、その時が来ればわかってくれるのです。卒業や就職という成功の形になるまでは、親から「よくやった」「頑張れ」などの言葉はないと覚悟して、親を説得するのに必要以上の時間とエネルギーを使わないようにしましょう。

## 18. 家系図を作成する

これは、「第14章　家庭の問題」で詳しく説明します。

## 19. ストレス解消法を実行してみる

イライラして仕方がない、落ち込んで何もできない、不安で押しつぶされそうといった場合は、「15章　ストレス解消法」の中からこれならやれそうということをやってみましょう。

## 20. セルフケアをする（寝る、食べる、休む、楽しむ）

留学生で、お金を少しでも浮かそうと、食費を削る人がたくさんいます。日本なら３食食べていた人が２食になったり、極端になると「２日に１食だけはまともなものを食べ、後はスナック菓子で済ませる」という人もいます。学校に１日いてそれほど体力は使わずとも、英語で勉強するには脳を使います。脳が新しい単語を覚えて英語と日本語間を行き来するのは、想像以上にカロリーを消耗するのです。それなのにバランスの取れた食事を取らなくなると、イライラする、疲れやすい、から始まって、記憶力が低下する、やる気がなくなる、うつになる、という具合に体も心も赤信号を出してきます。留学生の食事の問題は、野菜の量が極端に減ることと、安い食事はパン、パスタ、ポテトチップスなどほとんど炭水化物で、肉や魚のタンパク質は値段が高くて買わない人が多いので栄養不足になってしまうことです。お金をセーブするために始めたことが、学校に行けない状態をつくってしまうのはおかしなことです。食事にはくれぐれも気をつけて、果物や野菜、タンパク質もちゃんと取ってください。

体調を崩したり、内臓のどこかが悪かったりして、うつになったりやる気が出なくなったりすることもあります。気力さえあればと自分の健康を過信せず、ちょっと調子が悪いなと思ったら医者に行って検査をしてもらいましょう。

休む、サボる、遊ぶ、この3つは留学生に欠かせないスキルです。疲れたら休む、3日くらい休めるなら休む、どうでもいいクラスなら適当にパスする、テストや大きなプレゼンテーションが終わったら遊ぶ、こういうメリハリがないと長期戦の留学では途中で電池切れになってしまいます。体も心も「充電」が必要なことを忘れないでください。

## 21．子どもの頃の病気やけが

小さい頃ぜんそくで入退院を繰り返した、腎臓病をずっと患っている、中学の時に大けがをしてずっと入院していた、病気がちでいろいろな病気をもっている、臓器移植したので毎日薬を飲まなければ拒否反応が起きるという人たちで、元気になって留学してきても、思うように勉強が進まなかったり、眠れなかったり、精神的に不安定になったりする人がいます。彼らの話を聞いていると、元気になったから今までロスしてきた時間や学校生活をここで一気に取り戻そう、今までできなかったことをやろう、何かでっかいことをやり遂げたい、迷惑をかけてきた親に孝行をしたい、と考えていることがわかります。幼稚園から小学校、中学校、高校にかけて、人と同じように学校に行けず、運動ができず、それどころか、普通の子どもなら経験しないようなこと（「死」や「病気」が身近だったこと：治療や手術の痛みや恐怖、病院の部屋での勉強、悲しむ親の顔、厳しい医者や看護婦の言葉、元気なきょうだいとの比較、孤独だった病室の夜など）を経験すると、留学できるほど健康が回復したら、「今度こそ」と思うのは痛いほどわかります。病気やけがで痛みを味わったからこそ「留学で技術や知識を身に付けて、人助けができる人間になりたい」と考えている人も多く、ほかの日本人学生に比べると非常に自制的で、まじめ、内向的でセンシティブです。勉強は一生懸命にするし、友達に困ったことがあったら救いの手を差し伸べ、生活自体も質素で倹約家です。

しかし問題は、どんなに彼らにやる気があろうと崇高なゴールがあろうと、留学のストレスは彼らを避けてはくれないのです。せっかくこれからロスした時間を取り戻し、でっかいことをしようと張り切っている彼らにとって、留学のストレスは「またも自分の人生を邪魔する敵」になってしまうのです。そしてそれが引き金となって昔つらかった事柄が思い出されたり、忘れようとしていた恐怖や怒りがわき出たり、もっと悪いのは、「普通の」留学のストレスで勉強が思うように進まないにもかかわらず、「せっかく元気になったのに100パーセント頑張ることができない自分」を責め、フラストレーションと自分への怒りで「生きる価値のない自分」とまで思ってしまうことです。

子どもの頃、大けがや病気でつらかった経験のある人には、上記のような経験をした先輩留学生がいたことを知ってもらいたいと思います。そして彼らが乗り越えたやり方で留学を成功させてほしいと思います。

1）せっかく元気になったからと全速力で留学に向かうのではなく、一度立ち止まり人生を振り返り、自己伝（*p.*206参照）を作ってください。「あの年には病気・けががあり、どのくらい入院し、何回手術をして、どんな治療をして、学校生活はどうで、家族の人たちはどんなだったか」などを思い出して年表に加えてください。

2）今までは、つらかった思い出はすべて「過去のこと」だと、考えないようにしてきたと思いますが、年表を作る上でふっと思い出す感情や記憶があればそれも書いてください。「あの時は死ぬかと思った」「病院で寂しくて毎晩泣いた」「親のあの顔が忘れられない」など、記憶に伴って悲しみ、怒り、孤独、恐怖などの感情が出てくるのは自然なことです。初めて泣いたり怒ったり、自分をかわいそうに思えたり、周りの大人の心ない言葉で傷ついたことがわかったり、心の奥に抑えていた感情を出してあげたりするのは大切なステップです。そうすることで、「病気・けがの時期」と、「元気な時期」のけじめがついてくるからです。いつかはつらかった頃の感情的な処理をしてあげなければ、留学のストレスは必要以上にあなたを苦しめ、せっかく頑張ろうとしている自分の首を自分で絞めることになってしまいます。子どもの頃の病気やけがは「家族」と密接に関係しているので、家族間の問題や価値観なども自己伝の練習をしていくうちに明らかになってきます。「第14章　家庭の問題」で紹介している練習もしてみてください。

3）留学してでっかいことをしてからでないと、自分を認められないと考えている人が多くいますが、自己伝が留学にまで至っているのを見ると、「よくここまで来たな」「よく頑張ったな」と思えるのではないでしょうか。「苦しかった時期を乗り越えてきた自分」を認めてあげましょう。

4）「人生を楽しむこと」を生活の中に入れることです。遊び、外食、デート、旅行、スポーツ、趣味などは彼らにはぜいたく過ぎることであり、「自分が何か大きなことをやり遂げた後でしか手に入れてはいけないもの」だと考えているようです。けがや病気で苦しんできたのに、そのうえ、留学や勉強で苦しい思いをしてからでないと楽しめないのは厳し過ぎます。「生きていてよかった」と思える経験がひとつひとつ増えていくことが、何よりもあなたにとっての「自分孝行」です。自分を幸せにできる人しか、ほかの人を幸せにできません。

## 22. 過去の問題を解決する

心機一転で留学してきたのに、しばらくしてから日本であった古い問題がまた頭をもたげてくることがあります。例えば、友達とまずい出来事があった人はこっちにきても友達のことで悩んだり、何年も前に不眠症やうつを経験した人がその前兆を感じてパニックになったりするのです。海外生活でのストレスにさらされると、精神的に無防備な状態になるので、日本ではある程度我慢したりコントロールできたりしていた自分の弱い部分や苦手な所が再登場したり、拡大されて出てきたり、違った形で出てきたりするのです。そのため「やっぱり自分はダメだ、変われない」「日本でもいじめられて、アメリカでもいじめられるんだ」「ああ、またうつが出てきた」と自分がまるで慢性の病気持ちのように思っている人もいます。

「転地療法」でアメリカに来ても、自分の問題に対して何もしなければ、同じ問題はいまだに存在しています。いつかは自分で解決しなければならないのです。例えば、人見知りの人なら、「アメリカに来たから、誰も人見知りの自分を知らないから、ちょっと活発に人と付き合ってみよう」と考えて人付き合いに挑戦すれば転地療法になりますが、自分からは何もせず向こうから話し掛けられるのを待っているのでは何も変わらないでしょう。

週末、時間がある時や、学期と学期の間に、「日本から引きずっている問題」について考えてみましょう。自己伝を作る練習をして、いつその問題が発生したか、どのように変化してきたかなどを詳しく調べてください。家族との関係、学校や近所の環境なども重ねてみることです。客観的な意見を聞くために友達に相談したり、アメリカ人に聞いてみたりして、あなたなりの問題解決法を探ってみましょう。自分を知ることでかなりの部分は理解できるようになりますが、それでも解決されないならカウンセリングに行くことです。大抵の学校にはカウンセラーがいます。アポイントメントを取って、勇気を出して相談してみてはどうでしょうか。日本では、まだまだカウンセリングは頭のおかしい人が行くものだと思っている人が多いようですが、アメリカではカウンセリングは気軽に利用されているサービスです。アメリカ人は、転職を考えている、この恋人とうまく付き合うにはどうすればいいか、離婚するべきかといった人生で起きる普通の悩みでカウンセリングに行きます。また、人生どうすればもっとよくなるかといった人生観を考えたくてカウンセリングを利用する人もいます。何事も経験です。アメリカにいるのですから、怖がらずにアメリカ式カウンセリングを受けてみてはどうでしょうか。

## 23. 投薬治療を受ける

食欲がない、夜眠れない、過呼吸になる、集中力がない、という状態になると、学校の勉強に支障が出るので、抗うつ剤や抗不安剤などの投薬療法も解決策として検討してもよいでしょう。うつや不安は、カウンセリングと投薬治療の２本立てで治療すると最も早くよくなることが知られています。このような治療を受けて留学を成功させた人たちはたくさんいます。ここでアメリカの投薬治療について簡単に説明したいと思います。

抗うつ剤は、人によって合う薬が違い、数多い種類の中から医者がクライアント（患者）と相談して選びます。その際、ひとつひとつの薬について効能と副作用を説明され、分量も医者と相談して決めます。20分ほどで効果が表れる頭痛薬や精神安定剤とは違い、抗うつ剤の効き目は２週間から３週間してからでないと表れません。それだけの時間がたたないと効能がわからないため、自分に合った薬を見つけるのには結構時間がかかります。初めてのうつの治療の場合、投薬治療が始まると「６カ月から９カ月は薬を飲んでください。自分で勝手にやめたり量を変えたりしないように」とアメリカの医者は言います。それくらいの期間の投薬治療とカウンセリングでうつが改善されることや、再発を避けられることがわかっているためです。その後、少しずつ量を減らしていって薬を全くやめるまで医者は様子を見ます。

抗不安剤は「即効性」があり、薬によっては「依存性」があります。そのため、医者は長く処方することを嫌うようです。一時的に処方はしてくれますが、たいてい抗うつ剤と併用して不安に対処できるようにカウンセリングも勧められます。

また、幻覚症状（そこにないものが見える、聞こえる、におう、触る）、妄想（現実でないことを事実だと思う）、話すことがつじつまが合わない、普通の生活が送れなくなるなどの症状がある場合は、必ず医者に診察してもらってください。

日本の人は、胃腸薬、抗生物質、頭痛薬は何の抵抗もなく飲みますが、抗うつ剤や抗不安剤にはずいぶん抵抗があるようです。ここでも、何がいちばん大切かを考えて、半年薬を飲んで治るならといいほうに考えるか、それとも、薬に頼りたくないなら、せめてカウンセリングだけでも受けることを考えましょう。

## 24. 入院する

うつや不安がひどくなり、自殺願望があったり、実際にこうやって死のうと睡眠薬を手に入れたりした場合は、病院のER（エマージェンシー・ルーム）に行ってください。今晩家にいたら死ぬだろうと思う場合、入院すれば24時間誰かが近くにいてくれるので安心できます。何人もの日本人留学生が、入院し、助けられて留学を無事終えています。アメリカの病院は日本の精神病院のイメージとは違って、長期入院はなく、たいていが2日から3日、長くても1週間くらいで退院になります。その間、個人カウンセリング、グループカウンセリング、ほかにもさまざまな活動があります。「アメリカの考え方がよくわかりました。やっと自分を責めることがなくなりました」「母親を助けるのは私じゃないって何人もの医者や看護士さんに言われて、気持ちが楽になりました」「病院で自分よりもつらそうな人をたくさん見て、頑張ろうかなと思えるようになった」「ここでは何もできず、ただ休むだけで、それが今の自分にはいちばん必要だったと思う」

というのが、入院した学生たちのコメントです。アメリカの病院で医者や看護士と話すことで、気がつくこと、考え方の違いで救われることがたくさんあります。また、たいていの海外旅行傷害保険はこういった際の入院費はカバーしてくれるので（既往症の場合は別）、お金のことを心配せずにサービスを受けましょう。つらい時は助けてもらいましょう。

## 25. 自殺したくなったら

「死にたいくらいつらい」「死んだらどんなに楽だろう」と考えるのと、実際に「睡眠薬を飲んで死のう」「アパートの屋上から飛び降りて死のう」と自殺の方法まで考えるのとは違います。もし真剣に死ぬことを考えているなら、以下のステップ１から順にやっていきましょう。自殺願望は時にはとても強く、ずっと続くのではと感じられることもありますが、気を紛らわしたり、神経をほかへそらせたりすることでその気持ちは改善されてどこかへ行ってしまいます。今感じている絶望はずっと続くものではありません。助けを求めること、サポートを得ることはとても大切です。そうすることでこのつらい時期を乗り越えることができます。自殺を考えるほど辛い時は、物事を冷静に考えることができません。とにかく以下に書かれているとおりにやってみましょう。

### ステップ1：次の行動をして、まず自分を落ち着かせましょう

深呼吸
窓を開けて新鮮な空気を吸う
水、ミルク、ジュースを飲む
顔を洗う
寝る
散歩に行く

**ステップ2：いろいろな行動で気持ちを紛らわせましょう**

「第15章　ストレス解消法」にあるものを片っ端からやってみましょう

**ステップ3：自分が生きている理由を思い出しましょう。**

自分が死ぬと家族が悲しむ
誰かに迷惑がかかる
幸せになってみたい
成功してみたい
など

**ステップ4：誰かと話す①**

家族か友達に電話するか、ホストファミリーやルームメイトに話してみましょう。また、こんな気持ちになった時、電話できる人たちの名前と番号を書き留めておきましょう。

**ステップ5：誰かと話す②**

上記の人がいない場合には学校のアドバイザーや先生に話しましょう。学校のさまざまなアドバイザーや、インターナショナル・スチューデント・オフィスなどのサービスを大いに利用しましょう。とにかく誰かに話すことです。

**ステップ6：カウンセリングに行く**

専門のカウンセラーに相談してみましょう。学校で紹介してもらうのがいちばん早いと思います。

**ステップ7：命の電話に電話する**

イエローページ（電話帳）で調べて地域のクライシスライン（命の電話）

に電話しましょう。Japanese, please. というと日本語の通訳を探してくれることもあります。

### ステップ8：近くの病院の ER に行く

### ステップ9：「911」に電話する

病院まで行けない場合は、911に電話して、I am suicidal and I can't go to the hospital by myself. と言うと救急車が来てくれます。病院には24時間人がいて安心できる環境です。恥ずかしがったり怖がったりせずに入院することを考えましょう。自分から助けを求める人だけが、救われるのです。

# 摂食障害・自傷行為について

摂食障害も自傷行為も、「病気」の人に起こるものではありません。日本人留学生でも、やる気があり成績もよく、周りの人にとても気を使うまじめな学生が、ストレスのために拒食や過食、自傷行為をすることが多いのです。それは、過食・拒食・吐く・体を傷つけるなどの行動が、手軽に、そして簡単に、しかも人知れずできることに大きな要因があります。しかし、摂食障害・自傷行為の怖さは、初めは簡単にできたストレス解消がエスカレートするにつれ、体にも精神にもよからぬ影響を及ぼしたり、最悪の事態は死に至らしめたりしてしまうことです。

アメリカ人でも、摂食障害・自傷行為をもつ人たちは、異常なほどの孤独感と心の痛みを感じ、自分ひとりが真っ暗なほら穴に入ってしまったようだと言います。自分の家族や友達がそばにいるアメリカ人でも、そのような精神状態になるのに、家族も友達もいない外国で生活する日本人留学生の孤独と苦しみは、どれだけ大きいか想像できると思います。

また、日本文化もこの問題に大きく関わっています。日本人は久しぶりに会った人に「太ったね」「やせたね」とあいさつのように言います。「太ったね」は「ストレスたまってるの？」か「幸せなんだね」という言葉が続き、「やせたね」は「きれいになった」か「苦労してるの？」と続くでしょう。「太った・やせた」は、会話を続けるひとつのあいさつかも知れませんが、相手に対して非常に失礼な言葉であり、社会が摂食障害を助長しているようなものです。久しぶりに会った人には、相手の生活がどんなものか、外見だけではわからないものです。結局、推測や干渉にしか過ぎない、日本的コミュニケーションの典型だといえます。

体を傷つけることは、自殺がある意味で潔い問題解決策のように思われている日本では、それほど抵抗はないのかも知れません。

摂食障害・自傷行為には、うつ・不安・胃腸障害・睡眠障害・問題行動（万引き、アルコールやドラッグの乱用、無謀な性行為など）を伴う頻度が高いのも無視できない問題で、治療が困難である理由でもあります。これまでに、留学生で摂食障害・自傷行為を克服して立派に留学を成功した人たちはたくさんいます。決してあきらめないこと、自分は価値のない人間だと思っても希望を捨てないことが肝心です。

## 摂食障害のつけ

### (1) 厳しい食事制限やカロリー計算など、自分の決めたルールでがんじがらめになる

摂食障害はアルコール中毒とよく似ています。アル中の人が、常にお酒のことを考え、お酒が生活の中心になってしまうように、摂食障害で悩む学生は、カロリー計算、食事制限、エクササイズ、吐くタイミングや場所、自己嫌悪に費やす時間など、自分で作り上げてしまった決まりやスケジュールに、がんじがらめになってしまう人がいます。昨日あれだけ食べたから今日は一食だけ、明日はテストがあるからチーズを食べる、ジムで３時間運動する、シャワーは３分、吐くのは食べてから15分後、体重は毎朝５回測る、電気はなるべく使わないなど、驚くほど細々としたルールをもっているのです。プログラムされたロボットでない限り、そんな決まりに毎日従って行動できるはずはないのに、摂食障害をもつ人たちはルールを守れない自分に腹を立て失望し、自分を罰し罵倒し、絶対に守ることのできないルールに身も心も縛られてしまうのです。

### (2) 慢性胃腸障害だと思い込み、そのせいでやめられない

胃腸機能の酷使で慢性的な胃腸障害（便秘、便秘と下痢の繰り返し、

胃の不快感、消化不良、胸やけなど）が必然的に起こるので、栄養があるものを適量食べて吐かないように我慢しても、胃が痛み気持ちが悪くなって吐く、食べると便秘するので下剤を飲む、というような悪循環に陥ります。いくら頭ではやめたいと思っても、体の不快感からやめるのは難しくなっていきます。これが慢性化すると「問題は摂食障害ではなく、胃腸障害である」と思い込むようになり、胃腸薬を取っ替え引っ替え試したり、胃腸専門の医者に行って検査を繰り返したり、もっと強い下剤を処方してもらったりするのですが、摂食障害がある限り体調はよくなりません。

### (3) さまざまな体の問題・薬の乱用

摂食障害が慢性化すると、胃腸障害以外にもいろいろな副作用が体に表れます。吐くためにできた傷が手の甲に残る、歯が胃液でボロボロになる、髪が抜ける、生理が止まる、疲れ易くなる、体がだるい、体毛が濃くなる、肩こりや頭痛がする、イライラする、肌が荒れる、目の下にクマができる、爪がもろくなる、めまいがする、眠れない、顔がやつれる、などです。

また、摂食障害をもつ人で、薬を飲むことになんの抵抗もなく、利尿薬・便秘薬・ダイエット剤などありとあらゆる薬を飲んでいる人がいます。薬の危険性の例としては、フェンーフェン（Fen-Phen）と呼ばれるダイエット薬は、その薬を服用した人のうち30パーセントもの人が心臓の弁に異常を起こし、悪化すると肺高血圧症になり死に至ることが判明したため1997年に禁止されました。摂食障害で体の機能がアンバランスになっているうえにさまざまな薬をとると、健康な人以上に副作用や薬同士の相乗効果が現れ、よからぬ結果を引き起こす可能性が高くなります。

### (4) 食費がかさむ

過食がひどくなると食費が高くなるため、限られたお金で生活する留学生は、経済的なストレスも感じるようになります。「先週、お菓子にお金をたくさん使ってしまったから、今週は食事抜き」というように、悪循環を引き起こすのです。

### (5) 現実離れした自分の体のイメージを持つ

ダイエットを始めた頃は適正な目標体重を設定していた人でも、摂食障害がエスカレートしていくと、鏡に映ったありのままの姿を受け入れられなくなったり、体重計の数字がどんなに減っても満足できなかったり、誰かの「太ったね」という言葉が頭から離れなかったり、「やせ過ぎだよ」と忠告されても聞く耳をもたなかったりと、現実とはかけ離れた「独自の現実」をもつようになっていきます。これは一種の妄想で、それでなくてもカルチャーショックや数々のストレスで、精神的にもろい状態になっている留学生にとって、この妄想はたいへん危険です。繰り返し述べているように、留学を成功させるためには「客観性」が不可欠であるのに、「妄想」を抱くと思考が感情や衝動に左右されてしまい、事実や経験や情報に基づく客観性がもてず、自分だけの世界に入り込み出られなくなってしまうのです。この状態の学生は「体重が○○キロ減ったらうつじゃなくなる」「○○キロ増えたから死にたい」「○○キロになればすべての問題は解決する」というような言い方をし、まるで「その体重になれば人生がばら色になる」とでもいうように、体重が魔法の力をもっているかのような考え方をします。この考え方にはまると、体重を減らそうとすることだけに神経が集中するので、当然、根本的な問題は放置されたままになるのです。

### (6) うつや不安が悪化する

「妄想」の話が出ましたが、妄想はずっと続くわけではありません。正気に戻り「摂食障害をしている自分」が客観的に見られる時もあります。そうなると自己嫌悪に陥り、「この先自分はどうなるのだろう」と不安になります。摂食障害が長くなればなるほど、現実を直視することを避ければ避けるほど、うつや不安は悪化します。

摂食障害に苦しみ、孤独や自己嫌悪の毎日を送るにつれ、自分の状態を隠すことに疲れてくると、学校に行くことも人に会うこともできないくらいのストレスで押しつぶされそうになります。人に会うと何か話さなければならないし、何かをしなければならない、学校に行けばよい成績を保ちたいと、そういったすべての期待に応えられない自分が許せない、こんな自分にした周りの人間が許せない、こんな自分を社会にさらすことが怖いなど、ネガティブな感情の泥沼に入っていくのです。

また、自分の不審な行動にいつか気付かれるのではないかと不安になったり、ホストファミリーと一緒の食事が苦痛になったりしてステイ先を出てしまう人や、ルームメイトとの生活が息苦しくなり摂食障害がひどくなってしまう人がいます。これも摂食障害が、「対人ストレス」と関わっていることを証明しています。

### (7) ひとりになるのが怖い

他人といると疲れるけれど、ひとりでいるのは孤独で寂しくてしょうがない。矛盾しているように思えますが、摂食障害がどれほど複雑でつらいものかを考えれば理解できると思います。

### (8) 性格が変わる

摂食障害がひどくなると、家族や友達から「冷たくなった」「ひねくれてない？」「意地悪」「前は明るかったのに」などと、言われるようになります。しかし、本人にしてみれば周りの人たちのほうが「自分を理解してくれていない」ということになるので、彼らの意見が頭に入らないことが多いのです。

### (9) 死

極端な拒食や、食べたものを吐く、また便秘薬と利尿薬の使用などにより「低カリウム血症」が起こることが知られています。低カリウム血症は、脱力、麻痺、腎臓疾患、不整脈などを引き起こします。体内の電解質（カリウムやナトリウム）が異常なアンバランスになると心臓が停止することもあります。

## 自傷行為のつけ

肉体的には、傷があるため半袖やノースリーブ、短パンが着られなかったり、菌が入って感染したり（入れ墨の針が汚染されていて肝炎やエイズなどの病気がうつることがあります）、また、大出血や大怪我、傷が残る、などの望まれない結果が考えられます。精神的には、自己嫌悪やうつ、不安はもちろんのこと、人とうまく付き合えない、友達関係や恋愛関係が長く続かない、引きこもりになる、といった結果になる人もいます。相手の話はよく聞いてあげて面倒見もいいのですが、自分のことになると自傷行為など本当のことは隠して何も話さないので、アンバランスな人間関係になってしまいます。恋愛の相手に、暴力的な人や大きな問題を抱えた人を選んでしまいがちだったり、不眠・眠りが浅かったりするなど、睡眠に問題がある人も多いようです。また、普段はどのくらいまでなら傷つけても大丈夫なのかわかっていても、衝動的に行動を起こし、深く激しく傷つけた場合、大量出血で死に至ることもあります。摂食障害・自傷行為のサバイバル心理学は *p.*250で説明します。

# 過呼吸・パニック症について

最近は、男女に関係なく若い日本人学生に過呼吸やパニック症をもつ学生が増えています。強い感情を抑えられなくなったり、不安で耐えられなくなったりする時に起きるこのような症状は、本人も周りも「体の病気」と思っていることが多く、精神的治療を受けることなく、薬でコントロールしたり、不登校やひきこもりになってしまうケースも多いのです。

## 過呼吸・パニック症のつけ

１度や２度なら「あの時だけの特殊な状態」と思えることでも、頻繁に起こるようになると自分を信じられなくなったり、緊張するようなことや人前に出ることを避けたりするようになっていきます。緊張すると過呼吸やパニックを起こすことに体が慣れてしまうことで、昔は何でもなかった状況でも発作を起こすようになって、自分をコントロールできない感覚がより強まります。過呼吸が激しくなると、脳に十分に酸素がいかない状態が長くなり、症状が治まっても集中できなかったり、記憶がおろそかになったり、といった問題を引き起こすこともあります。学校を続けたくても、教室に入ったらパニックになるのではと思うと学校に行くのが怖くなり、留学を継続すること自体が危うくなります。初めはテストやプレゼンテーションの日にだけ過呼吸になっていたのが、普通の授業でもパニックや過呼吸を起こすようになり、１時間のクラスに座っていることもできなくなり、それで帰国せざるを得なかった学生もいます。パニックや過呼吸を起こさないように抗不安剤や精神安定剤などに頼ってしまう可能性があるのも注意しなければならない点です。

# 摂食障害・自傷行為・過呼吸・パニック症に対処するサバイバル心理学

これらの問題をもちながらも、それと闘って留学を無事に終えることができた人たちの経験から、どうすればそれらを克服できるかを説明したいと思います。

**(1) 症状をそのまま自分であると思わない**

摂食障害・自傷行為・過呼吸・パニック症は単なるコンディションです。例えば、アレルギーで悩む人は「自分はアレルギー持ちです」と言って、体に問題を抱えていると考えますが、摂食障害などの症状をもつ人はそうは思わず、「自分は最低の人間で価値のない人間だ。だから食べて生き延びる必要はない」だとか「自分は性格も容姿も悪く、なんの取り柄もなく、そのうえこんな問題まで抱えている」というような見方をします。彼らは「摂食障害・自傷行為・過呼吸・パニック症が自分の人間性である」と考えているのです。まず、ここを直さなければなりません。これらはあなたの人間性ではないし、あなたが最低の人間だからもっている症状でもありません。症状と自分は別ものであることを認識してください。

**(2) ストレスに気付き、問題解決できるようになる方法**

これらの問題をもつ人に共通しているのは「なぜかわからないけど過食した」「気がついたら腕を切っていた」「楽しかったのに急に過呼吸になった」といったコメントです。泣きながら吐いても手首から血が出ても「何も感じない」という話もよく聞きますし、「痛みを感じるのは何日も後」という人までいます。自傷行為をしていたある学生が、この現象を的確に表現していました。「私の中にブラックボックスがあるんです。そこに親と言い合いしたとか、友達とうまくいかないといったネガティブな情報が入ると、中で不思議なことが起き、その箱から出てくるのは『とにかく切りたい』という気持ちだけです」。別の過呼吸で悩んでいた学生は「同じような状況でも、なる時もあればならない時もあって不思議です。まるでいつ爆発するかわからない時限爆弾を抱えているようです」と話してくれました。

このような行為の裏には、必ずなんらかの原因や理由となる「きっかけのストレス（その日に起きた嫌なこと）」と、「たまりにたまったストレス（昔からの問題や悩み）」という２種類のストレスがあります。パンパンに膨らんだ風船がちょっとした刺激で割れてしまうように、きっかけのストレス自体は大したことがなくても、それまでにたまったストレスがあると感情が抑えられなくなり、問題症状を起こしてしまうのです。普通は嫌なことがあると、それに対する感情が生まれ、次にその嫌なことを処理するという２段階のプロセスになります。しかし問題行動を起こしやすい人は、なんらかのストレスやつらいことがあると「ネガティブな情報に対する心理的反応」や「問題の解決」の段階は飛び越され、問題行動に直接至ってしまうのです。つまり学生の発言にあったブラックボックス・時限爆弾とは、飛び越されてしまった段階を示しているのです。本人たちにすると、「ストレス」から「切る（食べる・吐く・過呼吸など）」までの間はあっという間で、頭の中で何が起きているのかわかりません。「きっかけのストレス」で「昔からたまっているストレス」が活性化され、さまざまな感情がわっと出てきて何がなんだかわからないまま、それでもなんとかしなきゃと問題行動によってストレスを解消しようとするのです。

「何も感じない」「なぜだかわからない」という状態から、「なぜかわかる」まで、いくつかのステップが必要です。第１のステップは、問題反応を起こした時に何を感じたかを探ることです。少し頭の時間をスローモーションにしてみましょう。そして下のような図を作り、その直前にどんな感情をもっていたか、やっている最中はどんな気持ちだったか、終わってからどうだったかを思い出してください。

### ① その時の感情を知る

| 直前の感情 | 最中の感情 | 終わってからの感情 |
|---|---|---|
| 例）パニック、寂しい、イライラした、ストレス、羨ましい、焦り、怒り、悲しい、など | 例）何も考えられない、すごい集中、惨め、情けない、必死、頭は真っ白、など | 例）ほっとした、心が不思議に落ち着いた、またやってしまった、罪悪感、恥ずかしい、情けない、など |

### ② その日の出来事を探る＝きっかけのストレスを見つける

問題行動を起こした直接の原因は「直前の感情」なわけですから、次にその感情を作り出した原因や理由を考えます。これは「きっかけのストレス」を知るためです。その日は、どこで、誰と一緒にいて、どんなことをしていて、自分の体調はどうで、どんな気分だったのか、その日の気持ちの変化などを詳しく思い出してみてください。この時点で「普通の人なら平気な状況なのに」「自分も楽しんでいたのに」「いつもと同じクラスだったのに」「この程度でこんな行動に走る自分はおかしい」などの自己批判は禁物です。とにかく、あなたにその感情を起こさせた原因を追求するほうが大切です。

**【例】**

昼間、友達に会って食事をして楽しかったのに、なぜか家に帰るとイライラして過食をしたという学生にその日の出来事を思い出してもらいました。

**「前日宿題がたくさん出たのですが、その夜は疲れてできなかったので、翌日は昼から図書館に行こうと思っていました。すると友達が電話してきて、ダウンタウンでみんなで食事しようと誘われました。その友達はいつも急に電話してきては呼び出す子で、でも悪い子じゃないし、行ったら楽しかったけど、帰ってからなぜかイライラして過食をして吐きました」**

考察：
ここには「宿題がたくさんある」「自分の計画が崩れた」「いつもその子に急に呼び出される」と３つのストレスがあることがわかります。さらに、もっと気分の動きを詳しく説明してもらうと、こんな答えが返ってきました。

**「電話がかかってきた時は正直言うと少し嫌な感じがしました。でも友達に誘われるのはうれしいし、すぐ宿題をするわけでもないので行くことにしました。その子はほかの子も誘ってみんなで中華に行こうって言っていたのに、結局３人しか集まらず、結構いいイタリアンレストランに行くことになりました。私はお金を節約しているので高く感じました」**

考察：
上の３つのストレスに加えて、「その友達と出かける気があまりなかった」「本当はもっとたくさん来るはずだったのに３人しか来なかった」「中華の予定のはずが高価なイタリアンになった」というストレスがあったことがわかります。彼女の最初の言葉では「これといったストレスもなく楽しい日だったのに過食した」という解釈でしたが、実は６つものストレスを感じていたのです。

ストレスに気付く練習は、自分を発見する作業でもあり、時に苦痛を伴います。この学生は「その子のことが好きだし楽しかったのに、こんなに自分が嫌だと感じたり怒ったりしていたなんてショックです」と驚いていました。人との関係をこのように探っていくと「今までこうだと思っていたこと」が「そうではなかった」に変わるのですから、自分の価値観をゆすぶられるような感じがするかもしれません。でも、このプロセスを通らなければ新しい自分にはなれないのです。

### ③ たまっているストレスを探る

問題行動が初めて起きた頃や激しくなった頃の生活状況や家庭の様子、学校はどうだったかなど生活全般を思い出してください。「あの頃はちょうど祖母が病気だった」「友達が引っ越していった後だった」「父親がビジネスを始めた頃」など、自分をめぐる大きな環境の様子を知ることです。ひとつの問題行動の記録ができたら、別の問題行動についても同じように記録をしてください。少なくとも3つくらいあると「たまったストレス」と「きっかけのストレス」の関連性を分析するのに役立ちます。

さて、上記の学生に6つのストレスの中でいちばんつらいものは何かと聞くと、「自分の計画が崩れたことです」という答え。そこで、過去に計画が崩れてつらかった時のことを聞いてみました。

**「日本にいる時からいつも友達に押されてしまっている気がします。誘われたり頼まれたりすると断れないんです」**

考察：
この学生のたまっているストレスは、人との関係の中で自分を出せないことにあったのです。

### ④ ストレスを感情で表し、自分の正直な気持ちを言葉にする

それぞれの問題行動が始まる直前やその日の「素直な感情」を思い出します。「実はあのミーティングは行きたくなかった」「プレッシャーがあった」「クラスに入った瞬間なんか嫌だった」などの気分や雰囲気を知るのです。ここでもネガティブな感情をもっていること自体が嫌だとか、そんなふうに感じるのは自分がおかしいというように思わないことです。映画やドラマでも、悪役なのに「この人の気持ちわかるな」と感情移入できることがあるでしょう？　ネガティブな感情でも、この状況なら当たり前という場合は多いのです。だから心配せず、素直に気持ちを認めてあげましょう。

**【例】**

同じ学生に素直な気持ちで「ストレス」のことを話してもらいました。

**「友達は大事だけど、私には私の予定があるから、相手のやりたいようにやられるのは正直、嫌です」**

### ⑤ いくつかの問題行動記録を見比べる

なんらかのパターンがわかってくるとしめたものです。これまでの留学生と上記の練習をすると、たいていは「我慢し過ぎていた」「嫌なことをやっていた」「疲れがたまっていた」「自分の意志とは逆のことをやっていた」などの感情が見つかりました。しかし、彼らは「このくらい普通の人なら耐えられるはず」「自分の役目だから断れない」「私もやりたかった」「いい人でいたい」「波風をたてたくない」「相手の立場を考えると悪い」と、自分をごまかしたり我慢したりしてしまっていたのです。摂食障害、自傷行為、過呼吸、パニック症を持つ人で、「強くない自分」「少々のことが耐えられない自分」「我慢できない自分」をなんとかしたいと思って

いる人は少なくありません。しかし、これはまったく逆で、「自分を守る」「自分の気持ちを出す」「健康管理をする」といった方向でものを考えるほうが症状は改善されるし、人間関係もうまくいくのです。自己主張せず嫌なことを我慢し続けたり感情をため込んでしまうから、体の症状となって出てくるのです。

**⑥ 問題解決力を身に着ける**

今後、同じようなストレスが起きた時にどう対処するかを考えるのです。ちょっと疲れたら休む、嫌だと思ったことなら断る、不公平だと感じたら口に出して言うなどの対策を考えるのです。「自分にはそんなことできない」と思うなら「ほかの人ならどうするか」と友達にアドバイスするような気持ちで考えてみましょう。取るべき態度が別にあることを知るのが重要です。そしてできることからやってみてください。いつか始めなければ爆弾・ブラックボックスはなくなりません。「爆弾を抱えている自分」から「爆弾が何かを知ること」、次に「爆弾を処理する方法」を知ると「自己管理ができる自分」になれるのです。

最後に、同じ学生に「では次に同じことが起きたらどうすべきと思う？」と質問しました。

**「正直に『きのう疲れて宿題ができなかったから、今日は図書館に行きます』と言います。でも友達は失いたくないからまた誘ってねとも言うかな」**

「断ると悪いから」と思っていた時は、断ると相手が傷つくとか怒ると考えていたのかもしれませんが、実際にこうして言ってみると、「学生だから仕方ないか」と思えるはずです。

### (3) 過呼吸発作の時

過呼吸では、呼吸し過ぎるため、血中の酸素濃度は通常以上に上がっているのに、本人は空気が吸い込めない状態を作ります。そのため、まず自分に「落ち着け」と言い聞かせてから、10秒に１度呼吸するようにして、しばらくすると発作は治まります。何度も過呼吸になる人は、自分の発作の起こり方を知り、早めにゆっくりと呼吸をするようにすると自分でコントロールできるようになるでしょう。しかし、狭心症、気胸、喘息、脳腫瘍、脳炎、日射病などでも過呼吸になることがあるので、「ただの過呼吸」と考えず、医者に相談することも大切です。

### (4) 実家の食事風景を思い出す（摂食障害）

摂食障害をもつ人の中には、実家での食事習慣に問題があった人がいます。例えば、小さい時、食事のたびに食べ方やお箸の持ち方などでひどく叱られた人、必要以上の量の食べ物を親に無理に食べさせられた人、親が病弱で子どもにだけ食事を作り親本人は子どもの前で食べなかったという人、親自身に摂食障害があった人、太るからとおやつを食べさせてもらえなかった人など、家庭によってさまざまな食事習慣があります。自分の家はどうだったのか思い出して、今のあなたに影響しているものがあるかどうか考えてみましょう。

また、母親、父親、祖父母、きょうだいとの関係の中でのストレスや問題が、留学先で「相手は違うけれど、同じ種類のストレス」として感知されることがあります。例えば、ホストマザーはアメリカ人で干渉しないことはわかっているのに、いつの間にか「監視の目がきつかった実家の母親」のように感じて、次第に彼女が家にいると落ち着けなくなり、彼女の作った料理を食べると吐くようになったという人がいます。日本を離れても、相手がアメリカ人でも、人との関係で生じる「感情やストレス」は変わりません。もしかしたら「あれ」と「これ」は関連しているのではと考え始めると、摂食障害を「なんの理由もなく襲ってくる発作」のように恐れることはなくなるのです。また「14章　家庭の問題」も参照してください。

### (5) 問題行動で得られているものを知る

カウンセリングで学生の話を聞いていると、問題行動はやせたい、ストレス解消、強くなりたい、といった簡単な理由だけではなく、もっと複雑な役割を担っていることがわかります。「摂食障害が友達のように感じる」「入れ墨で自分への誓いを残したい」「腕から血が出て痛みを感じると、自分が生きていたと認識できて自分がいとおしくなる」「それをするのが心のよりどころ」「ピアスの穴を開けるたびに強くなれる気がする」「過呼吸になった自分をどう扱うかを見ると、その人がどんな人がわかる」「パニックになると彼が優しくしてくれる」「子ども時代、大した理由もなく親に叩かれた時、痛みを我慢しようと自分で別な所をつねっていたので、今でも嫌なことがあると腕や足を傷つけてしまう」「○○に復讐したいから」「自分が嫌いだから罰としてやる」など、驚くほどいろいろな役割があります。

その一つひとつの役割が、別の方法で置き換えられるようにすると、その行為に頼らなくてもよくなります。例えば、「入れ墨をすると強くなれる」という人は、入れ墨が自分の強さの証拠のように思っています。しかしふたつ目の入れ墨を入れようとしていた学生に「では入れ墨が増えると、あなたがもっと強くなったってこと？」と聞くと、「入れ墨だらけになったら、こいつはここまでしないと強くなれなかったんだって思われるかも。温泉で全身入れ墨のやつがいたら、俺そう思うもんな。空いばりしているみたいにはなりたくないな。本当に強い男って、人の目なんか気にせず自分の道をどんどん進んでいくやつですよね」という返事でした。

あなたが、どれほどの役割を問題行動にもたせているのかを知ることは、自分を理解する作業でもあり、それを克服する上での貴重な情報になります。特に、「友達が同情してくれる・優しくしてくれる」「先生が特別扱いしてくれる」といった理由の場合、問題行動には「隠れた特典」があることになり、どんなにネガティブな行動でも、そんな特典がある限りなかなかやめられるものではありません。「人がよくしてくれる・面倒を見てくれる」という特典がある人は、問題行動がなくなっても人は自分によくしてくれることを理解し経験しなければ、「問題を抱えているほうがいい」ということになってしまいます。本当にあなたにとっていい友達は「いい時も悪い時も関係なく友達」であるべきで、問題を抱えているあなたには優しく、元気なあなたには優しくないのは、何かがおかしいと思いませんか？

### (6) 周りの人にばれたらそれをいい機会だと考える

本人は問題行動がほかの人にばれていないと思っていても、学校、ホームステイ、寮の人たちや友達に気付かれることがあります。摂食障害の説明の中で先に出てきた「妄想」がある時は人の言うことは信じられないものですが、あなたの信頼できる人が言うことは却下せずに受け止めましょう。「夜中にトイレで吐いているのが聞こえたらしく、ホストマザーに、あなたは過食なの？　と問い詰められた」「彼に腕の傷を見られて質問攻めにあった」「アドバイザーに無理矢理病院に連れて行かれた」「うつや不安がひどくなって、それを友達に指摘された」。このようなきっかけで治療を始めて、結果的に留学もうまく行ったケースがたくさんあります。自分が密かにやっていた惨めな行動を指摘されるのは、とても恥ずかしく、この世の終わりだとさえ思うかもしれません。でも、「今ではホストマザーに感謝しています」「治療を受けて本当によかった」と言って学校生活を続けている留学生がいることを知ってください。だから、問題行動がばれた日を「自分を変える記念日」だと思ってなんらかの治療を始めましょう。

### (7) 自分の時間・自分のペースを守る

留学中は住環境、友達の種類、時間、お金、いろいろなことに制限があります。そんな中で「人付き合い」が入ってくると、自分の時間はなくなり、自分のペースは簡単に崩されます。週末はひとりでいたい、睡眠不足なのでゆっくり寝たい、ルームメイトがいるけれどひとりになりたい、思いっきり掃除したい、というようなニーズはなによりも優先されなければなりません。カレンダーを取り出し、1～2カ月先まで「自分の日や自分の時間」をあらかじめ決め、その日には大きく「X」を入れましょう。大きなテストがあるからその前の週は勉強したいと思うなら、その週にはすべて「X」を入れ、あなたが「自分のペース」を守れるように計画を立てるのです。友達のお別れ会があって、それには行きたいけれど泊まりたくはない、というのなら「何時から後はX」とするのです。そして、「X」の日は、誰に誘われても「その日は予定があってやることがあるので」「最近疲れてて、休みたいから」「自分の時間がほしいから」と断りましょう。摂食障害・自傷行為・過呼吸・パニック症を持つ人が、こうして自分のペースを保ち、「NO」と言えるようになると、「自分のニーズ」がやっとわかってきます。「NO」と言うだけでなく、「友達と何かしたいな」とあなたが思うと、自分で電話をしたり計画を立てたりするようになり、「他人に言われっぱなし、やられっぱなし」のあなたから「自分で行動できる人」になれるのです。ささいな自分のストレスがわかると、ストレスの対処もできるし、付き合う友達の質も変わり、「芯がある行動」をとることで人から尊敬されるようにもなります。

### (8) 摂食障害：美しくなる VS. 中身を磨く

留学中は、やることもストレスも多いのに、十分な時間はなく、勉強もして運動もしてという余裕はありません。ホームステイにしても、寮やシェアハウスにしても、他人との生活はストレスが多く、英語の勉強にしても脳が働いているので、体はそれほど使っていなくても脳が栄養を必要とするのです。留学したら少しは太るものだと覚悟しましょう。美しくなることが留学の目的ではなく、あなたの中身を磨くことが第１の目的です。中身が磨かれれば生き生きしてくるし、目標を達成すれば自信がつきます。留学して急に太ったことに焦り、食生活が崩れ、集中できない、うつになる、それでイライラしてまた食べるという悪循環に陥っている人が多いのは、留学に非現実的な理想を抱いているのだと思います。「健康で、生き生きしていて、美しく、かつ勉強もちゃんとする」なんて姿を思い浮かべていると、すぐに壁にぶち当たってしまいます。留学中は、格好悪く、思うようにできないものです。どんなに不細工な過程を経ても、目標を達成できる人間はそれから美しくなることに時間とエネルギーを費やせますが、不細工な過程が耐えられず、そこであきらめる人は、美しくなれたとしても外見だけで、中身は「自信がない、やるべきことが終われない」ままです。

### (9) 衝動コントロールの練習

衝動的に問題行動をする人は、少しでも「やりたい」と思った時、行動に移す前に、紙とペンを取り出してこれらの質問に答えてみてください。衝動性をコントロールできるようにするためには訓練が必要です。いくら冷静な時は「もうしない」と思っても、その場その時になるとやってしまうからです。以下の記録が増えるたびに、問題行動以外の方法が思いつくようになり、衝動性も抑えられるようになります。

① その時の日付・時間・場所
② どういう状況か、その日や前日の出来事は？
③ どんな気持ちか、なぜやりたいと思うか
④ 問題行動をしたらどういう結果になると思うか
⑤ 問題行動をすることで自分は何を言おうとしているか、何を得ようとしているか

⑥ **問題行動ではない行動は何ができるか（「15章　ストレス解消法」を参考にしましょう）**

⑦ **どんな問題行動以外の行動をして結果はどうだったか**

衝動的な人は「長期的目的」よりも「今の満足」を追及しがちです。留学を終えられること、学位を取ることを危険にさらすほど自分の体を痛める人は、「目先の満足」と「自分の将来」の重要さがひっくり返っています。これを学生に言うと、「自分を傷つけて気が治まるのは簡単です。でも自分の根本の問題を解決するのが難しいのです」と言う人がいます。まさしくそのとおりです。問題行動をするまで追い詰められている留学生が抱えている問題は、うつ、不安、恐怖、絶望などシリアスなもので、それを解決するのは時間もかかるし努力も必要です。しかし、それらを解決せずして問題行動を続けても、根本の問題に加えて問題行動からくる自己嫌悪が積もるわけで、いい結果が待っているとは思えません。

### (10) 根本の問題を解決しましょう

自信がない、うつである、不安で仕方がない、将来に希望がもてないなど、問題行動で乗り越えたい根本のものは何なのかをまずはっきりさせてそれを解決しましょう。自分ひとりで治そうとして苦しむのではなく、友達に話す、家族に話す、先生に話すなど、誰かに相談することです。それだけではよくならないなら、専門家の助けを得るようにしましょう。医者に相談する、栄養士に会う、カウンセリングに行ったり、薬を飲んだりして治療を始めてください。摂食障害の治療には抗うつ剤が効果があることが知られています。ほかの章でも何度も言いましたが、アメリカ人は「人生に問題はつきもので、それをどう解決するかが大切で、問題解決のために助けが必要なら援助を得るのは当然だ」という考え方をします。人に自分の問題を言うなんて恥ずかしいとか、ひとりで解決するべきだとは考えず、思い切って相談したり治療を受けたりしてみると、早くよくなっていい留学生活が送れるでしょう。

### (11) 自傷行為：決心を紙に書く

強くなろう、自信をつけたいなど、決心の証がほしいなら、自分の体でなくてもいいはずです。その気持ちを書き留め、常に目に入る所（冷蔵庫のドアなど）に貼っておいたり、携帯のメモに書き残したりして毎日見るようにしましょう。また、自分の決心の儀式をするのも一案です。自分の体を傷つける以外で、何か区切りになるようなセレモニー、例えば「もう自分の体を傷つけません」という決心を書いた紙を風船につけて飛ばす、海や川などの水に浸かる、決心やその時の気持ちを書いたものをタイムカプセルに入れて「何年か後に健康な自分として読めるように」埋めたりするのです。「これから根本の問題をちゃんと解決します」と書いた紙を財布に入れて持ち歩いたり、決心した日をちゃんとカレンダーに記録しておいたりするのも、自傷行為をしなくなった自分を確認できる手段です。

### (12) 体の傷をどう人に説明するか

自傷行為を克服していくうち、いつかは大切な友達や彼・彼女に話さなければならない時がきます。しかし、どこまで何を言うのかは難しい質問です。すべて言う必要はないし詳しく説明することもありません。以下の例を見て、あなたなりの説明をいくつか考えておくといいでしょう。

**「これはすごくつらかった時代の傷なんだ」**

**「昔、自分のことがわからずにやってしまったことで、今では後悔している。でも、今そう言える自分がうれしい」**

**「若かった頃、いろいろ悩んでいて、その頃傷つけてしまったんだけど、もう過去のことで、今は大丈夫なの」**

**「あの頃はずいぶん落ち込んでいて、こんなこともしてたんだけど、なんとか乗り越えたんだよ」**
**「これをやった時、つらいことが立て続けに起きていたの。なんとかしたかったけど、自分では何もできず気が付くと切っていたの。でも、私も強くなって、今この傷を見ると『よくここまで来たな』って感じ。勲章みたいなもんかな」**

### (13) 自分を大切に

摂食障害・自傷行為・過呼吸・パニック症をもつ人たちは優しく、気のきく、繊細な人です。誰か周りに人がいると、その人のことを自分のことよりも先に考えてしまう、そんな人です。家族のことを心配し、友達のことを心配し、どうすればみんなが幸せになれるのかを考えています。だから、相手が誰であっても、その人は今自分に何をしてもらいたいのだろう、自分に何ができるのだろうと考えてしまい、もし10人の人に囲まれたとしたら、10人の期待に応えなければならないと思うので、それができない自分に失望し、10人の人に申し訳ないと思うのです。周りの人の状況がわかり気が利くのは、頭のいい人だという証拠です。

生まれたばかりの赤ちゃんは、大人に可愛がられ大切にされます。そして、本当は大人の命も赤ちゃんと同じように大切に扱われるべきなのです。今は「自分は最低で生きる資格のない人間だ」と思っていても、実際はそうではありません。問題を克服した人たちは、「あの頃の自分がなぜあれだけ自分を憎んでいたのかわかりません」と言います。今はつらくても、留学という夢を抱いた人なら、絶対に心のどこかには希望をもっているのです。その希望をもう一度見つけ出してそれと闘ってください。闘っていくうちに、本当のあなたが少しずつ出てきてくれるはずです。摂食障害・自傷行為・過呼吸・パニック症というコンディションが治まってから表れてくるものが、本当の自分であり、それは今の自分は知らないすてきな人なのです。

# 13 アルコール・ドラッグ

遅刻・欠席・成績低下などが理由で、学校からカウンセリングに送られてきた学生の話を聞いていくうちに、お酒やマリファナ、コカインなどの問題が明るみに出てくることがあります。しかし、それらを使用していることを認めても、「自分の問題は酒ではなく自信がもてないことです」とか「ドラッグはいつでもやめられます。ただ勉強が面白くないだけです」と真の問題に直面しようとしない人がいます。また、「お酒やたばこはドラッグとは違う」と思うかも知れませんが、依存を引き起こす点では同じなので、お酒やたばこがきっかけでドラッグに手を出してしまう学生も多いのです。それらに依存してしまった学生は、悲しいことに、自分を見つめ直して立ち直るケースは少なく、そのほとんどが卒業せずに、自主的に帰国したりほかの州に移ったり、また、学校から強制的に帰国させられたりするという結果に終わるのです。

カフェインは違法薬物ではありませんが依存性があります。コーラ、レッドブル、コーヒーなどに含まれ「集中するため」「眠気予防に」と1日に何杯も飲むようになると不眠と疲労が慢性的になってしまいます。依存症になる前はいくら飲んでも眠ることができたので、「コーヒーが不眠の原因だと知りませんでした」ということになるのです。

アメリカでは、公衆の場で違法薬物を服用するのはもちろん、所持しているだけで逮捕されます。また、地域によって法律が違いますが、シアトルでは、お酒はレストランやバー、大リーグやNBAのスタジアム、アパートの中や家の庭、「酒類を扱うパーティー」として許可書を得ている場所（公民館の一室や公園）でのバーベキューなど、決められた場所でしか飲めません。路上や公園で缶ビールを飲むのも違法、車の中に栓の開いたワインやビール瓶があっても違法です。そのためお酒の自動販売機は路上にはありません。アルコールに関する常識が日本とはずいぶん違うことは頭に入れていてほしいと思います。なお、アメリカの飲酒年齢は21歳以上です。

この章では、アルコールやドラッグがなぜ危険なものなのか、どうすればそれらに頼らずに留学生活を送ることができるか、使用している人ならどうすれば立ち直れるかを説明していきます。

# 薬物に関する定義

**薬物乱用（abuse）**

薬物常用によって欠席、遅刻、成績の低下などが起きる、運転中など薬物を使用すると危険な状況でもやってしまう、薬物使用によりけんかになったり物を盗んだりして逮捕される、周囲と薬物使用が原因でもめる、やめるように言われていても続けてしまう、以上5つの項目のうち、少なくともひとつが過去1年の間に起きた場合を指します。

**薬物中毒（intoxication）**

それを使用して特有の症状を来していて、精神的影響（攻撃的になる、気分の浮き沈みが激しくなる、判断力が鈍る、勉強や仕事に支障が出るなど）がある。

**禁断症状（withdrawal）**

かなりの量を長期にわたって使用していた場合、それをやめたことによって、その薬物特有の禁断症状があり、勉強や仕事など社会的機能に支障が出る。

**薬物依存（dependence）**

以下の項目のうち、3つ以上が過去1年間に起きた場合を指します。

1）精神的に「ハイ」な状態になるために、前よりも多い量の薬物が必要になるか、同じ分量では効果がないなど、耐性が高まっている。

2）薬物を服用しないと禁断症状が起こり、それを避けるためにまた薬物を服用してしまう。

3）普通の分量よりはるかに多い量を服用するようになった。

4）常にやめたいと思い、実際に量を減らし、やめる努力もしたが不成功に終わった。

5）薬物を得るためにかかる時間（遠方まで出掛けたり、何軒もの医者に行って薬をもらうなど）、薬物を使用する時間、その作用から通常の状態に戻るまでにかかる時間などが増えてきている。

6）薬物の服用が原因で、今まで楽しかったことややらなければならないことが、手つかずになったりいいかげんになったりした。

7）薬物乱用によって望まない結果が起きているにもかかわらず続けてしまう。

（*Diagnostic and Statistical Manual of Mental Disorders, Forth Edition, Text Revision* 参照）

# 薬物の分類

| 薬物の種類 | よく使われる名称 | 依存性 |
|---|---|---|
| **カフェイン** | コーヒー、お茶、コーラ、マウンテンデュー、レッドブル、風邪薬、鎮痛剤、ダイエット剤、栄養ドリンクなど | |
| **ニコチン** | たばこ、噛みたばこ、葉巻、ニコチンガム、ニコチンパッチなど | あり |
| **アルコール** | ビール、ワイン、ウィスキー、日本酒など | あり |
| **大麻** | マリワナ、ハシシュ、ポット、ウィード、グラス、ドープ、ジョイント、メリージェーン、ＴＨＣなど | あり |
| **アンフェタミン**<br>**メサンフェタミン** | スピード、アイス、メス、クランク、クリスタル<br>食欲抑制剤もこれを含んでいることがあります | あり |
| **コカイン** | クラック、スピードボール、ロック、スノウ、パウダー、スニーズなど | あり |
| **幻覚剤** | ＬＳＤ、アシッド、メスカリン、ＳＴＰ、ＭＤＭＡ、ＭＤＡ、エクスタシー、Ｘ、マジックマッシュルームなど | あり |
| **吸入剤** | ガソリン、シンナー、セメダイン、スプレーのペンキ剤など | あり |
| **アヘン系** | モルヒネ、ヘロイン、コデイン、メサドン、スマック、ホース、ドープ、ブラウンシュガー<br>咳止め薬にも含まれています | あり |
| **フェンシクリジン系** | ＰＣＰ、ケタジェット、ビタミンK、ホグ、トランク、エンジェルダストなど | あり |
| **鎮静剤**<br>**睡眠薬**<br>**精神安定剤** | | あり |
| **その他** | ステロイド、笑気ガス、抗ヒスタミン剤など | あり |

ここに挙げているのは一部であり、他にも様々な組み合わせで作られたものが売買されています。

| 中毒症状 | 禁断症状 |
|---|---|
| じっとしていられない、神経質になる、興奮、不眠、顔の紅潮、頻尿、胃腸障害、筋肉のけいれん、頻脈、不整脈、思考や考えがまとまらないなど | |
| 疲労、筋肉の痙攣、呼吸が早くなる、心拍数増加、腹痛、血圧上昇、混乱、うつなど | 不幸感やうつ、不眠、イライラ、怒り、不安、集中力低下、食欲亢進、体重増加、心拍数低下など |
| 非常識な性的行動や攻撃的態度、精神不安定、判断力・集中力・記憶力の低下、ろれつがまわらない、手先・足元が不安定になる、眼震、昏睡など | 発汗、頻脈、手の震え、不眠、吐き気や嘔吐、幻覚症状、不安、けいれんなど |
| 不安、目の充血、食欲亢進、口の渇き、頻脈、判断力低下、手足が不安定になる、人前に出たくなくなるなど | |
| 過敏やぶっきらぼうになり人との接し方が変わる、不安、緊張、怒り、腕をさするなどの同じ動作が続く、判断力の低下、頻脈か徐脈、瞳孔が開く、血圧が上下する、発汗か悪寒、吐き気や嘔吐、体重低下、不整脈、錯乱、けいれん、昏睡など | 不幸感、疲労、生々しい悪夢、不眠か過眠、食欲の亢進、動作が鈍くなる、落ち着きがなくなるなど |
| 同上 | 同上 |
| 過度の不安や恐怖、発狂しそうな恐怖、妄想、判断力低下、意識レベルの変化（体感異常・錯覚・幻覚・自分がそこにいないような感覚・現実感喪失）、瞳孔が開く、頻脈、発汗、動悸、視野がぼやける、震える、フラッシュバックなど | 同上 |
| 過度に用心深くなる、攻撃的になる、無感情、無気力、判断力低下、めまい、眼震、反射神経低下、視野がぼやける、昏睡など | |
| 無感情、不幸感、行動が落ち着かないか鈍くなる、判断力や記憶力の低下、瞳孔変化、ろれつがまわらない、注意散漫、昏睡など | 不幸感、吐き気や嘔吐、涙や鼻水が出る、瞳孔が開く、筋肉痛、体毛が立つ、発汗、下痢、発熱、不眠など |
| 衝動的や攻撃的になる、予測できない行動になる、眼震、血圧上昇、頻脈、無感覚、運動失調、どもる、筋肉の硬直、けいれんや昏睡、聴覚過敏など | |
| 精神不安定、異常な性的行動や攻撃性、ろれつがまわらない、手足がおぼつかない、眼震、注意散漫や記憶力の低下、昏睡など | 発汗、心拍数増加、手の震え、不眠、吐き気や嘔吐、幻覚、錯覚、不安、大発作など |
| あり | あり |

## クラブドラッグ

アメリカでは raves（レイブ）や trance（トランス）と呼ばれる10代から20代前半の若者を中心にした夜どおしのダンスパーティーがあり、その多くが使われていない工場や倉庫などで行われます。レイブやトランスに行くほとんどの若者は純粋にダンス目的ですが、中にはそこで club drugs（クラブドラッグ）と総称される薬物を売ったり、使ったりする人たちもいます。色がカラフルだったり、錠剤にマンガのキャラクターが書かれてあったりして「薬」に見えないこと、若者をターゲットにした薬物なので価格が低いことなどが、売るほうにも買うほうにも気軽な感じを与え、この問題を深刻なものにしています。価格が低いドラッグは、物質が不純で実際に何が入っているかわからないという危険性があります。また、無臭無色なものは飲み物に混ぜてもわからないので、お酒やジュースだと言って飲ませ、意識がぼやけたらレイプするという目的に使われることもあります。これは date rape（デイトレイプ）と呼ばれ、知っている間柄や「彼氏・彼女」という関係の中で行われる、れっきとした犯罪です。

「クラブドラッグ」という名前自体には危険なイメージはありませんが、実際は前ページの表にあるような薬物に違いはありません。代表的なものとしては、幻覚剤のエクスタシー、MDMA、LSD、GHB（別名：液体エクスタシー、G、ソープ、イージーレイ、ビタG、ジョージアホームボーイなど）、動物用麻酔剤のカタミン（別名：スペシャルK、ビタミンK、キャットバリウム、Kなど）、鎮静剤のロヒプノール（別名：ローフィーズ、ローチーズ、ロープ、ルーフィーズなど）、覚せい剤のメサンフェタミン（別名：メス、スピード、アイス、チョークなど）があります。いずれも過剰投与では昏睡状態やけいれん、呼吸停止が起きるので大変危険です。

# 薬物が作用する仕組み

人間も動物も欲求が満たされた時、脳はドーパミンと呼ばれる神経伝達物質を出し、それが脳神経に「喜び」の感情としてキャッチされます。この機能は「脳のご褒美の道」とも呼ばれ、こうやったらこんなにうれしかったというように、脳はどうやってご褒美がもらえたかを記録します。子どもがひとりで洋服を着られた時親に褒めてもらうと、もう1回ちゃんと着て褒めてもらおうとするのは、この「ご褒美の道」が使われた例です。このようにご褒美は普通、もらえるまでにはなんらかの努力と、それが認められるまでの時間がかかるものです。しかし、薬物は「ご褒美の道」を通らずに、直接脳にドーパミンを出させることができ、ドーパミンに脳神経は自動的に反応するので、努力も時間もかからず「喜び」を感じられるのです。すると当然、脳は「わざわざ面倒な努力をすることもなく、待つこともなく、簡単に気持ちよくなった」事実を記録してしまいます。子どもでも「こうやれば褒めてもらえたという記憶」をすぐに応用できるのですから、薬物さえやれば楽になれる、気持ちよくなれるということを大人の脳が忘れるはずはありません。ご褒美には努力と時間がかかるのは頭ではわかってはいても、もっと簡単な道を知ってしまったために、「つい」その道を選んでしまうようになるのが「依存症」の原因です。

また、薬物によるドーパミンの放出量は、「努力、時間、ご褒美」という自然のルートで出るドーパミンよりも量がはるかに多くスピードも過激です。ドーパミンをキャッチする側の脳神経には「通常のドーパミン受容分」しかキャパシティーがないため、一気に大量のドーパミンが来ると飽和状態になり、受容機能がキャパシティーを超えてシャットダウンしてしまいます。1回目はドラッグをやって気持ちよくなっても、何度もやっていくうちに「同じ量では効かない」「量を増やしても気持ちよくならない」

のはこれが理由です。同様に、「ご褒美の道」でドーパミンを出す機能が使われなくなると、自然にドーパミンを分泌する能力も激減してしまいます。だから、薬物によってしか快感を得られない状態を引き起こしてしまうのです。

最近、薬物依存者の脳の研究でさまざまなことがわかってきました。どの薬物にしても長期乱用によって脳はダメージを受け、そのダメージを受けた部分の多くが、学習と記憶をつかさどっている部分であること、やる気や意志の力の部分もダメージを受けること、薬物依存者の脳のスキャンは、ギャンブル中毒者のものと酷似していること、などが明らかになってきました。判断や衝動の制御をつかさどる前頭葉は10代ではまだ発達途中のため、21歳以前で薬物を乱用するとこの部分にダメージを受けるので正しい判断や衝動の制御が難しくなります。そのため、21歳以降で薬物を始めた人よりも、それ以前で始めた人の薬物依存の確率は高くなるのです。

# 薬物依存の心理学

## 薬物依存が始まるきっかけ

- 朝早い授業で集中するために大きなサイズのコーヒーを飲んで、昼からは眠いのでまた飲んで、夕方には宿題をする前にまた飲んで、結局1日に10杯以上コーヒーを飲むようになり、飲まないと何もできなくなった
- 学校のストレスがひどく、リラックスするためにお酒を飲むようになった
- たばこを吸っていないと不安で、やめたくてもやめられない。たばこがないと人と話もできない
- 1度くらいドラッグを経験したかった。興味心でやってみたら、気持ちよくて楽しくておいしくて、集中力がすごかった。少しくらいならと2回3回とやっていくうちに、ある時薬が切れてシラフになり時恐怖感でいっぱいになり、もうやめられないと思った
- 交通事故に遭ってから全身の痛みが消えず眠れないほどになって、眠りたくてお酒を飲み始めたが、それでは眠れなくなり、今度は友達にマリファナを吸うと眠れると聞いて始めた
- パーティーに招待されて行くと、途中からドラッグパーティーのようになり、招待されたのでどうしても断れずやってしまった
- アジア系の学生とパーティーをすると、彼らはすごくお酒に強く、当たり前のように飲む癖がついてしまい、量がどんどん増えていった
- アメリカでかっこいいと思うミュージシャンは、ほとんどドラッグをやって曲を作り演奏しているから、自分もそんなクリエイティブな感覚を経験したかった

● 友達に、すごいのが手に入ったと聞くと、興味本位でついやってしまう。みんなやっているし、そのときはまったく怖くない

学生が薬物を使い始めるきっかけは上記からわかるように、興味・ストレス・仲間に入れてもらうため・かっこいい・不安感を打ち消すため……など、ごく普通のことであるといえます。「薬物に依存しよう」と思って始める人は誰もいません。しかし「ストレスが増えてたばこの量が増えた」「前は少ない酒量で酔えていたのに最近はいくら飲んでも酔えない」「いつもはマリファナですごく気持ちよくなれたのに今回は気持ちよくなるどころかひどく怖くなったので、違うドラッグを試してなんとか抜けようと思った」など、効果が表れるのに必要な服用量がしだいに増えていくのが薬物の恐ろしいところです。

## こういうタイプの人が危ない

薬物を常用する人たちにはいくつかのタイプがあります。ひとつは「珍しいものや危険なことに引かれる人」で、この人たちは新しいものは１度は試してみたいと考え、いったんやりたい、行きたいと思うと結果を顧みずに衝動的にやってしまいます。話のネタにと手を出したり、友達に「やったよ」とかっこいいところを見せたりしたい一心でやる人、「ドラッグはファッション」という人もこのタイプです。後で考えると「浅はかだった」と思うのですが、その時は興奮と興味で歯止めが利かないのです。

次のタイプは「ストレスに敏感な人」で、傷つきやすかったり、人に左右されやすかったりする人たちです。何か気になること、うまくいかないこと、悩み事があると、それだけを考えてしまってほかのことが手につかなくなったり、小さなことにものすごく怒ったりします。また、人から頼まれ事をしたり誘われたりすると断れない、人の言うことをうのみにしてしまう、人の機嫌が悪いと自分のせいではないかと思ってしまう、という

のも特徴です。生まれつきストレスに敏感な人もいれば、薬物の使用が続いたために脳がストレスを処理できなくなって敏感になってしまうこともあります。

また、家族内に薬物依存の人がいた、薬物と家庭内暴力が絡んでいた、薬物と精神的問題（うつ、不安など）を抱える人がいた、という人も要注意です。例えば、「父親はイライラしたら酔って母親を殴っていた」「母親は落ち込むといろいろな薬を飲んで、変にハイになっていた」などという環境に置かれた子どもは、「問題があったらする行動」として学習してしまいます。子どもの頃はそんな大人をみて嫌な思いをしたとしても、それ以外の対処法を知らないため、自分が大人になって嫌なことがあると親がやっていたことを繰り返してしまうのです。

最後に、うつや不安、精神不安定などの問題がすでにある人も、「逃避」や「治療」の目的で薬物に手を出してしまうことがあります。つらいから、一瞬でも忘れたいから、と使い始めるのは、もともとの問題に、薬物依存の問題をもうひとつ加えることになってしまいます。

## 退学・逮捕・レイプ・国外追放・自殺・中毒死などの可能性もある

薬物を長期使用していくと、留学当初はあったやる気も元気もなくなっていき、遅刻・欠席が頻繁になるのはもちろん、交通事故や飲酒運転、レイプ、盗みなどの犯罪に巻き込まれてしまう可能性が高くなります。そうなると学校からは退学、移民局からは強制追放などの処置を受け、移民法が厳しくなった今は、再度アメリカに入国するのが困難になるという事態を引き起こしかねません。ワシントン州の場合は、飲酒運転は重度の軽犯罪というカテゴリーに入り、最高365日までの刑務所行きを命じられることもあります。マリファナ所持で捕まった学生は、裁判所出頭日の朝に起きられず、警察が来て逮捕され３日間刑務所に入れられました。彼はその時のことをこう言っています。「僕が収監された所には20歳から50歳くらいの白人、黒人、メキシコ系の人が８人いて、怖くて悲しくて、とにかく言葉に表せないような経験をしました。あんな思いはもう２度としたくありません」。結局、その後すぐに彼は学校をやめ日本に帰りました。ある女性はシアトルのバーでドラッグで眠らされて、気がつくとカナダまで連れて行かれて、レイプされた後で車から投げ出され、やっとの思いで学校に連絡して助けを求めたのです。

また、薬物の禁断症状に「うつ・不幸感」が多いように、薬物が切れた後、ズドンと気分が下がりうつ状態になったり、恐ろしい悪夢を見たりするほか（bad trip と呼ばれます）、薬物依存している人の10パーセントは自殺するともいわれています。それぞれの薬物中毒の項でもあるように、薬物の過剰投与（overdose オーバードーズ）で呼吸停止や心臓停止、昏睡を経て死に至ることもあります。

## うそ・ごまかしだらけになってしまう

ビザを取得して留学している人ならば、アメリカの法律に触れるようなことをしたり、遅刻・欠席が増えたりすると、退学や国外追放になることは承知しています。そのため、学校のアドバイザーや先生に遅刻や欠席の理由を聞かれても、お酒やドラッグに関して本当のことを言う学生は少ないのです。それでも遅刻、欠席、成績不振の場合なんらかの理由は言わなければならないので、「風邪気味で」「日本の家族に不幸があって」「交通事故に遭って」「コンピューターが壊れて宿題ができなかった」「車を盗まれた」というようなうそをつくようになってしまうのです。１度や２度ならうそやごまかしが通じても、言い訳やうそには限界があるため、いつかは「あなたの言うことはつじつまが合わない」「もう信用できない」と学校は相手にしてくれなくなるのです。

## 学校やホストファミリーや友達に問題を指摘される

「朝のクラスに来た時酒臭かった」「マリファナで目が血走っている」「最近、顔色が悪く集中していない」など、ホストファミリーや先生、アドバイザーや友達が学生の異常に気付き、薬物使用の事態が明るみに出ることがあります。これは日本人の学生には大きなショックなのですが、アメリカの学校はそれだけで即退学させたりはしません。薬物依存の治療やカウンセリングを受けることを条件に、授業数を減らしてくれたり退学を免除してくれたりすることがあります。こういった機会を与えられるのは学生には大切なチャンスで、ここで改心して健康な体に戻り、もう一度学生生活に集中できるようになる人も多くいます。しかし、「薬物なんてやってもいないのに名誉き損だ」「自分を陥れようとしている」「自分で解決する」「治療なんて信用できない」と拒否してしまうと、重要な問題が放置されたままになり、よからぬ結果となってしまいます。ひとつの学校を退学になっても、転校することで新しいビザを手に入れてアメリカに残るという方法もありますが、よほど決心してお酒や薬物をやめなければ、ほとんどの人が次の学校でも同じ問題を抱えることになるでしょう。

## 日本からの常備薬の乱用

日本から２～３種類の常備薬を持ってくる人はよくいますが、頭痛薬、抗生物質、精神安定剤、抗うつ剤、風邪薬、胃腸薬、睡眠薬、吸引剤、座薬、などありとあらゆる種類の大量の薬を持参する人がいます。中には「母親の安定剤」「父親の睡眠薬」「姉がくれた抗うつ剤」など家族が飲んでいるから安心だろうと、それぞれの薬の副作用やほかの薬との相互作用などの知識がまったくないまま、その場の症状に応じて使っている人が多いのです。このような医薬品の乱用がひどくなると、薬物中毒を引き起こし、そのうえお酒やドラッグを併用すると、とんでもない結果になることがあります。アメリカで医者にかかる際のことを考えて、日本から持ってくる薬はカタカナの薬名やブランド名でなく、「英語の化学名」と分量を調べておきましょう。

## わかっているのに「悪い友達」と付き合ってしまう

外国人の学生がアメリカに来てすぐ、どこでどのようにドラッグを入手するかなんて知っている人はいません。留学生がドラッグを始めた陰には、必ずそれを勧めた人の存在があります。学生はそういう友達のことをこうい言います。「できたら近寄りたくない人たちだけど、仲間に入りたかったし、みんながやるので自分だけ断れなかった」。この「友達の手前断れない」という状態を「ピアプレッシャー（peer pressure）」といいます。いったん彼らの仲間入りをするとそこには連帯感があり、同じような悩みを抱えた人や同じように孤独で寂しい人もいて、次第にそこから抜けることは難しくなっていきます。また、仲間の中に自殺願望があったり、犯罪に巻き込まれたりするような人がいると、自分がいくらしっかりしようと頑張っても、彼らの問題がこちらに及んでくることもしばしばです。

## 自分を隠すことと被害妄想

薬物依存の人たちの生活がうそとごまかしであふれていることは説明しましたが、薬物問題をもつ学生に見られるもうひとつの特徴は、ほかの学生にはない特殊な考え方をもっていることです。自分の悩みを話すことは、誰でも抵抗を感じるものです。カウンセリングの初めで話すことにちゅうちょしている人も、そのうち安心感を得ると「実は……」と話し始める人がほとんどです。しかし、薬物問題を抱える人たちは、「絶対に人に言えない秘密」「他人に言うことではない」「それを言ったら終わり」というような言葉を使って、なかなか心を開こうとしません。だからカウンセリングでも根本的な問題に触れることはまずなく、深刻な話をしているようでも表面的な話しかしないのです。それは「カウンセラーであろうと他人は信用できない」とか「本当の自分が見透かされるのが怖い」という被害妄想とも取れます。被害妄想は、「クラスメイトに嫌われている」「アドバイザーは自分を陥れようとしている」「周りで起きる悪いことは自分のせいかも」など、ほかの人間関係にも表れます。そのため友達には嫌われないように道化者になったり、頼み事はすべて引き受け「いいやつ」になったり、学校の先生やアドバイザー、またカウンセラーからは自分をひた隠しにしようとするのです。

## 生活が崩れていく

学校の遅刻、欠席、成績の不振から、電話代や家賃の滞納、不必要な出費、睡眠不足、体は栄養失調、心はうつと不安というように、徐々に生活が崩れてひどくなると「留学生」としての役割が果たせなくなっていきます。薬物を手に入れるために危ない場所に行ったり、危険な人たちと付き合ったりして犯罪に巻き込まれたり、警察・病院・刑務所などに入れられて学校に行けなくなったりしてしまう場合もあります。

## やめることの難しさ

薬物に関して最も難しいのがこれです。10日間、２カ月とやめることができても、脳は「あの気持ちよさ」を忘れてはいません。気持ちよくなれた場所やその時一緒にいた人たちをはっきりと覚えているため、それらを少しでも思い出させる場所や人や雰囲気があると、ついやってしまうのです。また、ストレスもきっかけとなることがあります。留学中、ストレスがまったくない状態はほとんどなく、常に宿題、学校、テスト、人間関係、お金、日本の家族からのプレッシャーなどのストレスがあるため、「こんなに大変だからちょっとくらいいいや」と手を出してしまうのです。

# 薬物に関するサバイバル心理学

## 人の家やアパートのパーティーに行く際の注意点

1. 誰が来ているかわからないパーティーには、必ず友達と一緒に行き、ともに行動する。
2. ほかの人が飲んだカップからは飲まない。
3. 「これ飲まない？」とすでに栓が開いたボトルや、何かが入ったカップを差し出されたらNo, thank you. と言って断る。
4. ビールやワインなど、目の前で開けられたボトル以外からは飲まない。
5. 自分のカップを置いて席を立った場合、戻ってきてもそのカップからはもう飲まず、新しいカップに自分で注いで飲む。
6. もしパーティーの後、体に変調があればすぐに病院に行き、検査してもらう。

## 「ヤバい」雰囲気を読み取る

薬物を持っている人もやっている人も、必ずしもそれっぽい人たちではありません。時にはまじめで優秀な学生の場合や、「まさかあの人が」という意外な人の場合もあります。アルコールフリー（お酒なし）のパーティーだと言われていても、お酒はなくても薬物が出回っていることもあります。ここで注意しなければならない状況を挙げてみましょう。

1. マリファナのにおいがする（葉巻の煙に近いにおいです）
2. 自分の知らない人のほうが多いか、怖そうな人がいる

3．自分以外は全員年上
4．部屋がやたらと暗い（そこで行われていることを隠そうとしている）
5．部屋に入るとそこにいる人たちが一斉にこちらを見る（警察かと思ってびくつく）
6．知っている人の話し方がおかしかったり、行動が変だったりして普段の様子ではない（すでにその人は薬物を使用している）
7．部屋の隅で数人が固まってヒソヒソと話をしている（誰かが薬物をもっているという情報を話している）
8．以下のような言葉で勧めてきたり、変なプレッシャーをかけたりしてくる
Just a little sip .（ちょっとすするだけだよ）
Try it, you'll like it.（やってごらん、好きになると思うよ）
It won't harm you at all.（絶対大丈夫だから）
I use it all the time, no problem.（自分はしょっちゅう使っているけど全然問題ないよ）
Just loosen up a little.（ちょっと力抜けよ）
Don't be so square.（そう固くなんなよ）
Everyone is doing it.（みんなやってるよ）
Just one time.（１回だけ）

## その場を逃れる方法を準備しておく

以下のようなセリフは練習しておくことが必要です。とっさの場合に思い出して言っても自然には聞こえませんし、態度もどぎまぎしてしまいます。声に出して練習し、言う際は堂々とはっきりと話すことです。

1．話題を変える
「その服かっこいいね、どこで買ったの？」「あの映画見た？」「来週提

出のレポート大変で寝られそうにないんだ」

2．ほかにすることを提案する

「コーヒーショップに行かない？」「映画に行かない？」「今日のニックスの試合見たいからテレビ見ない？」

3．本当のことを言う

「ドラッグはやる気はないんだ」「興味ないから」「ノー・サンキュー」

4．言い訳をする

「やると太るって聞いたからやらない」「今トイレに行かないと」「急に頭痛がしてきた」「ちょっと電話してくる」

5．無視する

その人が言ったことが聞こえなかったように振る舞う、目を合わせない、食べ物を取りに行ったりしてそれとなくその場を離れる。

6．帰る

長くいると断る口実がだんだんなくなってしまうので、どんな理由でもいいからすぐに帰る。誰かに車で連れてきてもらった場合は、その人に頼むか、無理ならタクシーを呼んでもらってでもその場を去る。

## 断れない！

薬物をやる学生は一様に「自分は弱い人間です」と言います。*p.* 276の「こういうタイプの人が危ない」の項で「ストレスに敏感な人、傷つきやすい人、人に左右されやすい人」を挙げましたが、彼らは誰かに誘われたり、頼まれたりすると、「相手を傷つけたくない」「相手に悪い」「相手がかわいそう」という理由で断れません。さらに、「友達は大切だから」「寂しいから（イライラしたから）（ムシャクシャしたから）など」という自分側の理由もあって誘いに応じてしまいます。つまり「相手を傷つけるくらいなら自分が傷ついたほうがまし」「友達は大切」「寂しい（イライラした）（ムシャクシャした）」という３つのポイントが断れない原因だといえます。

こんな学生に「薬物を勧めた人はどんな人？」と聞くと「悪いやつじゃない」「いいところもあるんです」「かわいそうなやつで」「友達の数は多い」などと説明してくれます。次に「あなたは薬物を人に勧めますか？」と聞くと、たいてい「他人をそんなことに引きずり込みたくありません」とか「自分がやられて嫌なことは人にはしません」という答えが返ってきます。さらに「では他人がそれをあなたにしてもいいのはなぜ？」と聞くと「え、それは……」と口をつぐむか、「結局やったのは自分で、自分が悪いんです」と自分のせいにするかどちらかです。

薬物を勧めてくる人がいたら、「この人は自分にとっていい友達かどうか」を考えることです。「友達だから」といって全員がいい人ではありません。「第10章 友達」の章でも説明したように、友達には「信頼度レベル」によって区別があり、友達なら誰でも信用できるのでも、信用すべきでもないのです。この学生のように「薬物をやったり人に勧めたりする部分は悪いけれど、それ以外にはいいところもあるし悪いやつじゃない」と言ってその人の言いなりになるのは、極端な言い方をすると「あの人は罪を犯したけれど、いい人なんです。だから言うことを聞きました」と共犯にされても主犯をかばっているようなものです。薬物を勧める友達は意識的ではなくても「相手を傷つけてもいい」と考えているといえます。なぜなら「自分がやられて嫌なことには他人を引きずり込まない」と考えている人であれば決してやらないことを平気でやっているからです。このように、「断らなければならない悪さ」だけに目を向けず、「薬物を人に勧める側の悪さ」も考えてみることです。そうすると「自分だったら他人にはしないことをこの人はするんだ。そんな人からは自分を守らねばならないし、そんな人とは距離を持って付き合わなければ」と思えるのではないでしょうか。

「ストレスに敏感な人、傷つきやすい人、人に左右されやすい人」はセンシティブな人でもあります。感受性が強く、人の気持ちがわかり、優しさをもっていることはたいへんよいことです。ただ、そこに「強さ」を加えなければならないのです。「強さ」とは自分の信念に基づいて行動することです。自分が弱いと思う人が薬物をやってしまう確率が高いのは、「強くなることはセンシティブではなくなることで、人を傷つけるのではないか」という不安が原因でしょう。もしあなたが自分を尊重して薬物を断り、その友達から連絡が来なくなれば「その人は薬物を一緒にする人を探していた」ことになりますし、それでも普通に関係が続けば「薬物とは関係なく自分と友達でいたい」ということになります。薬物を断ったために友達でなくなった人なら、早めに縁が切れてよかったと考えたほうがよいでしょう。そしてもっといい友達を探すことです。アメリカ人同士でも薬物に関しては、しょっちゅうやっている仲間内以外は開けっ広げに話すことはなく、やる・やらないに関しては「個人の自由」なので、断ったとしても、その後で学校などで会ってもその話題はほとんど出てきませんし、こちらから話題に出す必要もありません。

客観的に状況を判断し、自分の立場だけでなく相手の立場も考え、相手が「自分だったら他人にはしない」ことをしてきたら、そこで「友達のレベル」を考えることです。断ることで、あなたは自分を尊重し、相手の問題に引きずり込まれることなく、留学を続けることができるのです。本当にいい友達なら、そんなあなたを尊敬し、あなたを見習って生活態度を改めるものではないでしょうか。「センシティブ」かつ「賢く、自分を大切にする人」になってください。

## ドラッグに手を出しそうになる時にすることを考えておく

断れない理由のひとつに「寂しい、イライラする、ムシャクシャする」というのがありました。学生はこんなふうに言います。「いつもマリファナをしてしまうのはどん底に落ちた時です」「飲みたくないけどほかにイライラを解消できる方法がないのでつい」「シラフだと自意識過剰になって話せないけど、お酒を飲むと気持ちが自由になって友達と話せるから」など、薬物に頼ってしまうきっかけの感情があります。薬物をやってしまいそうな、どん底に落ちた時、イライラする時、話したいけど話せない時には薬物以外の方法でそれを処理できるようにする訓練が必要です。

（1）気分的に調子がよく落ち着いている時、過去、どんな気持ちの時に薬物を使ったかをリストアップしてください。
（2）薬物以外の方法で「気が紛れたこと」「楽しかったこと」「時間を忘れて熱中したこと」などを思い出してください。友達と大笑いしてわけもなく楽しかった、あの日はすごく嫌なことがあったのに夜には気分が変わっていたなど、普通の自然な行動で「いい気持ち」になったことを思い出すのです。
（3）薬物をやってしまいそうな時にできる行動のリストを作ります。これは（2）で「いい気持ち」に自然になれた行動から「こういう種類の活動が自分は好きらしい」というものを考え出して行くのです。下に例を挙げますのでやってみてください。

**【ある男子学生の例】**

マリファナ、マッシュルーム、エクスタシーなどを乱用し、これ以上欠席すると退学、と学校から言われた。

（1）ドラッグをやる時の気分
　ひとりになると怖い、何もかも嫌になる、死にたくなる
（2）薬物以外の方法で気持ちがよくなったもの
　友達がいて何かを一緒にした時
　部活でバスケットボールを必死でやった時
　昔友達と旅行をしてすごく楽しかった時
　健康な時

バンドをやっていた時

（3）薬物に手を出しそうな時できる行動リスト①

勉強する

精神を統一する

考察：

（1）からは「ひとりになりたくない」、（2）では「友達といると気分がいい」という答えが出ている人が、薬物をやってしまいそうな時に「ひとりで勉強し精神を統一する」というのは矛盾しています。これは彼の理想かもしれませんが、何もかも嫌になり死にたくなるというような時にすることではありません。そこで（3）について「薬物をやりそうなほどつらい時に、気が紛れることを考えてみて」ともう1度リストを作ってもらいました。

（3）薬物に手を出しそうな時できる行動リスト②

たばこを2本吸う

日本の親か友達に電話する（電話したい友達は4人）

寝る

アメリカの学校の友達と話す

学校のジムで卓球をする

おいしいものを食べる

水かジュースを飲む

ゲームセンターに行く

インターネットでメールをする

シャワーを浴びる

音楽を聞く

コンピューターゲームをする

友達とビリヤードに行く
バスケットボールをする
病院に行く
911に電話する

考察：

今回は現実的なリストです。このように、「こうするべき」ではなく、「これならできそうだし、やりたい」と思えるものでなければいけません。リストは長ければ長いほどやることが多くなりますが、それがいいのです。とにかく気を紛らわせ、暇をつぶし、疲れて眠るまでなんでもいいから、面白くなくてもやってみてください。そして新しい行動が見つかったらそれもリストに加えていきましょう。薬物を断ってつらい時を乗り越えられたら、その記録もつけてください。1回、2回と薬物に頼らず自分のネガティブな感情をコントロールできる回数が増えるうち、脳は「ご褒美の道」を思い出し、再びそれを使い始め「これが本来のやり方だ」と思えるようになるのです。また、「15章　ストレス解消法」を参考に自分に合った活動を見つけてください。

## アーティストやミュージシャンが使っている？

「ミュージシャンといえばドラッグ」「ドラッグなしにはクリエイティブになれない」というのは、アーティスト神話かもしれません。お酒がないと詩が書けない、ハイにならないといい音楽が浮かんでこない、飛べないとイメージが見えないなど、有名なアーティストがドラッグをやった時の経験談を読んだり聞いたりすると、音楽、美術、デザインなどを専攻する学生が「本当にそうなのかな」と興味をもつのは仕方のないことかもしれません。しかし、過去に薬物を乱用した人たちでも、成功した人たちは必ずどこかでドラッグをやめています。そうしなければプロの世界から消えていってしまうからです。才能があったのに薬物中毒で死んだミュージシャン、アル中になって１冊だけで終わった作家、ラリって暴力ざたを起こした俳優などの話は、どこかで聞いたことがあると思います。

成功して長く活躍している人たちは「薬物でハイになることなく、気分が乗って創作活動ができる状態」を模索して手に入れています。学生にも「薬物なしに『乗って』何かを一生懸命したことはない？」と聞くと、「そういえば、中学で美術展に出す作品を作っていた時は、必死で楽しくて食事さえ忘れるほどでした」「あのクラスのレポートはなぜかスラスラ書けました」「昔ピアノを弾いていた時は嫌なことがあっても、没頭できてすべてを忘れていました」という経験が出てきます。勉強の環境を整えることから始めて、「創作活動に入っていけるプロセス」「乗っている自分になれる段階」を知り、自然に創作活動ができるような状態を自分でつくり出せる人が本当のアーティストです。

## 「いつでもやめられる」「自分は中毒ではない」と思ったら要注意

周りの友達などが、「なんかこのごろ変だよ」「アル中じゃないの？」「ドラッグやめたら？」と指摘しても、「それは問題じゃない。いつでもやめられるし自分の限界くらい知っている」「クラスの雰囲気が最悪で、このクラスさえ終われば」「中毒のわけがない」などと言い訳している自分がいたら、ちょっと気をつけましょう。留学生の仕事は、学校に行き、宿題やテストをこなすことです。薬物を常用していて、遅刻や欠席が増えて成績も低下し始めたらそれは問題であると認めましょう。留学生のすべきことができていないのは、理由は何であれ生活が乱れている証拠です。いろいろな言い訳をしたり、「酒でも飲まなきゃやってられない」「ちょっとくらいいいじゃないか」と問題を避けたりするのではなく、「なぜやってしまうのか」に対処しなければなりません。あなたに薬物に手を出させる元の問題に取り組むのです。

## 本当にやめたいと思わなければやめられない

いくら表向きは「たばこをやめたいんです」と言っている人でも、どこかで「たばこを吸っている姿はかっこいい」「たばこくらい」という考えがあるとやめられるものではありません。絶対にやめるというあなたの意志の強さだけが頼りなのです。やめたいと思ったきっかけ（バッドトリップ、友達の醜態、自己嫌悪など）とその理由をきちんと記録し忘れないようにしましょう。

## よい見本の人や反面教師から学ぶ

悪い友達に囲まれている人には特に、「こんな人になりたい」と思えるいい見本となる人物が必要です。転校先の学校で、友達がほしくてつい入ってしまったグループで薬物を勧められて、そのグループからなかなか抜けられなくなった学生がいます。帰りが遅くなり、表情が暗くなった彼を心配したホストファーザーが、ある日彼に話し掛けてきたそうです。「ホストファーザーは、僕の弱さを理解してくれて、彼の青春時代の友達の話をしてくれたり、つらい時どうしたらいいかを教えてくれたりしました。初めは『いい人ぶりやがって』といいかげんに聞いていましたが、長い時間、何日も続けてあきらめずに話してくれる彼を知っていくうち、彼のような人が本当にいい親なんだと思えるようになって、尊敬するようになりました」。この学生は、ホストファーザーから実家と違う愛情やガイダンスをもらい、「こういう男性になりたい」と思える人を見つけたのです。そして「この人なら今の状況にどう対処するんだろう」と考え、何とかグループから離れることができました。

あなたの周りにも、あなたのことを心配してくれる人、あなたが信頼できる人がいるのなら、その人の力を借りて薬物から足を洗うことです。身近にそういう人がいなくても、映画や本の中で「こんなふうになりたい」と思える人物でも構いません。薬物中毒や乱用から立ち直った有名人でもいいでしょう。この人はどうやったんだろう、どう考えたんだろうと模索していくことで、自分を成長させることができるのです。

逆に反面教師は「悪い見本」で、ああなりたくないから自分はこうしようと思える人です。周りによい見本がいなくても、悪い仲間の中には必ず反面教師はいるはずです。ある学生の話です。「僕がたまたまクスリをしなかった夜、ほかのやつがバッドトリップが入っているのに、さらに違うクスリもやろうとするのを見て、急に冷めてしまいました」と彼が言ったように、仲間の醜態を見て自分の行動を改善する方法もあるのです。

## ご褒美としてお酒やドラッグをしない

お酒やドラッグをしばらくやめていたのに、学期の終わりや、テストに通ったら、ご褒美のように薬物を使用して、またずるずる続けてしまう人がいます。健康で実りのある留学生活を送るためには節目節目にご褒美は必要です。しかし、自分の体や脳を破壊するようなものがご褒美であってはいけません。薬物に依存する傾向がある人は特に、「薬物以外」のご褒美を見つけることです。彼らは薬物をした時だけが楽しい、楽になれると思っているようですが、世の中にはいろいろな面白いこと、気持ちのいいこと、楽しいことがあります。「初めてドラッグなしに楽しいと思えて、自信になりました」「ハイになることなく友達といい時間を過ごせました」「学期が終わったら母親と旅行をする予定で、それが楽しみでお酒は飲みませんでした」など、薬物以外のご褒美を見つけた学生は、ちゃんと留学を成功させています。あなたなりに楽しみと思えるものを開拓して「よし、次の学期の終わりにはこれをしよう」と励みになるものを見つけてください。

## うつ、不安、自信のなさが原因ならそれを解決する

アメリカでも「うつや不安」と「薬物依存」の二重の問題を抱えている人が増えています。彼らはうつや不安の症状をお酒やドラッグで治療しているのです。一時的には気分がよくなったり、ハイになったりできるので症状は軽減されますが、薬が切れるとズドンと気分が落ち、長期的には薬物依存になるうえ、「うつや不安」はもっとひどくなってしまうのです。お酒やドラッグをストレス発散程度ではない使い方をしているなら、まず薬物治療をして、それから「うつや不安」の問題に対処することです。二重の問題は、治療も回復もひとつの問題に対処するより難しくなります。勇気を出して根本的な問題に取り組んでみましょう。

## 「隠したい自分」が何かを知る

アメリカでは「昔、自分はアル中でした」「コカイン中毒を克服しました」「ドラッグで刑務所に入れられたこともあります」と、薬物依存を乗り越えたうえで社会で活躍したり講演をしたりしている人が多くいます。自分の問題を恥と考える日本人は「よく恥ずかしげもなく自分の失敗や過ちを世間にさらせるな」と思うかもしれません。ここまで何度も言ってきたように、アメリカは「問題は誰にでもある。大切なのはそれをどうやって乗り越えて克服したかだ」と考える国です。だから順風満帆で成功した人よりも、苦難を乗り越えて成功した人のほうが「英雄」になるのです。

自分を隠そうとする留学生は「絶対に人に言えないもの」「隠したい部分や過去」などを長く抱えるうちに、それを隠してごまかすことにエネルギーが費やされて、本来やるべきことにエネルギーが向けられなくなってしまうことがあります。やる気はあっても、結果的に何も続かない、途中で嫌になる、人といい関係が持てない、という望ましくない状況に陥ってしまうのです。必死で隠そうとしているのは「心の膿（うみ）」のようなもので、ばんそうこうや包帯で隠していても、中では化のうがひどくなる一

方です。膿は出して消毒して、また膿がたまって消毒してという作業を繰り返していくうちに、きれいに治っていきます。膿を出す作業も消毒する作業も痛く、治療しないほうがましだと思うかもしれませんが、傷を治す治療は痛いものです。この際、隠している部分にスポットを当てて、いったいそれが何でどうして隠さなければならないのかを考えてみましょう。恥の意識やプライドを捨てて自分に素直になり、自分を助けてあげましょう。その方がずっと賢い人だと思いませんか？

## 治療はじっくりとインスピレーションを大切に

薬物をする人たちは「人に対する不信感」を持っていて、学校からカウンセリングや薬物治療に行くように言われて治療を始めてもなかなか心を開きません。だから、薬物乱用や依存から立ち直るには、なんらかのスピリチュアルな体験が必要だといわれています。夢に死んだ人が出てきてメッセージを残した、拾った本に感銘を受けた、ドラッグをやろうとした瞬間に落雷があったなど、「これは何かの意味があるのだ」と感じられたその時が立ち直りのきっかけになるからです。

また、お酒もたばこも薬物も、やめてすぐは肉体的にも精神的にも不安定な状態をつくり出します。体をきれいにして心を静める過程はつらいものです。とにかく続けることです。また、服用している薬物の種類や併用薬の有無、「うつや不安」も同時にもっている場合など、状況によって治療法は違います。社会には先に説明したような「誘惑」があふれているため、ひとりでリハビリをするのは非常に困難です。不安定な時期にはサポートが必要です。治療者とゆっくり話していくうちに、徐々に誤解が解け、不信感がなくなっていくでしょう。少なくとも３～６カ月はかけることを勧めます。どんなことをしてでも自分を向上させて、よい人生を送ることを目標にしてください。

## 依存したとしても世の中の終わりではない

脳卒中で言語や行動をつかさどる脳の部分がダメージを受けると、言葉が出なくなったり半身が不自由になったりすることがあります。しかし、卒中後すぐにリハビリを始めて続けていると、脳のほかの部分が失われた機能を補助するようになり、言葉が再度話せるようになったり、歩けるようになったりします。脳にはこういった補助機能があるのです。薬物でダメージを受けた人の脳も同じことです。ダメージを受けたのは「やる気、意志の力、判断力、衝動の制御、記憶力、学習能力」をつかさどっていた部分なので、脳のほかの部分に働きかけて、それらの機能を代行してもらうようにしなければなりません。脳卒中の人たちが毎日リハビリするのと同じで、薬物治療のリハビリも１回やればいいものではありません。毎日、毎日の積み重ねが「健康な脳」を取り戻していくのです。何年も前にきっぱりとお酒をやめた人でも「１度アル中になったら一生アル中」と言います。それは、長い間お酒を飲んでいなくても、脳は昔の記憶や感覚をちゃんと覚えていて、油断していると「ほんの一杯」が「元の木阿弥」になってしまうため、やめた後もずっと意識的なリハビリを続けなければならないという意味があるのです。「自分を改善する人間は賢く、自分を破壊する人間は愚かだ」をモットーにして自己改革をやってください。

# 14 家庭の問題

成績不振、やる気のなさ、うつ、不安、摂食障害、自傷行為などに陥っている学生をカウンセリングすると、家庭の問題が微妙に絡んでいることがあります。家庭内暴力や虐待といった留学生自身も認識している明らかな問題から、家族内での位置（長男、長女、ひとりっ子、末っ子、いい子、悪い子など）、家柄、子育ての仕方、家庭の価値観など、一見留学には関係ないと思われるような要素まで、いろいろな原因が留学の成功・不成功に影響しているのです。

家庭の問題を解決するには5つのステップがあります。第1には家族がどのように自分の人生に影響しているかを知ること、第2には親から精神的に自立すること、第3は自分にできることとできないことを区別すること、第4は親孝行が何かを考えること、そして最後のステップが家族と健康的な距離を保つことです。

それでは、過去の留学生が抱えていた、家庭からくる留学上の問題のいくつかを紹介しましょう。

# 家庭の問題が留学生に与えるストレス

【例１】21歳男性。寝汗をかいたりホストファミリーの足音にもビクついたりしてしまうようになり勉強に身が入らなくなった。日本では、自分の部屋でギターを弾いていると父親が突然部屋に来て「音楽なんかやめて勉強しろ」と殴られたりけられたりしていたので、ホストファミリーの足音を聞くと、即座に父親に殴られると錯覚してしまう。

【例２】24歳女性。腕、手首、足などをカミソリで切るようになり自殺願望にさいなまれた。５歳頃から兄の虐待を受け、思春期からはそれが性的虐待になり高校まで続いた。何度も両親に言ったが「兄がそんなことをするはずはない」と相手にされなかった。アメリカで頑張っていきたいが、どうしても自分を信じられず、存在価値がないように感じてしまう。

【例３】19歳女性。中学時代から父母は家庭内離婚状態。それ以来彼女がふたりの間のメッセンジャー、かつ家族をひとつにまとめる役割を担っていた。留学直後からメールや電話で父母はお互いの文句や愚痴を言ってくるので、留学してきたことが家庭崩壊につながるのではと心配と罪悪感でいっぱい。

【例４】22歳男性。兄が不良になってから親の期待が自分に向けられた。兄は自由に暮らし好きなことをしているのに、自分は常に「兄のようになるな」と言われ、専攻する教科もいい就職につながるものをと制限されるので、やる気がなくなり成績が落ちた。

【例５】20歳男性。三男で兄がふたりとも父親と同じ医者。自分も期待されて受験に望んだが失敗。会社に就職して企業留学。成績はいいのだが、脱落者である感がぬぐい切れない。

【例６】22歳女性。小児ぜんそくで５歳から入退院を繰り返した。せきをするたびに父親は「うるさい」「やめろ」と自分を邪魔者扱いした。ずっと自分は役に立たない、望まれていない人間だと思い、留学してからも人助けや他人の世話ばかりして、自分の勉強や健康管理ができない。

【例７】33歳男性。仕事を辞めて妻を連れて留学。貯金で暮らすので、節約しようと安いアパートを借りて質素な生活をしていた。妻の両親が来た際「こんなみっともない所に住んで」と言われ、いい所に引っ越した。その後家賃の支払いが苦しくなり、妻の実家からの経済的援助に頼るようになると、夫婦げんかが絶えなくなった。

このように、家庭の問題は複雑に留学の成功・不成功に影響しているのです。誤解してはならないのは「留学に成功する人は家庭の問題がない」わけではありませんし、「家庭に問題があれば留学が成功しない」わけでもありません。どんな家庭にもなんらかの問題はあります。留学生の中には「実家の問題が大きすぎて」留学も人生もどこかであきらめている人もいれば、「すべて自分のせいだ」と大きなプレッシャーに押しつぶされそうな人や、明らかに家庭からの問題が尾を引いているにも関わらず「家と自分は関係ない」と、精神的に家族を断ち切って目をそむけている人もいます。

もし違う家庭だったら自分の人生は変わっていたのに、と若い頃は誰もが考えるものです。友達には理想的な親や家庭がある人もいるし、うらやましいくらい恵まれた人もいるでしょう。しかし、ほとんどの留学生は、「誰かに幸せを与えてもらおう」とは考えず「自分で自分の人生を切り開こう」と考えています。つまり、誰かに与えてもらわずに自分で手に入れることを目標とすることが幸せと思える人だからこそ、日本での生活を中断し面倒くさい手続きを踏み、不便な外国で勉強することを決心したのでしょう。

上記の体験談にあるように、たくさんの留学生が家庭からの重い荷物を背負いながらも、夢をもち人生を変えようと留学しています。彼らの多くは、自分だけでなく家族も幸せにするという使命を胸に秘めて渡米するのです。大きな精神的荷物がありながら、非行に走ることもなく引きこもりにもならず、投げやりにもならず、自分のため家族のために留学しようとすること自体、とても健気であり立派なことです。

しかし、留学の過酷さは、希望や責任の大きさだけで乗り切れるものではありません。家族からの理解や応援は留学生にとって何よりの支えであるにも関わらず、家族からの精神的支えをもらえない人たちも多いのです。また、家庭の問題は究極的には「人との問題」であるために、心機一転を計った留学先の人間関係の中で同様の問題が再燃されてしまうこともあります。こういった問題は根が深く、いくら根性のある人でも、背負った荷物が抱えきれなくなると勉強に支障が出てしまいます。そうなると留学前の「幸せは自分で切り開く」という希望は消えてしまい、自分の不運さだけが強調されてやる気がなくなったり、卑屈になったりします。そして、家庭の問題が関与していることに気付かない人は「なぜかわからないけど勉強できない」状態になるのです。

留学生たちによく考えてほしいのは、このような心の動きは留学生活の中では普通であることと、アンラッキーな自分、先が見えなくなった自分に陥ったとき、なんとかして自分を見つめ直し目標を忘れずに進んでほしいということです。家庭のさまざまな問題で悩む学生たちが、カウンセリングで自分の家族を理解し、留学の理由を思い出し、再度生きる力ややる気を取り戻していくのを私は何人も見てきました。と同時に、カウンセリングに来た時はもう時すでに遅く、退学が決まっていたり、ビザが切れていたりで、家族のことを考える時間も余裕もなく、意気消沈したまま帰国していく学生もいました。そんな学生たちを見るのは大変つらいものでした。家庭からの問題がいかに留学生に影響しているかを知ってほしい、それを乗り越えれば人生も変わるし留学も成功するのに……というフラストレーションが、この本を書く動機のひとつだったのです。

# 家庭の問題を抱える留学生のサバイバル心理学

## 1. 家族を知る

家庭の問題を解決する第一歩は「自分の家族を知る」という作業です。それは家族構成や家のしきたりがわかっているということではなく、家にある世代を超えて流れている考え方、生き方、価値観を知るということです。自分の親のことは長い付き合いがあるのでよくわかっていて、「親がこうだから、今の自分がある」というように親の失敗を責める人は多くいるし、親の落ち度を見つけるのは簡単です。しかし、それだけでは「親のようにはならない」とか「親がやったのと反対のことをする」というコインの裏表のような生き方・考え方になってしまいます。親は初めから親であったのではなく、彼らも自分の親に育てられたわけで、その誰かの価値観や考え方の影響を受けているのです。こう考えると、家族の「この人」のせいで自分の人生が狂ったとか、「あの人」がいなければ自分は幸せだったとか、「あれ」がなければといった単純な話ではないことがわかってきます。長い世代の中での親の位置、自分の位置、家に流れている考え方・行動のパターン、価値観を見ていくと、もっと大きなスケールで自分を知ることができるのです。

## 1）家系図を作成する

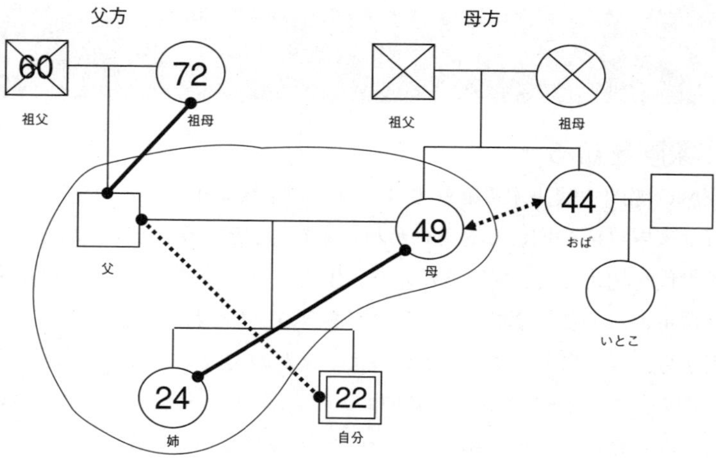
父方
母方
60
72
祖父
祖母
祖父
祖母
44
おば
49
母
父
いとこ
24
姉
22
自分

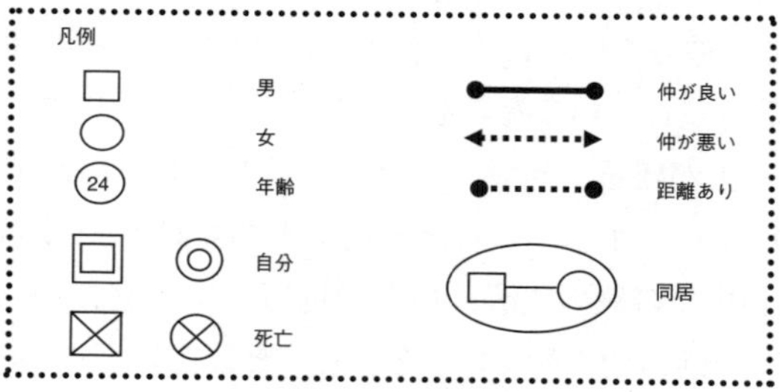
凡例
男
女
24
年齢
自分
死亡
仲が良い
仲が悪い
距離あり
同居

このような家系図を作成します。父方、母方と分けて、あなたが直接知っている人はもちろん、会ったことのない親せき、いつも比べられていたいとこなど、すべての人たちを図に書き入れていきます。少なくとも3世代（自分から親、祖父母まで）、曾祖父母やその先まで知っている限り図に入れましょう。そして、今知っている範囲でいいので以下の事項を書き込んでいってください。

1）職業や学歴（例：会社員、公務員、自営業、主婦、高卒）
2）出生・死亡・病気・離婚・結婚などの年（例：自分は死産の姉の後に生まれた、母の病気、子どもの頃の病気、事故、父は離婚後1年で再婚、2002年には親せき内で4人が亡くなった、など）
3）性格
4）あなたのその人評（例：祖母は親せきからは嫌われていたが自分には優しかった、父は外づらがいい、母は自分の気持ちを言わない、兄は親の言いなり、妹は自由にしている、祖父は内孫だけをかわいがる）
5）家族内の秘密（例：アル中、やくざ、浮気、養女／養子、借金、腹違いのきょうだい、家出、勘当、家庭内暴力、虐待、家庭内離婚）
6）祖父母の生きた時代の大きな出来事、両親の子ども時代や青春時代の時代背景（例：戦争、学生運動、高度経済成長期、受験戦争、バブル後会社が倒産、集団就職）。時代背景は彼らの年齢から想定して歴史の教科書などで知ることもできます。
7）家族の歴史（例：転校が4回、祖父の兄は戦死、祖母がひとりで子どもを5人育てた、父親の姉は養女に出された、父親は、子ども時代は裕福に育ったが祖父の商売が失敗して貧乏になった、母親は一度も実家の話をしたことがない）
8）それぞれの人たちの人間関係（例：祖父と父親は仲がいいが、おじは嫌われている、姑と母親はうまくいっていない、母方の祖母はなぜか

男の子だけをかわいがる)

## 2）家族の価値観を考える

次に家系図とは別の紙に、家族の人たちそれぞれの価値観を書いていきます。「これは大事」「常識」と教えられたことや、「口癖」、あなたから見て「この人の価値観はこうだな」と感じたことなどです。例としては、他人に迷惑をかけない、世間の人に恥ずかしくないように行動する、長男第一主義、子どもは親孝行すべき、女の子の幸せは家庭、子どもは親の言うことを聞くもの、口は災いのもと、日和見主義、放任主義、子どもは自立すべき、子どもは親に迷惑をかけてはいけない、本家・分家の区別、男なら起業するもの、自営業は危険、エリート、いちばん大切なものはお金、などがあります。矛盾していることや、あなたはそう思わないことには「？」をつけます。

### 3）家族を客観視する

架空の人の家系図と価値観を使いながら説明していきましょう。

**例１：A君の一家**

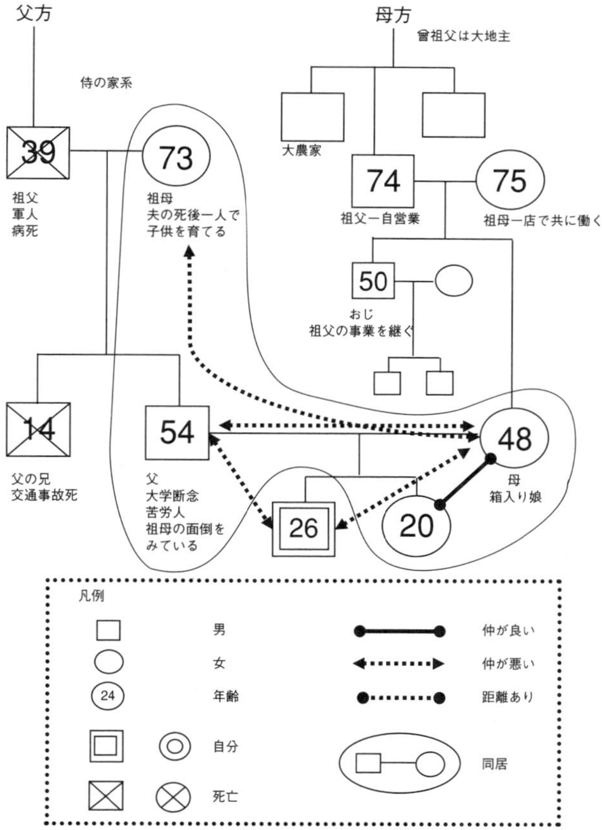

【A君の問題点】

デザインの勉強がしたくて留学したが、両親からの理解が得られず、ほかの専攻に変えるべきではと悩んでいる。

【世代考察】

**A君の父方：**

軍人だった祖父は厳しい人だったらしい。息子ふたりに恵まれたが、39歳で病死した。祖母は祖父の死後、事務、内職などで子どもふたりを育てた。父の兄（A君の伯父）は14歳で交通事故死。父は成績はよかったが進学資金がなく高卒で就職し、それでも出世したやり手。感情はまったく外に表さない人だが、祖母と同居してよく面倒を見ている。A君の母とは大きなけんかは見たことがないが会話もない。子どもとも会話がなく、A君の留学に関しても母親を通して承諾を得た。

**A君の母方：**

曾祖父は大地主だったらしく、祖父の兄は今でも大きな農地をもっている。祖父は酒店を経営して事業を成功させ、ほかにコンビニエンス・ストアも経営していた。今は兄（A君の伯父）がその事業を継いでうまくいっている。母親の一家はお金に不自由したことがなく彼女は箱入り娘として育った。A君の父とは職場恋愛だが、自分の父母は店で一緒に働いていたので、母は帰宅の遅いサラリーマンの生活に不満をもっている。同居している姑とはあまり口をきかない。A君の留学について理解はしてくれているが、デザインを専攻することには「お金にならない」と反対した。

**A君の感想：**

「高卒でありながら会社で出世した父親を尊敬してはいましたが、彼の家族への冷たさや僕とは会話がないところに『父親を失望させている自分』を感じていました。父親の祖母への思いやりは母親が文句をいうほどで、それも余計父親に認めてもらえないつらさになっていました。母親は優しい人で留学には賛成してくれましたが、僕のアートやデザインへの興味に関してはいい顔はせず、それは、母親を通しての父親の気持ちでもあるのだろうと勝手に推測していました。でも、家系図を埋めていくにつれて、近親者ふたりの死が父を寡黙な人にしてしまったことがわかり、彼を理解できた気がします。母の実家と父の実家の考え方の違いも夫婦の関係に影響したことがわかって、アート・デザインを選択したことだけが問題ではないことがはっきりして気持ちが楽になりました」

## 例2：Bさんの一家

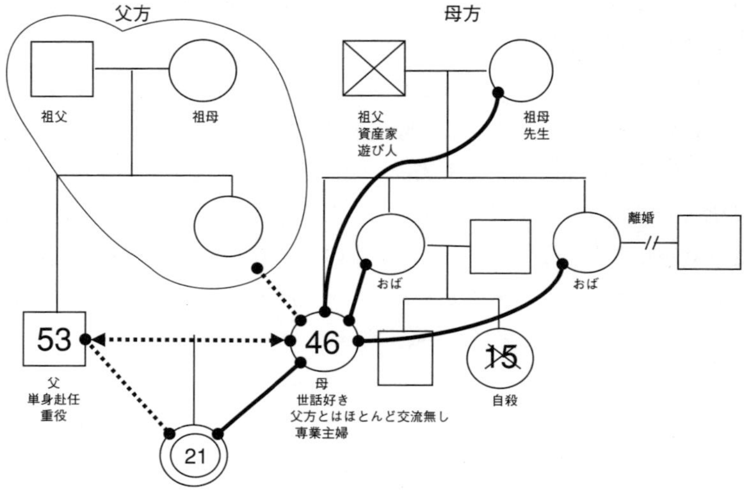


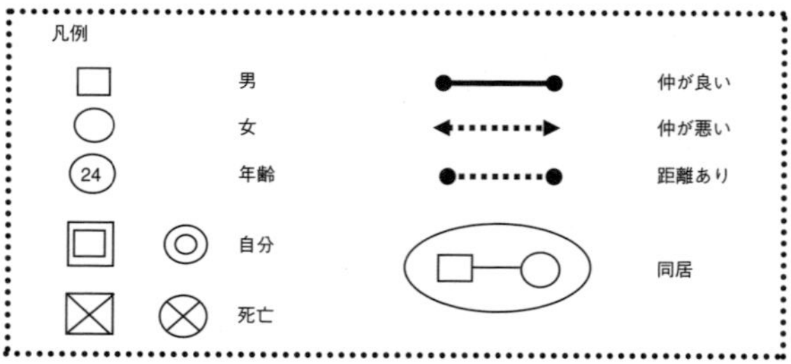


### 【Bさんの問題点】

自立したくて留学。両親は一応賛成してくれたものの、留学後は母親から「親を捨てた」「ひとり娘の責任を果たせ」などの罵声の電話がくるようになり、勉強に手がつかない。

**【世代考察】**

**Bさんの父方：**

父方の親せきとはあまり交流がなく情報が少ない。ただ祖父にとっては父が自慢の息子だったことだけは知っている。父の妹が祖父母と同居しているらしい。父は優秀な人で現在は会社重役。10年以上単身赴任。会社や近所の人たちに誰からも尊敬されているが、Bさんが高校生の頃浮気が発覚し、それ以来夫婦仲は悪い。Bさんの留学には反対だったが、結果的には母親を説得してくれた。

**Bさんの母方：**

祖父は曾祖父の遺産で裕福だったが遊び人で、祖母が教師として働き家族を支えた。母親は3人姉妹の長女で、妹たち（Bさんの叔母）やその家族の面倒を見るのが趣味のような人。祖父母は教育は熱心で3人の子ども全員を大学に行かせたが、母は祖母を見て育ったせいで結婚後は専業主婦を選んだ。母親も教育熱心で、Bさんに家庭教師をつけたり一緒に宿題をやってくれたりした。祖母は隣に住み、毎日一緒に買い物に行ったり食事をしたりする。叔母の娘（Bさんのいとこ）は同じ歳だったが、15歳の時自殺。その頃から叔母は宗教に入ったと思う。それ以来、母親の口癖は「家族団結」でBさんの留学には大反対した。

**Bさんの感想：**

「家系図を書いてみて、父母の関係が悪く、私がどこかで母親をなぐさめるような立場になっていたことがわかりました。いとこの自殺も母親の変化に大きく関与していると思います。こういう背景があったから、私が自立したかったんだと再確認できて吹っ切れました」

## 2. 親から精神的に自立する

### 1）自分の価値観・アイデンティティーを確立する

子どもは育った環境で与えられた価値観を基本に成長します。10代後半から20代にかけて学校生活や社会生活を通して友達や他人と接する機会が多くなり、それまでの価値観とは違う、いろいろな価値観や生き方が入ってきます。人気のある友達の服装や話し方、音楽の趣味や考え方をまねてみたり、親のやることなすことがかっこう悪く見えたり時代遅れに感じたりするのは、独自の価値観を形作っていくうえで必然的に起こる混乱期です。昨日はあの友達の考え方がクールだと思ったのに、今日はこっちの友達のほうが合うというふうに、この時期は「自分の考えや価値観」はあやふやで何をどう考えればいいのか、自分はどうするべきかはっきりわからないものです。

どんな分野に進みたいか、どんな人生を歩みたいか、結婚はどうしたいか、子どもはどうかなどの人生の選択を決断し、しっかりしたアイデンティティーを形成するのが20代の大きな仕事です。しかし、親の価値観の影響が大きい家庭では、子どもが「独自の価値観」をつくり出す機会も余裕も与えないことや、子ども自身も親と違う価値観をもつことに罪悪感をもつことがあります。親と同じ考えや価値観をもつのが親孝行だというのは、空想の世界ではあり得るかもしれませんが、現実的ではないし健康的でもありません。世代は違う、生きる時代背景も違う、経験も違う子どもたちが、親と同じ考えや価値観をもつはずはないのです。

日本では、多くの子どもは結婚や就職まで実家で親と暮らすので、留学で初めて親元を離れたという人も多くいます。精神的発達段階から考えると、この機会はたいへん重要です。その間に子どもが「自分でやってみる」実験ができるからです。親と一緒に暮らしていると、絶えず親の監視や注意があったり、子どもが失敗すると親がカバーしたり、失敗する前にやめさせたりして、子どもが自分の力や決断を試す機会が少なくなるのです。

失敗し、間違い、それから学び立ち直る練習をするのは、自立するうえでは必要なことです。それにはかなりの時間がかかり、その間、親の介入があっては子どもが自分で修正することができません。だから、「便りのないのは元気な証拠」というように、子どもが親から離れて「自分で考えて行動し、その行動に責任をもつ」時間は絶対に必要です。

先の「家族の価値観を考える」の練習と同じように、あなた自身がもっている、またはあなたがもっていたい価値観・生き方を書いてみましょう。

### 2）もう一度「留学目的」「長期展望」をしっかりさせる

家庭の問題で悩むと、「なぜ留学してきたのか」を忘れてしまう人がいます。もう一度、「第１章　留学目的の設定」を読んで、目的の再確認、設定の変更、見直しと人生の「長期展望」を知ることが必要です。

### 3）親の言ったことは正しいか、あらためて考える

「お前に留学なんて成功できるわけがない」
「お前はバカだ、何をやらせてものろい」
「アメリカで○○なんて絶対になれない」
「お前は文系の人間で、理系に進むとうまくいかない」
「日本でダメな奴はどこに行ってもダメだ」

親からこのように言われると反発は感じますが、親からの批判や意見は心のどこかにしっかりと覚えているものです。それは「親は自分を生まれた時から知っていて、誰よりも自分のことを理解しているし、自分がどこに進めばいいかもわかっているはずだ」というところからきています。だから子どもが「自分は留学して、こうなるんだ」と夢をもっていても、留学後つらいことや挫折しそうなことが起きると、親の言ったことが「予言」のように思い出されて「やっぱり自分にはできないんだ」とくじけてしま

うことがあります。

それを予言と取る前に、あなたの親の言ったことが本当に正しいかどうかを考える必要があります。例えばあなたのことをバカだと言ったのなら、あなたが「自分はできる」と思えた出来事や褒められたことを、どんな状況で誰に言われたかを思い出してください。次に考えるのが親の性格です。例えば、イライラするとすぐに家族に当たっていたとか、あの頃父母は夫婦げんかが多かったというような状況なら、あなたをバカだと言ったのは、事実に基づいてというより「ムシャクシャしていたから」かも知れないのです。

もし、親の言うことにも一理ある、というのなら、それをもう一歩踏み込んで考えることです。例えば「映画なんて専攻しても無駄だ、就職できる科目にしろ」が親の意見で、あなたも映画を職業にすることに不安があるのなら、映画の世界で成功している人たちがどうやって成功したのかを知ることです。インタビュー記事を探す、インターネットで調べる、実際に人に会って話を聞くなどして、どうすれば自分のやりたい分野で成功できるかを調べましょう。どんなに突飛な分野でも成功している人は必ずいます。彼らがどうやってそこまで行ったのかを知ることで、親もあなたももっている不安や疑いが少なくなるのです。

### 4）留学中は自分に焦点を当てる

あなたがどれだけ家族思いで、家族の心配、家族への罪悪感を抱えていても、いったん留学したら、「自分」に焦点を当てて、勉強することとアメリカを経験することに全神経を注ぐことです。留学が終わって日本に帰ったら、再び家族とかかわるようになるのです。だから留学中は自己中心的になり、目的に向かってそのほかのことは無視できるくらいの神経をもちましょう。せっかくアメリカに来たのに、日本の家族の問題で時間やエネルギーを使っても、アメリカにいるあなたには物理的には何もできません。だから、あなたがアメリカでやり遂げたいと思ったことに全力を傾けることです。

## 3. 自分にできること vs. できないこと

「25歳までにやらなければならないことがいっぱいで、プレッシャーに押しつぶされそうです」とカウンセリングにやってきた20歳の学生がいました。彼女にその理由を聞くと、「私が売れっ子の作家になれば、家族の問題をすべて解決できるんです。一日も早く作家として成功するには、25歳までになんらかの賞を取らなければならないので、半年に1本の割合でいろいろなコンテストに応募しなければなりません。いい本を書くためにはさまざまな人生経験が必要で、留学も英語修得も、バイトや恋愛なども経験したいし、留学カウンセラーも興味があるので少しやってみたいし、何から手をつけていいかわからないんです」。彼女のやらなければならないリストは延々と続いていました。「現実的に考えて、それって可能だと思う？」と聞くと、「可能とか不可能とかじゃなく、やるしかないんです」と切羽詰まった表情です。

彼女と家系図を製作していくうちに、うつ病の母親、親せきの借金に巻き込まれ苦労している父親、引きこもりの兄といった家族像が明らかになってきました。家族全員が幸せになり、かつ彼女が自分らしく生きるには、売れっ子作家になるしかないと彼女は考えたのです。確かにそれが実現できれば素晴らしいことです。しかし、ひとりの人間ができることには限界があります。だから彼女はプレッシャーで、不眠や腹痛、不安やうつなどの症状を抱えるようになっていたのです。

家庭の問題で悩む留学生が考えなければならないのは、「自分ができる範囲のこと」と「自分のコントロール外のこと」の違いです。留学生にできるのは、勉強を終えること、自分の道を進んでいくこと、できる範囲で親孝行することです。それ以外は、どんなにあなたが成功しようと解決できることではありません。もし親が「あんたが成功してくれたら私の人生も報われる」とか「いとこの○○は親孝行者で羨ましい」などと言ったとしても、あなたに親の幸せが100パーセントかかっていると考えるのは間違いです。そんなことをして、あなたが自分の人生を見失って不幸になると「共倒れ」になってしまうのです。

## 4．親孝行・家族孝行とは何かを考える

親が言うとおりのことをするのが親孝行ではありません。上記にもあるように、親孝行するために自分の人生をなくしてしまうのはおかしな話です。あなたは留学という未知の世界に進み、親が知っている世界とは違うものを経験しているのです。親が考える世界での親孝行と、あなたが考える親孝行・家族孝行は違って当然だし、違っているからといって、親が喜ばない、親が悲しむ、失望するというわけでもありません。人間は自分の知らないものを拒否する傾向があります。だから初めは親や家族はあなたのやっていることを拒絶したり、反発したりするかもしれませんが、あなたがあなたなりの成功を収めていくことで、徐々に「ああ、この子はこういう人間でこういう人生を選び、その道で成功したんだな」とわかっていくことなのです。だから、あなたが目標に向かって突き進み、そして成功を一つひとつ重ねていくこと、そして「今、親にはこうしてあげたい」「家族にはこれをあげたい」というものをその都度、堂々と与えてあげるようにしましょう。

## 5．家族との健康的な距離を保つ

先にも言ったように、精神的に自立するには、ある一定の時期、親と離れている必要があります。留学は「自分でやってみる」トライアルができる時間と空間です。親が毎日国際電話をしてくる、毎日の報告をメールで頼まれるのは、親の気持ちとしてはわかりますが、長い目で見ると子ども

の成長を遅くしてしまうことになります。学生側も、ホームシックで親の声を聞くとか、面白い経験や感動したことを報告するのはいいことですが、毎日電話してホストファミリーや学校の文句を言ったり、何かあるたびに親に相談したりするようでは、精神的自立はできません。留学を機に親は「子離れ」し、子どもは「親離れ」することです。親子のままでなく、大人同士としての友達のような関係をもったほうが、これから先、お互いのメリットになります。親と話すとひどく落ち込んだり罪悪感をもったり、親が専攻科目に関して、これにしろ、あれにしろとプレッシャーをかけてくる場合も、よく考えましょう。自分で選び自分でやり遂げる強さと根性を身に付けるためにも、親との距離を持つのは必至です。

ここに挙げるのは親と健康的な距離を保つ方法です。

- 「こちらでひとりでできるようになるまでしばらく連絡しないね。ひとりでやってみたいから」「こちらから定期的に連絡するから、日本からは連絡しないで」と言う。
- 日本からのメールは1週間に1回しか見ないようにする。それを相手側にも言っておく。
- 家族への電話は2週間に1回か、1カ月に1回というように決める。
- 親がアメリカでのことを聞いてきた場合、すべてを話すと口論になったりけんかになったりすると思うなら、情報を選んで与えること。言わないこととうそをつくのは違います。
- 日本で起きている大変なことを報告されても「大丈夫？」「かわいそうに」「大変だね」と同情はしても、「自分はアメリカにいるから物理的には何もできない」と割り切る。
- 母親が「寂しい」「子どもに捨てられた気がする」と言ってきたら、「私はお母さんともっといい関係を持ちたいからまず自立したいの。お母さんのことはすごく大事だよ。絶対見捨てることなんてしないから」と言ってあげる。

- 親が「お前が心配で仕方がない」「病気してないか」「明日は何時に帰ってくるんだ」など言う場合、「心配してくれるのはうれしいけど、自立した大人になりたいからひとりでやってみる。しばらくそっとしておいて」と言う。
- 親がああしろ、こうしろと言ってくる人で、ただ話だけ聞いてもらいたい時は「今はアドバイスはいらない。ただ聞いてほしい」と言いましょう。
- 親に実際にアメリカの生活を見てもらうことも大切です。学校、寮、シェアハウスを見せたり、ホストファミリーや友達に会わせたりすると、親は「こんなふうに生活しているんだな」とメールや電話だけでなく、あなたの留学を実際に目で確かめることができるし、あなたの成長ぶりも見ることができるのです。

# 15 ストレス解消法

誰でも落ち込んだり、悲しくなったり、自信がなくなったりすることはあります。つらくなってどうしていいかわからなくなった時、イライラしてしようがない時、寂しくて涙が出る時、死んだほうがましかもと思い詰めた時、*p.* 319からのリストの中からどれでもよいのでやってみてください。これらは今までに多くの留学生から聞いた「少しは気を紛らわすことができる」「知らないうちに時間が過ぎていた」行動のリストです。その時の自分に合ったものをやってみてください。

つらい時に、勉強しなきゃ宿題しなきゃと、もっと自分にプレッシャーをかけてできない自分を責めたり、自分をいじめて落ち込んだり焦ったりするのは、さらに悪い状態をつくり出してしまいます。つらくて勉強できない時に「勉強しろ」と脳に指令してもできるものではありません。そんな時は、頭を使わずにできて、集中することなく考えずにできること、しかも自然に続けられることをすると脳が休まります。単純作業で繰り返せるものがいいのです。よく入浴中や、掃除中、つめを切っている時、といったなんでもない時にひらめきがあったり、問題が解けたり、いいアイデアが浮かんできたりするのは聞いたことがあるでしょう。それは脳を休めることで、今まで緊張して繋がらなかった回線が繋がるのです。精神的につらく疲れたら、心と脳を休ませましょう。痛めつけられた心は、もっと痛めつけるよりも、少しでも悩みや苦しみから解放してあげるほうが、エネルギーが充電できるのです。「なんとなくできて、やり始めたら続けてやってしまう、気がつくと結構時間がたっていて、その間、嫌なことやつらいことは考えてなかった」という状態が「心が充電されている時間」です。

カヌーをする人が「寝る時は体が休まり、カヌーをする時は心が休まる」と言うのはまさしくそういうことです。

この点で、ギャンブル、お酒、たばこ、カフェインの取り過ぎ、暴飲暴食、乱暴な運転は、後でもっとストレスがたまるので勧められません。リストはあくまでもランダムに書いてありますので、順番や内容は気にしないでください。

# ストレス解消法リスト

寝る
コンピューターゲームをする
トランプのひとり遊びをする
部屋の掃除をする
公園で緑を眺める
バスや電車に乗って街を見る
ストレッチをする
犬の毛をブラッシングする
猫と遊ぶ
クロゼット・たんすの整理をする
着ていないものをリサイクルに出す
コンピューターのファイルの整理
アルバム整理
窓ふき
お風呂・足湯・半身浴
つめ切り
耳垢取り
泣く
叫ぶ
観葉植物の葉のゴミ取り
日本のビデオを見る
日本語の本を読む
アジアの映画を見る
トラックを何周も歩く
写真が多い雑誌や娯楽の本を見る
恐竜の本を読む
マンガを読む
簡単な算数の問題を解く
料理をする
お菓子を作る
電話線を抜いて音楽を聴く
雑草抜き
枯葉拾い
芝刈り
木を切る
花を植える
ハーブを育てる
部屋の模様替え
リラックスできる映画を見る
絵を描く（水彩、油絵、色鉛筆、パステル、墨絵など）
ジョギングする
ウェイトトレーニング
サッカー
バスケットボール
テニス

バドミントン
卓球
ゴルフの打ちっぱなし
ボウリング
ジムに行く
ボートに乗る
バッティングセンターに行く
ゲームセンターに行く
エアロビクス
水泳
ヨガをする
瞑想をする
散歩
友達に電話する
日本の家族に電話する
誰かに家に来てもらう
誰かの家に行く
ホストファミリーと話す
学校のアドバイザーと話す
カフェテリアに行く
図書館に行く
シェーバーの掃除
化粧をする
マニキュア
ペディキュア
まゆ毛をそろえる
流しやバスタブの水あか取り
コンロの油汚れとり
バスルームの鏡をきれいにする
カーペットの上の髪の毛を拾う
ブラシの掃除
冷蔵庫の中の掃除
皿を洗う
シーツを替える
日記を書く
詩・小説を書く
自己伝を書く
空想の話を作る
セーターの毛玉取り
洗車・車内を掃除する
ワックスをかける
新しいワイパーに替える
山に登る
海を見る
鳥を見る
コメディーを見る
マッサージ
アロマセラピー
カイロプラクティック
白髪を抜く
鼻毛を切る
編み物をする
パッチワークをする
手芸をする

つくろい物をする
はずれていたボタンをつける
おいしいお茶やコーヒーを入れる
動物園・水族館に行く
ひとりでいる
しばらく電話に出ない
メールを見ない
人に会わない
行きたくないパーティーを断る
ブラインドの掃除
洗濯をする
コンピューターのキーボードを綿棒で掃除する
日光浴する
日本に一時帰国する
旅行をする
レストランに行って食べたいものを食べる
粘土で遊ぶ
寺・神社・教会に行く
墓に行く
プラネタリウムに行く
夜通し開いているレストランに行く
伝記を読む
座禅を組む
健康診断を受ける
医者に行く
彫刻をする
折り紙を折る
千羽鶴を折る
落語を聞く
漫才を聞く
お決まりの時代劇（水戸黄門など）を見る
デリバリーの中華料理かピザを取る
ジャンクメールをビリビリ破って捨てる
お経を読む
写経する
聖書を読む
古い服を捨てる
ウインドーショッピング
星空を眺める
美術館・博物館に行く
人通りの多い所のカフェでピープルウォッチングをする
子どもと遊ぶ
楽器を弾く
ジグソーパズルをする
家の修理をする
古い友達に会う・電話する
老人と話す
カウンセリングを受ける
きれいなものを見る・身に付ける

体にいいものを食べる
花を部屋に飾る
CDの整理
靴を磨く
スニーカーを洗う
昔好きだった音楽を聴いたり映画を見たりする
請求書の支払いを済ます
プラモデルを作る
踊る
歌う
カラオケにいく
昔好きだったこと・得意だったことをする
占いに行く
ガレージの掃除
髪を切る
髪を染める
パーマをかける
エステに行く
映画を観に行く
行ったことのない所へ行く
インターネットで芸能ニュースを見る
プロスポーツを見に行く
コンサートに行く
ミュージカルに行く
自分より悲惨な状態の人の話を聞く
枝毛を切る
スケートをする
ローラーブレードをする
ドライブに行く
自転車に乗る
乗馬
次の学期を休む
明日の授業を休む
ビリヤード
習字
くもの巣取りをする

# あとがき：留学生の親へのメッセージ

最後に留学生の親御さんに知っておいてほしいポイントをいくつか紹介します。

留学できる期間は、学位や認定書などの取得にも関わってくるので、留学資金は「これだけ送れるからその中でやりなさい」と、はっきりと言ってあげるのがいいでしょう。専攻科目については子どもに選ばせてください。子どもがなぜそれをしたいのか、何を考えているのかよく話を聞いてみましょう。子どもは、信じて自由にしてやることで、自立できる人間になれるのです。

今まで会った学生で、親のことを全く考えていないという人はひとりもいません。「あんたにお金がかかるから夜も眠れない」「育て方を間違えた」などと子どもに言うのはやめましょう。成功して親孝行もしたいと留学してきている彼らに、罪悪感を植え付けるようなことを言わないように。また、「便りのないのは元気な証拠」です。留学を機に、親は子離れし、子どもは親離れしましょう。外の世界を知り自分を確立し、精神的に自立して初めて、親との「大人同士」の関係ができあがるのです。

愛情と心配は別物です。親の心配だけでは、子どもにひとりで生きていける力は身につきません。経験から学んでいくことです。「危ない目に遭ったとしてもお前なら解決できるだろう。ただ気をつけるんだよ」と言うのと、「失敗するだろうからやめとけ」と言うのでは、子どもの精神的成長に決定的な違いが出てきてしまいます。

子どもが泣いて電話してくることは覚悟しておいてください。帰って来いとか情けないぞと言うのではなく、まず「話を聞く」、次に自分の経験などを話して「安心感を与える」、そして「励ましてサポートする」。この順番で会話してください。留学先を見に行くことも一案です。子どもの姿を見て、「精神的支援」をすることで、子どもは実力を発揮できるし、親にも感謝するようになるのです。

最後に、子どもがやっていること、達成したことをほめてあげてください。子どもにとっては、いい成績よりも他人からの賛辞よりも親にほめられることが何よりもうれしいのです。それは子どもが20歳であろうと、40歳でも同じことです。

角谷紀誉子

在米心理カウンセラーが教える 留学サクセスマニュアル

2007年10月29日 初版発行

著者 角谷紀誉子
発行人 平本照麿
編集人 小枝伸行
編集 有川百合香
進行 大平健太
校正 小森里美／Joel Weinberg
装幀 blue
本文レイアウト 関口伸明
発行所 株式会社アルク
〒168-8611 東京都杉並区永福2-54-12
留学・キャリア編集部 Tel. 03-3323-3801
カスタマーサービス部 Tel. 03-3327-1101
DTP 株式会社秀文社
印刷・製本 萩原印刷株式会社





PC:7007205